Christian Jacq, né à Paris en 1947, découvre l'Égypte à l'âge de treize ans, à travers ses lectures, et se rend pour la première fois au pays des pharaons quatre ans plus tard, lors de son voyage de noces. Après des études de philosophie et de lettres classiques, il s'oriente vers l'archéologie et l'égyptologie, et obtient un doctorat d'études égyptologiques en Sorbonne avec pour sujet de thèse : « Le voyage dans l'autre monde selon l'Égypte ancienne ». Mais plus que tout, Christian Jacq veut écrire et publie une vingtaine d'essais, dont *L'Égypte des grands pharaons* à la Librairie académique Perrin en 1981, couronné par l'Académie française. Il est aussi producteur délégué à France-Culture, et travaille notamment pour « Les Chemins de la connaissance ». Il faut attendre 1987 pour que le succès arrive, avec un roman, *Champollion l'Égyptien*. L'Égypte et l'écriture prennent désormais toute leur place dans sa vie. Ses romans suscitent la passion des lecteurs. *L'affaire Toutankhamon*, *Le juge d'Égypte*, *Ramsès*, un succès international... Suivront *La pierre de lumière*, *La reine liberté*, *Les mystères d'Osiris*... Christian Jacq est aujourd'hui traduit dans plus de trente langues.

MOZART

*

Le Grand Magicien

DU MÊME AUTEUR
CHEZ POCKET

LA REINE SOLEIL
L'AFFAIRE TOUTANKHAMON
LE MOINE ET LE VÉNÉRABLE
QUE LA VIE EST DOUCE À L'OMBRE DES PALMES

LE JUGE D'ÉGYPTE

LA PYRAMIDE ASSASSINÉE
LA LOI DU DÉSERT
LA JUSTICE DU VIZIR

RAMSÈS

LE FILS DE LA LUMIÈRE
LE TEMPLE DES MILLIONS D'ANNÉES
LA BATAILLE DE KADESH
LA DAME D'ABOU SIMBEL
SOUS L'ACACIA D'OCCIDENT

LA PIERRE DE LUMIÈRE

NÉFER LE SILENCIEUX
LA FEMME SAGE
PANEB L'ARDENT
LA PLACE DE VÉRITÉ

LA REINE LIBERTÉ

L'EMPIRE DES TÉNÈBRES
LA GUERRE DES COURONNES
L'ÉPÉE FLAMBOYANTE

LES MYSTÈRES D'OSIRIS

L'ARBRE DE VIE
LA CONSPIRATION DU MAL
LE CHEMIN DE FEU
LE GRAND SECRET

MOZART

LE GRAND MAGICIEN (FÉVRIER 2008)
LE FILS DE LA LUMIÈRE (FÉVRIER 2008)
LE FRÈRE DU FEU (MARS 2008)
L'AIMÉ D'ISIS (MARS 2008)

CHRISTIAN JACQ

MOZART

*

Le Grand Magicien

Le Code de la propriété intellectuelle n'autorisant, aux termes de l'article L. 122-5, (2° et 3° a), d'une part, que les « copies ou reproductions strictement réservées à l'usage privé du copiste et non destinées à une utilisation collective » et, d'autre part, que les analyses et les courtes citations dans un but d'exemple et d'illustration, « toute représentation ou reproduction intégrale ou partielle faite sans le consentement de l'auteur ou de ses ayants droit ou ayants cause est illicite » (art. L. 122-4).
Cette représentation ou reproduction, par quelque procédé que ce soit, constituerait donc une contrefaçon sanctionnée par les articles L. 335-2 et suivants du Code de la propriété intellectuelle.

XO Éditions, Paris, 2006.
ISBN : 978-2-266-16842-7

Au Passeur

Tous les efforts que nous faisions pour parvenir à exprimer le fond même des choses devinrent vains au lendemain de l'apparition de Mozart.

Goethe

Un cœur né pour la liberté ne se laisse jamais traiter en esclave. Et quand bien même il a perdu sa liberté, il en conserve encore l'orgueil et se rit de l'univers.

Mozart, *L'Enlèvement au sérail.*

Préface

Depuis que j'ai commencé à écrire, à l'âge de treize ans, Mozart est présent. En l'écoutant et en découvrant la civilisation de l'Égypte ancienne, j'ignorais alors à quel point ils étaient liés. Quelques années plus tard, j'ouvris un dossier intitulé « Mozart l'Égyptien », base du roman en quatre tomes publié aujourd'hui, afin d'évoquer l'aventure spirituelle et la vie secrète d'un des plus grands génies de l'Histoire.

Au-delà de son engagement maçonnique, Mozart fut initié aux mystères d'Isis et d'Osiris, révélés dans son Grand Œuvre, La Flûte enchantée.

Pour comprendre comment le musicien est devenu le fils et l'aimé d'Isis la Grande, dont il transmettra le message universel, remontons à 342 avant Jésus-Christ. La défaite du roi Nectanébo II, vaincu par le Perse Artaxerxès III, marque la fin de la trentième et dernière dynastie. Désormais, l'antique patrie des pharaons ne sera plus jamais indépendante et verra se succéder envahisseurs et occupants : Perses, Grecs, Romains, Byzantins et enfin Arabes, qui s'emparent du pays en 639 après Jésus-Christ et lui imposent l'islam.

L'agonie fut très longue, puisqu'elle dura près d'un millénaire. Prévoyant la disparition de leur culture, les sages égyptiens couvrirent de textes les murs des grands temples, tels Edfou, Dendera, Kom-Ombo ou Philae, et rédigèrent de nombreux papyrus. Renonçant à une impossible libération, les confréries se limitèrent à leurs sanctuaires.

En 383 après Jésus-Christ, Théodose ordonna la fermeture de tous les temples encore en activité. Soit les chrétiens les détruisirent, soit ils les transformèrent en églises. Les initiés furent contraints d'entrer dans la clandestinité, puis de quitter l'Égypte où la transmission des anciens mystères, déjà difficile et dangereuse, deviendra impossible après la conquête arabe.

Pendant les premiers siècles du christianisme, son principal concurrent fut le culte d'Isis, largement répandu en Occident et jusqu'en Russie. Aussi les expatriés trouvèrent-ils plusieurs lieux d'accueil et préparèrent-ils, grâce aux confréries de bâtisseurs, l'éclosion de l'art médiéval. Pour ne prendre qu'un exemple significatif, sur le portail de la cathédrale de Gniezen, en Pologne, sont relatés des épisodes des mystères d'Osiris.

L'initiation égyptienne ne s'est pas éteinte avec la fermeture des temples, car la pensée hiéroglyphique, contenant « les paroles des dieux » et les rituels où elles s'incarnent, fut transmise à la fois de manière orale et par des textes cryptés[1].

Enfant de Thot, maître des sciences sacrées, l'hermétisme nourrit les Loges de constructeurs. Lorsque se

---

1. Voir J. R. Harris (éd.), *The Legacy of Egypt,* Oxford, 1971 ; S. Morenz, *Die Zauberflöte,* Münster, 1952 ; E. Iversen, *The Myth of Egypt and Its Hieroglyphs in European Tradition,* Princeton, 1961 ; E. Hornung, *L'Égypte ésotérique,* Paris, 1999 ; *L'Égypte imaginaire de la Renaissance à Champollion,* sous la direction de Chantal Grell, Paris, 2001 ; *Philosophers and Hieroglyphs,* L. Morra et C. Bazzanella (éd.), 2003.

termina l'ère des cathédrales, les descendants des initiés égyptiens formèrent des cercles d'alchimistes qui donnèrent naissance à l'une des branches de la Franc-Maçonnerie. On y célébra les anciens mystères sous la forme de trois grades : Apprenti, Compagnon et Maître. Le premier révèle les éléments créateurs de la création, le deuxième la géométrie sacrée, le troisième fait revivre le mythe d'Osiris, rebaptisé Hiram.

Quand naît Mozart, en 1756, les divers mouvements maçonniques sont en crise. Des aspects majeurs de la tradition initiatique ont été défigurés, négligés, voire perdus. Et c'est en travaillant à un projet intitulé Thamos, roi d'Égypte *que le musicien, approché tout jeune par les Maçons, entre en contact avec l'univers initiatique qui, dès lors, sera l'essentiel de sa vie. Son maître, le Vénérable Ignaz von Born, considère les prêtres égyptiens comme ses véritables ancêtres et entreprend des recherches dont bénéficiera son disciple.*

Après avoir reçu la Lumière de l'initiation en décembre 1784, Mozart se fixe un objectif : transmettre ce qu'il a reçu. En réalité, il ira bien au-delà en devenant le passeur entre l'Égypte et la Franc-Maçonnerie symbolique. Apogée de sa démarche, La Flûte enchantée *ouvre le chemin de l'Art royal, du mariage du Feu et de l'Eau, de l'Homme et de la Femme. Cet opéra rituel met en lumière les mystères d'Isis et d'Osiris, clé de la tradition initiatique. Et l'œuvre de Mozart traverse le temps, tel un temple « bâti en belles pierres d'éternité ».*

Christian Jacq

1.

Haute-Égypte, 1756

Décidés à égorger le jeune moine, les dix mamelouks foncèrent sur leur victime. Désarmée, elle n'opposerait qu'une résistance dérisoire à ces assassins professionnels au service d'un petit tyran local qui encourageait leurs exactions.

Comment Thamos, le jeune moine, aurait-il pu imaginer qu'ici, en plein désert, il serait attaqué par une bande de tueurs ? D'ordinaire, il méditait face au couchant en se remémorant les enseignements de son maître vénéré, l'abbé Hermès, un vieillard à l'étonnante vitalité. Le temps disparaissait sous le sable des dunes, le goût de l'éternité naissait de l'immensité silencieuse que troublait à peine le vol des ibis.

Thamos courut à perdre haleine. Possédant un avantage majeur, la connaissance du terrain, il en tira le maximum de profit. D'un bond digne d'une gazelle, il franchit le lit desséché d'un oued puis gravit la pente rocailleuse d'une colline.

Trop gras, ses poursuivants suaient à grosses gouttes. L'un d'eux se tordit une cheville, entraînant trois de ses compagnons dans sa chute. Les autres s'acharnèrent, vociférant contre ce maudit gibier au souffle inépuisable.

Thamos longea une plaque de sable mou où s'enfoncèrent deux mamelouks que secoururent leurs congénères. Furieux, un obstiné ne renonça pas. Quand il vit le moine lui échapper, il lança son sabre avec hargne.

L'arme rata de peu sa cible.

Thamos courut longtemps encore, évitant de se diriger vers le monastère qu'il ne voulait pas mettre en péril. À bout de souffle, il s'agenouilla au pied d'un acacia et invoqua Dieu. Sans lui, il n'aurait pas échappé à ces prédateurs.

Lorsqu'il eut recouvré ses esprits, le jeune homme revint sur ses pas et s'assura que les mamelouks avaient rebroussé chemin. Habitués à des victoires faciles, ils redoutaient les démons du désert et détestaient y séjourner.

À la nuit tombée, Thamos regagna le monastère fortifié de Saint-Mercure où, depuis son enfance, il vivait en compagnie de onze autres Frères, aujourd'hui très âgés.

Il frappa trois coups à la lourde porte de bois et vit apparaître le gardien du seuil au sommet du rempart. À la lueur d'une torche, ce dernier identifia l'arrivant.

— Toi, enfin ! Que s'est-il passé ?
— J'ai échappé à une bande d'agresseurs.

Le gardien du seuil quitta son poste d'observation pour entrouvrir la porte du monastère. Il conduisit Thamos auprès de l'abbé Hermès, occupé à lire un papyrus couvert de hiéroglyphes.

Le vieillard approchait de sa centième année et sortait rarement de sa cellule, transformée en bibliothèque. Sur les étagères, des textes datant de l'époque où les pharaons gouvernaient une Égypte prospère et rayonnante.

En ce temps de désolation, l'Empire ottoman régnait en tyran. Byzance anéantie, il avait conquis le Proche-Orient et menaçait l'Europe. Vérité absolue et définitive, l'islam ne devait-il pas s'imposer au monde entier ? La puissance militaire turque saurait le faire triompher.

Écrasée d'impôts, martyrisée, l'Égypte agonisait. Le pacha laissait agir les beys du Caire, exploiteurs à la tête de milices armées passant leur temps à s'entre-tuer. Prédominait à présent celle des mamelouks, impitoyable et bien équipée. Misère, famine et épidémies étranglaient les Deux Terres, la Haute et la Basse-Égypte, et la glorieuse Alexandrie ne comptait plus que huit mille habitants.

Depuis l'invasion arabe du septième siècle, le monastère de Saint-Mercure semblait oublié des barbares qui avaient détruit quantité de temples anciens, voilé les femmes, désormais considérées comme des créatures inférieures, et arraché les vignes.

Dans ce site reculé, saint Mercure protégeait la petite communauté. Persuadé que ses deux épées, descendant du ciel, pouvaient leur trancher la gorge, les pillards n'osaient pas attaquer.

En maîtrisant sa parole, Thamos narra sa mésaventure à l'abbé.

— L'heure approche, jugea le vieillard. Saint Mercure ne nous sauvera plus très longtemps.

— Devrons-nous partir, Père ?

— Toi, mon fils, tu partiras. Nous, nous resterons.

— Je vous défendrai jusqu'à la dernière goutte de mon sang !

— Tu rempliras une mission beaucoup plus importante. Accompagne-moi au laboratoire.

Depuis le massacre de la dernière communauté de prêtres et de prêtresses égyptiens, à Philae, l'île d'Isis, aucun texte hiéroglyphique n'avait été gravé. Les secrets de la langue magique des pharaons semblaient à jamais perdus. Pourtant, ils s'étaient transmis de bouche de maître à oreille de disciple, et l'abbé Hermès formait l'ultime maillon de la chaîne.

— Ils nous tueront et brûleront le monastère, prédit-il. Auparavant, nous enfouirons nos trésors dans les sables. Et je vais te révéler les dernières phases du Grand Œuvre afin que la tradition ne soit pas interrompue.

Le laboratoire était une petite pièce ressemblant à la chambre de résurrection des pyramides de l'Ancien Empire. Sur les murs, des formules hiéroglyphiques rappelant la manière dont Isis avait enseigné l'alchimie à Horus en ramenant à la vie Osiris assassiné. Osiris, unité primordiale reconstituée après sa dispersion dans la matière, triomphe de la lumière sur les ténèbres, soleil renaissant au cœur de la nuit.

— L'orge peut être transformée en or, indiqua l'abbé, la pierre philosophale est Osiris. Les hiéroglyphes te donnent une connaissance intuitive, capable d'embrasser la totalité du réel, visible et invisible. Contemple l'œuvre d'Isis.

Thamos assista à l'achèvement de la voie brève, éblouissement d'un instant d'éternité, et de la voie longue, mariage de l'esprit et de la matière au terme d'un long processus rituel.

Le jeune moine grava en son cœur les paroles de puissance.

— Après mille cinq cents ans d'attente, déclara l'abbé Hermès, Osiris permet au Grand Magicien de renaître et de s'incarner dans le corps d'un humain, mais pas ici. Son esprit a choisi les terres froides du

Nord. Là où il apparaîtra, il sera démuni et privé de l'indispensable énergie de notre Grande Mère. C'est pourquoi tu devras lui transmettre la sagesse d'Isis et le *Livre de Thot*. Tu aideras le Grand Magicien à se construire jusqu'à ce qu'il soit capable de transmettre, à son tour, le secret de l'initiation et d'illuminer les ténèbres.

Thamos blêmit.

— Père, je...

— Tu n'as pas le choix, mon fils. Ou bien tu réussis, ou bien les dieux s'éloigneront à jamais de cette terre et Osiris ne ressuscitera plus. Grâce à l'alchimie, tu sauras voyager, subvenir à tes besoins, te soigner et parler les langues.

— J'aimerais tant rester ici, auprès de vous !

— Nous prierons ensemble, une dernière fois, et tu partiras. Trouve le Grand Magicien, Thamos, protège-le et permets-lui de créer l'œuvre qui sera l'espérance.

2.

Salzbourg, le 27 janvier 1756

Dynamique, le pas martial, bravant les froidures de l'hiver, le maître de violon Leopold Mozart ne faisait pas ses trente-sept ans. Originaire d'Augsbourg, fils aîné d'une famille nombreuse et sans fortune dont les ancêtres étaient maçons et tailleurs de pierre, il avait appris le grec et le latin, suivi des études de droit et de théologie à la faculté de Salzbourg avant d'opter pour une carrière de domestique musicien, d'abord au service du comte de Thurn, puis du prince-archevêque.

Compositeur et interprète, il avait épousé le 21 novembre 1747 la délicieuse Anna-Maria Pertl. De l'avis général, le plus beau couple de Salzbourg ! Curieux de tout, possédant un microscope et une lunette astronomique, Leopold Mozart s'apprêtait à publier un ouvrage de référence, *L'École du violon*[1], afin de transmettre sa technique et son expérience aux générations futures.

Bientôt père d'un septième enfant, il espérait qu'il serait le deuxième à survivre, après sa fille Nannerl, âgée de quatre ans. Un jour, peut-être, la science expli-

---

1. Titre original : *Versuch einer gründlichen Violin*.

querait pourquoi tant de nourrissons mouraient. En attendant, il fallait s'en remettre à la volonté de Dieu et à la fertilité des mères.

Leopold adorait Salzbourg, liée à la Bavière mais principauté ecclésiastique indépendante et siège archiépiscopal. Ici, paix et tranquillité, alors que la guerre déchirait l'Europe, mettant aux prises Français, Anglais et Prussiens.

Traversée par la rapide et tumultueuse rivière Salzach, sise au cœur d'un cirque de montagnes et de forêts, fière de ses sept collines et de son patrimoine culturel qui lui valaient le surnom de « seconde Rome », peuplée de dix mille habitants, Salzbourg, « la forteresse du sel », se vantait de sa singularité.

Vastes places, ruelles étroites, églises, monastères, châteaux, palais, maisons bourgeoises illustraient l'opulence de la principauté où l'opéra, importé de Venise, avait été joué pour la première fois en 1616.

Leopold servait le comte Sigismund Christoph von Schrattenbach, primat de Germanie et représentant du pape à la Diète du Saint Empire romain germanique. Hostile au protestantisme dans une ville profondément marquée par les bénédictins, le puissant personnage appréciait la musique agréable et de bon goût. Toute la vie salzbourgeoise se centrait sur sa cour, brillante et cultivée, que vénéraient la petite noblesse, les bourgeois aisés, les fonctionnaires et le bas clergé. Cette société harmonieuse convenait parfaitement à Leopold, ravi de bénéficier des faveurs d'un si bon prince.

Cette situation privilégiée ne dissipait pas sa principale angoisse : sa chère épouse mettrait-elle au monde un enfant viable et se rétablirait-elle ? Née le jour de Noël 1720, Anna-Maria était une excellente maîtresse de maison. Vivre sans elle serait une dure épreuve.

Mais pourquoi céder au pessimisme ? La grossesse s'était déroulée sans le moindre incident, et le médecin de famille se montrait rassurant. La vigoureuse santé d'Anna-Maria et son solide appétit ne garantissaient-ils pas un heureux événement ?

Perdu dans ses pensées, Leopold Mozart heurta un petit homme vêtu de gris.

— Excusez-moi, je suis un peu troublé.

— Rien de grave, j'espère ?

— Non, non... Mon épouse ne devrait plus tarder à accoucher.

— Félicitations. Je vous souhaite beaucoup de bonheur, monsieur... Monsieur ?

— Mozart, musicien à la cour du prince-archevêque.

— Enchanté de vous connaître. Puisse le destin vous être favorable.

Leopold s'éloigna à grands pas. Luttant contre le vent glacé, il n'avait pas songé à demander le nom du passant. Quelle importance, en cette journée difficile ?

Le petit homme gris était un jeune policier aux ordres de la couronne d'Autriche. Joseph Anton, comte de Pergen, souffrait d'une obsession : l'influence croissante des sociétés secrètes. En parfait accord avec l'impératrice Marie-Thérèse, qui détestait les Francs-Maçons, Anton voulait devenir le spécialiste de ces forces inquiétantes. Leur but inavouable ne consistait-il pas à renverser le trône et à conquérir le pouvoir en détruisant la religion, la morale et la société ?

Fort peu de ministres et de dignitaires prenaient conscience du danger. Certains considéraient même Anton comme un maniaque, mais le policier ne se souciait pas de ces critiques. Jour après jour, il montait des dossiers et tissait un réseau d'indicateurs capables de lui fournir des renseignements valables. Malheureusement, ses supérieurs lui mettaient des bâtons dans les roues. Eux ne croyaient pas à un complot et considéraient les Francs-Maçons et leurs semblables comme de simples rêveurs.

Derrière les rites et les symboles, ne dissimulaient-ils pas une redoutable volonté de puissance ? Si personne ne leur barrait le chemin, ils finiraient par triompher. Joseph Anton vouerait son existence à les combattre et à les empêcher de nuire. Encore lui faudrait-il grimper dans la hiérarchie administrative et disposer de davantage de moyens. Patient et méthodique, il y parviendrait.

À la fois homme de bureau et de terrain, il menait en personne les enquêtes délicates. C'est pourquoi il se trouvait à Salzbourg où, d'après un Jésuite généralement bien informé, des comploteurs appartenant au mouvement occulte de la Rose-Croix, plus ou moins lié à la Franc-Maçonnerie, organisaient une réunion exceptionnelle.

Se prétendant catholiques, les Rose-Croix étaient soupçonnés de pratiquer des sciences suspectes, comme l'alchimie. Obéissant à des Supérieurs inconnus, dissimulés sous des noms de guerre, ils ne se contentaient sûrement pas d'expériences fumeuses dans des laboratoires de pacotille.

Les repérer posait de rudes problèmes, car Anton n'avait pas prévenu de sa démarche le prince-archevêque. Principauté indépendante, Salzbourg n'était pas territoire autrichien. Et son seigneur n'aurait guère apprécié qu'un policier viennois osât empiéter sur ses prérogatives. Aussi Anton agissait-il seul.

Situation inconfortable qui risquait de se traduire par un échec. Mais le comte prévoyait une route longue et parsemée d'embûches. Seule une obstination sans faille lui permettrait de démontrer aux autorités le bien-fondé de sa théorie. Malgré l'absence de preuves formelles,

Anton était persuadé que ces Rose-Croix utilisaient les Francs-Maçons dont l'impératrice se méfiait tant. Si ces diverses factions parvenaient à se réunir sous la férule d'un véritable chef, leur capacité de nuisance deviendrait terrifiante.

Le policier contempla longuement la maison suspecte, une bâtisse austère et imposante. Aucune fenêtre illuminée. Pendant plus d'une heure, personne n'entra ni ne sortit. En dépit du froid et de la neige, Anton monta la garde.

Intrigué, il s'approcha.

Après avoir hésité, il poussa la porte.

L'intérieur était en travaux, inhabitable. Aucune réunion ne pouvait se tenir ici.

Alors, Joseph Anton douta.

Il douta de son informateur, de l'existence des Rose-Croix, du désir des Francs-Maçons de nuire à l'empire, de ses propres convictions. Frigorifié, le petit homme gris quitta les lieux et reprit le chemin de Vienne.

*

Leopold faisait les cent pas, passant et repassant devant un tableau qui représentait saint Jean Népomucène, chargé de protéger ses fidèles contre la médisance. À côté, sur une commode, une figurine en cire de l'enfant Jésus, bénie à l'église Sainte-Marie de Lorette. À ce jour, le meilleur remède contre les migraines.

— Maman me donnera-t-elle un petit frère ? demanda Nannerl en tirant son père par la manche.

— Dieu décidera.

— Il décide de tout ?

— Bien sûr.

— Alors, je vais le prier.

Leopold rêvait d'avoir un fils. Quoi qu'il arrivât, ce serait son dernier enfant. À trente-six ans, son épouse courait beaucoup de risques en accouchant pour la septième fois.

Nerveux, il pinça les cordes de son violon préféré, comme si la magie des notes pouvait aider Anna-Maria à surmonter l'épreuve.

À vingt heures, ce 27 janvier 1756, des cris de nouveau-né emplirent l'appartement.

Le sourire aux lèvres, la sage-femme sortit de la chambre.

— La mère et l'enfant se portent bien. C'est un garçon. Il y a juste un petit problème, sans gravité.
— Lequel ?
— À l'oreille gauche, il lui manque la conque, une circonvolution habituelle. Mais ça ne le gênera pas pour entendre. Bon, je vais m'occuper de la maman et du bébé. Comme le recommande le médecin, on le nourrira à l'eau et surtout pas au lait.

Nannerl sauta au cou de son père.

— Dieu et maman m'ont donné un petit frère !
— Il s'appellera Joannes, Chrysostomus, Wolfgang, Gottlieb, décida Leopold.

Le père avait hésité entre le latin Theophilus et l'allemand Gottlieb, mais les deux prénoms avaient le même sens : « l'aimé de Dieu ».

3.

Salzbourg, 1761

De sa plus belle écriture, Leopold Mozart nota sur la partition : « Ce menuet et ce trio ont été appris par Wolfgang en une demi-heure, le 26 janvier 1761, un jour avant sa cinquième année, à neuf heures et demie du soir. »

Apprendre, apprendre, apprendre... Le gamin ne songeait qu'à ça ! Et il savait jouer de la musique avant de savoir lire.

Compositeur officiel de la cour de Salzbourg depuis 1757, Leopold avait décidé d'assurer lui-même l'éducation de sa progéniture et, surtout, sa formation musicale. Au fond, composer l'intéressait moins que de mener à maturité ce petit prodige, si différent des autres enfants. Tantôt ce n'était qu'un bambin, tantôt l'expression d'une puissance supérieure dont l'ampleur surprenait chaque jour davantage un père à la fois admiratif et inquiet.

Mais à qui le confier ? Les religieux se méfiaient des génies, parfois inspirés par le démon, et Leopold ne gagnait pas assez pour rétribuer un précepteur. Et si Wolfgang confirmait ses dons musicaux, le premier violoniste de la cour ne serait-il pas son meilleur professeur ?

Anna-Maria ne se posait pas autant de questions. Heureuse de voir grandir ses enfants, elle veillait à la bonne marche de la maisonnée. Grâce à elle, personne ne manquait de rien.

L'avenir ne s'annonçait-il pas riant ?

Vienne, mars 1761

Réunis dans une taverne, les cinq Francs-Maçons avaient appartenu à une Loge[1] dont l'existence s'était limitée à une petite année. Depuis 1743, l'impératrice Marie-Thérèse poursuivait de sa hargne toute manifestation maçonnique, qu'elle jugeait contraire aux bonnes mœurs et incompatible avec la nécessaire suprématie de l'Église.

Bravant les foudres du pouvoir, les cinq Frères voulaient fonder une nouvelle Loge à Vienne. Chacun devrait s'engager à garder le silence sur ses activités rituelles.

— Je dispose d'un local discret, dit le plus âgé, un aristocrate désargenté.

— Quelle solution adopter ? demanda un Frère qui travaillait aux écuries impériales.

— Mettons l'accent sur la générosité. Face à l'obscurantisme, sachons donner le meilleur de nous-mêmes.

L'approbation fut unanime. Et le cénacle formula quantité de projets enthousiasmants.

Soudain, la taverne leur parut étrangement silencieuse.

À part eux, plus aucun client. Absorbés par leur dis-

1. La Loge Aux Trois Cœurs.

cussion, ils ne s'étaient pas aperçus du départ progressif des buveurs.

Un petit homme gris traversa la salle mal éclairée et se planta devant eux.

— Vous appartenez tous à la Franc-Maçonnerie, n'est-ce pas ?

— Qui êtes-vous ?

— Un policier chargé de veiller au maintien de l'ordre public.

— Nous ne le menaçons pas !

— Je suis persuadé du contraire, affirma Joseph Anton.

— Sur quelles preuves repose une aussi grave accusation ?

— Beaucoup d'indices concordent. Dois-je vous rappeler que Sa Majesté l'impératrice n'apprécie guère vos prises de position ?

— Nous sommes de fidèles sujets de Sa Majesté, respectueux des lois de notre pays et prêts à le défendre contre tout agresseur.

Joseph Anton sourit.

— Heureux de vous l'entendre dire. De tels propos devraient me rassurer.

— Pourquoi... « devraient » ?

— Parce qu'un Franc-Maçon est d'abord un Franc-Maçon et que sa loyauté va d'abord à son Ordre.

— Nous traitez-vous de menteurs ?

— Votre rhétorique ne m'abuse pas, messieurs. Voilà longtemps que les déclarations les plus enflammées ne m'impressionnent plus. Seuls mes dossiers sont dignes de foi.

Les cinq Frères se levèrent ensemble.

— Nous sommes des hommes libres et nous sortirons librement de cette taverne.

— Je ne vous en empêcherai pas.

— Vous n'avez donc rien à nous reprocher !
— Pas encore, mais n'essayez pas de fonder une nouvelle Loge sans l'autorisation explicite des autorités, recommanda sèchement Joseph Anton. Vous êtes tous fichés, donc suspects. Au moindre faux pas, la justice s'occupera de vous. Soyez raisonnables et oubliez la Franc-Maçonnerie. Dans notre pays, elle n'a aucun avenir.

4.

Prague, Pâques 1761

Un beau soleil se leva sur une campagne printanière. À proximité de la porte orientale de la ville, un homme entre deux âges, chaudement vêtu, herborisait.

Percevant une présence, il cessa sa cueillette et se redressa.

Face à lui, à une dizaine de pas, un personnage élégant, bien charpenté, au visage grave et au regard intense.

— Salut, Frère. Je suis de la Rose et de l'Or.

— Et moi de la Croix.

Ensemble, ils prononcèrent la fin de la formule de reconnaissance : « Soit béni le Seigneur notre Dieu qui nous a donné notre symbole. »

L'étranger dégrafa son habit et montra un bijou composé d'une croix et d'une rose, suspendu à un ruban de soie bleue et accroché sur le côté gauche.

L'herboriste s'approcha et dévoila le même bijou, de couleur rouge. Les deux hommes appartenaient donc à la même fraternité secrète de la Rose-Croix d'Or.

— Mon nom est Thamos, comte de Thèbes, et je demande à être reçu dans ta Loge[1].

1. La Rose noire.

— Comment connais-tu son existence ?

— N'est-elle pas fondée sur un livre intitulé *La Vraie et Parfaite Préparation de la pierre philosophale* ?

L'herboriste fut impressionné.

— L'aurais-tu... consulté ?

— Ce livre provient d'Égypte, ma patrie.

L'interlocuteur de Thamos éprouva une profonde méfiance. Certes, l'étrange personnage connaissait le processus de reconnaissance, la date à laquelle il pouvait être célébré et le titre exact du livre secret de la confrérie. Mais n'était-il pas un imposteur mandaté par la police de Vienne ?

— Douterais-tu de moi ? demanda Thamos.

— Étant donné la situation, nous devons nous montrer très prudents.

— Je le comprends. Mais un initié ne préfère-t-il pas mourir plutôt que de révéler les secrets du Grand Œuvre ?

Déconcerté, l'herboriste conduisit l'étranger au cœur du quartier des alchimistes, joyau du vieux Prague. Ici, la police impériale ne disposait d'aucun indicateur. Si l'homme était un simulateur, personne ne viendrait à son secours.

Ils pénétrèrent dans une belle maison de pierre dont la porte se referma sans bruit.

Un gardien barra le chemin aux arrivants.

— Voici le Frère Thamos, déclara l'herboriste.

— A-t-il été reçu régulièrement dans l'Ordre ?

— J'ai vécu les degrés[1] de la Rose-Croix d'Or, déclara Thamos.

— Où vit le mage suprême ?

---

1. Junior zélé, Praticien, Philosophe mineur, Philosophe majeur, Adepte majeur, Adepte exemplaire, Magister, Mage.

— Dans le visible et l'invisible.
— Quel est son nombre ?
— Le sept.
— Si tu as vraiment voyagé en esprit, montre-moi la pierre que tu détiens sous sa forme huileuse.
— Lorsqu'un Frère se déplace, la pierre philosophale doit être réduite en poudre [1].
— Peux-tu l'échanger contre le trésor de notre Loge ?
— Je peux te la donner, ni la vendre ni l'échanger.

Toutes les réponses de l'Égyptien étaient correctes.

— Où as-tu été initié ?
— Trois Frères d'Écosse fondèrent en 1196 l'Ordre des Architectes de l'Orient, et leurs descendants s'installèrent en Égypte où les sages conservèrent le secret des paroles de puissance. C'est là que je reçus l'enseignement.

Le gardien s'effaça.

S'ouvrit la porte d'un temple baigné d'une lumière tamisée.

— Après un si long voyage, mon Frère, recommanda une voix douce, abreuve-toi à la source.

Six adeptes de la Rose-Croix d'Or remirent à leur hôte une feuille de palme, en signe de paix, et chacun l'embrassa trois fois. Thamos jura de garder un silence absolu avant d'être revêtu de « l'habit pontifical » et de s'agenouiller devant l'Imperator, le maître de la confrérie dont le nom demeurait inconnu.

Un ritualiste coupa sept mèches de cheveux de l'Égyptien et les glissa dans sept enveloppes scellées, offrandes destinées au fourneau alchimique.

Ensemble, les initiés célébrèrent les louanges du

---

1. Dieu était considéré comme l'alchimiste suprême, s'accomplissant dans l'Esprit Saint, quinte-Essence de l'Œuvre.

Créateur avant de boire le vin à la même coupe et de partager le pain.

— Frère de la Rose, questionna l'Imperator, un sexagénaire aux yeux noirs, serais-tu l'un des Supérieurs inconnus, mandaté par l'abbé Hermès ?

— Il m'a donné pour mission de rechercher le Grand Magicien.

— Serait-il... ressuscité ?

— C'est une certitude, mais j'ignore où et sous quel nom. Aussi suis-je venu solliciter votre aide. Auriez-vous entendu parler d'exploits surprenants accomplis par un individu exceptionnel ?

L'Imperator réfléchit longuement.

— Les membres de la Rose-Croix d'Or ne sont pas des individus ordinaires, mais aucun d'eux n'a accompli d'exploits. Nous nous contentons de pratiquer l'alchimie en grand secret et de célébrer nos rites.

— Le Grand Magicien ne se trouve donc pas parmi vous.

— Je crains que non.

— Alors je vais explorer les Loges maçonniques, en commençant par celles de Vienne.

— Je ne te le conseille pas, Thamos.

— Pour quelles raisons ?

— L'impératrice Marie-Thérèse se montre très hostile à la Franc-Maçonnerie dont les éléments les plus remarquables ont adhéré ou adhéreront à notre Ordre. Tu n'as aucune chance d'y découvrir le Grand Magicien.

— N'y en aurait-il qu'une seule, je la tenterais !

Au regard de l'Imperator, Thamos sentit qu'il ne croyait pas à son succès.

— Les temps sont obscurs, jugea le Maître de la Rose-Croix d'Or. Même si le Grand Magicien est né, il sera étouffé. Et si les forces de destruction identifient un Supérieur inconnu, elles t'anéantiront.

5.

Salzbourg, janvier 1762

— C'est vous qui jouez, monsieur Mozart ? s'étonna la cuisinière, quittant ses fourneaux pour mieux entendre une délicieuse musique.
— Non, c'est Wolfgang, répondit Leopold avec gravité. Il a composé un menuet qui tient à peu près debout.
— Vous avez mis au monde un génie !
— Retournez préparer le dîner, je vous prie.
«Un génie», marmonna la cuisinière pendant que Leopold notait les premières mesures du bambin à la fin du cahier de Nannerl[1].
À l'évidence, l'éducation dispensée par Leopold donnait d'excellents résultats. Wolfgang adorait les mathématiques, ne rechignait jamais devant le travail et ne songeait qu'à apprendre.
Tant de talent ne méritait-il pas d'être reconnu ?

---

1. Menuet pour clavier en *fa* majeur, K. 2. K est l'abréviation de Köchel. Né en 1800 et mort en 1877, le chevalier Ludwig von Köchel eut l'ambition de dresser un catalogue chronologique et thématique complet des œuvres de Mozart. La première édition parut en 1862. Les recherches musicologiques ont permis de rectifier plusieurs erreurs, sans que l'on puisse dater avec précision la totalité des compositions connues.

Alors que ses deux enfants venaient de s'endormir, Leopold s'ouvrit à son épouse d'un grand projet.

— Wolfgang et Nannerl sont prêts, déclara-t-il avec gravité.

— Prêts à quoi ?

— À voyager.

— Voyager... Pour aller où ?

— À Munich. Ils se produiront à la cour du prince-électeur Maximilien III et recueilleront un grand succès.

— Ne te faut-il pas l'autorisation du prince-archevêque de Salzbourg ?

— Tout est arrangé.

— Le froid, les mauvaises routes, la santé des enfants...

— Rassure-toi, j'emporterai les remèdes nécessaires contre les refroidissements, les maux de gorge et les otites. Ils ne résisteront pas à notre poudre noire et au thé de fleur de sureau. Et puis... Munich ne sera qu'une première étape.

— Une première étape ! Où comptes-tu aller, ensuite ?

— Si tout se passe bien à Munich, nous préparerons un voyage à Vienne. Quand l'impératrice et la cour entendront des louanges à propos de deux enfants prodiges, elles souhaiteront les écouter. La carrière de Wolfgang et de Nannerl sera lancée, et nous pourrons conquérir l'Europe !

— L'Europe... N'est-ce pas un peu trop grand ?

Leopold prit tendrement les mains d'Anna-Maria.

— Fais-moi confiance. La famille Mozart se trouve à l'orée d'un grand destin.

Vienne, octobre 1762

Le plan de Leopold se déroulait comme prévu. Les trois semaines passées à Munich avaient été couronnées de succès, et le bouche à oreille fonctionnait à merveille. Âgé de six ans, le petit Wolfgang aurait volontiers passé des nuits entières à jouer du piano et à composer ! De mars à septembre, plusieurs menuets pour clavier étaient nés. Leopold veillait à les rendre audibles, et il s'était particulièrement attaché à un allegro[1] comprenant un thème, un développement et des variations sur le premier thème. Attentif à l'évolution des formes musicales, il enseignait ainsi à son fils une architecture relativement nouvelle et peu exploitée. Bon pédagogue, Leopold n'en restait pas moins attentif aux trouvailles de ses collègues.

Quelle fierté, le 18 septembre, quand le père et ses deux enfants étaient montés dans une voiture à destination de Vienne ! Ce deuxième voyage, Leopold le pressentait, serait celui d'un triomphe qui ouvrirait toutes les portes à sa progéniture.

D'après des échos persistants, la noblesse viennoise attendait avec impatience les deux petits prodiges. À coup sûr, ils joueraient dans les salons les plus huppés, mais Leopold entretenait une autre ambition : être reçu au château de Schönbrunn.

Grâce à Lorenz Hagenauer, son riche propriétaire et admirateur de Wolfgang, Leopold disposait de l'argent nécessaire pour assurer les frais de transport et d'hébergement. Ensuite, ce serait au talent de jouer !

En ce 6 octobre 1762, Wolfgang découvrait Vienne, une ville imposante de deux cent dix mille habitants.

---

1. Allegro pour clavier en *si* bémol majeur, K. 3.

Son centre historique, riche de cinq mille cinq cents hautes demeures, s'abritait derrière des fortifications descendant du Glacis, une vaste étendue verte où il était interdit de construire.

La grandiose cathédrale Saint-Étienne dominait la cité dont la place principale, le Graben, était sans cesse animée. Plus de quatre mille carosses et voitures circulaient dans les rues où les passants aimaient parader, vêtus à la dernière mode.

Les Mozart furent aussitôt la proie d'un tourbillon mondain. Passant de salon en salon, Wolfgang et Nannerl devinrent en quelques jours de véritables vedettes que l'on s'arrachait. Et ce fut chez le vice-chancelier Colloredo, père d'un homme d'Église auquel on promettait une brillante carrière, que fut annoncée la nouvelle tant attendue : on conviait les Mozart à Schönbrunn, le 13 octobre à quinze heures.

Vienne, le 13 octobre 1762

Ayant encore en mémoire la musique de l'*Orphée* de Gluck [1] représenté pour la première fois à Vienne le 10, Leopold découvrit Schönbrunn dont le nom signifiait « belle fontaine ». Avec ses allées arborées, ses jardins, ses charmilles et ses fontaines, le domaine faisait songer à Versailles.

L'impératrice Marie-Thérèse se félicitait d'avoir embelli le parc et le château, doté d'une ménagerie, d'un jardin botanique et d'un nouveau théâtre. Néanmoins, nulle frivolité comme en France, car le corégent Joseph II détestait le luxe et les dépenses inutiles. Ne

---

1. Christoph Willibald Gluck (1714-1787), installé à Vienne depuis 1754.

murmurait-on pas que ses chevaux étaient mieux logés que lui ?

À Schönbrunn, fort peu de courtisans. On ne s'y amusait pas, on y travaillait. Les concerts faisaient néanmoins partie de la culture viennoise, et la cour ne se montrait pas indifférente aux nouveaux talents.

Aussi habile à jouer les mains couvertes d'une étoffe qu'à déchiffrer une partition difficile, Wolfgang charma son auditoire. Il le surprit lorsqu'il se plaignit d'un archiduc qui jouait faux du violon, et l'attendrit au moment où il glissa sur le parquet ciré et fut relevé par la princesse Marie-Antoinette à laquelle il déclara : « Je t'épouserai quand je serai grand ! »

Embrassant le petit bonhomme qui venait de sauter sur ses genoux, l'impératrice Marie-Thérèse lui demanda pourquoi il voulait épouser Marie-Antoinette. « Pour la récompenser, expliqua sérieusement Wolfgang, parce qu'elle a été bonne pour moi. »

À la fin de l'audience, à dix-huit heures, le fils de Leopold Mozart avait conquis la cour de Vienne.

6.

Vienne, le 21 octobre 1762

— Dépêche-toi, Wolfgang, nous allons être en retard !

— Je ne me sens pas bien, papa.

— C'est un concert important, tu sais ! Tu ne vas pas craquer maintenant ?

— Je ne me sens vraiment pas bien... J'ai mal partout.

Leopold posa la main sur le front du gamin.

Brûlant.

Avec cette fièvre-là, il ne serait pas capable d'afficher sa virtuosité habituelle. Puisque Nannerl était en bonne santé, elle ferait le spectacle.

Appelé en urgence, un médecin fort coûteux diagnostiqua la scarlatine et un mauvais état général, dû à l'épuisement. Plusieurs semaines de repos s'imposaient.

Contrarié, Leopold s'inclina.

Le traitement lui coûta une somme considérable, cinquante ducats [1], sans compter le manque à gagner en raison de l'annulation de plusieurs concerts. « Le bonheur

---

1. 1 ducat = 4 florins 1/2 ; 1 florin = un peu moins de 20 euros.

est fragile comme du verre, maugréa-t-il. Qu'une cruche de vinaigre se casse vite ! »

Se répandant en excuses auprès des hautes personnalités, déçues de pas avoir leur concert privé, Leopold poussa Nannerl en avant, mais elle ne possédait pas la magie de son frère. Avec lui, elle brillait ; sans lui, elle devenait terne.

Leopold soigna activement Wolfgang et ne bouscula pas sa convalescence. Redoutant une rechute qui pourrait être fatale, il patienta jusqu'à la guérison complète.

Elle s'accompagna, en décembre, d'un événement extraordinaire.

Âgé de six ans, Wolfgang composa, seul, un menuet pour clavier[1].

Ni un exercice d'écolier, ni une œuvrette dépourvue d'intérêt, mais une véritable première œuvre, fondée sur le développement d'une seule phrase.

Bouleversé, Leopold ne manifesta pas ses sentiments. Pourtant, ce fut à cet instant qu'il prit l'une des décisions majeures de son existence : se consacrer entièrement à la carrière d'un génie, son propre fils. Et ce dévouement impliquait qu'il renonçât à ses ambitions de compositeur. Certes, il façonnerait encore à la commande des musiques de circonstance, mais il ne surpasserait ni n'égalerait le rayonnement caché dans les notes de la première œuvre de cet enfant.

Wolfgang rétabli, Leopold reprit contact avec la noblesse viennoise afin de planifier une nouvelle série de concerts. À sa grande surprise, il ne rencontra qu'un accueil réservé, voire de l'indifférence.

La déception passée, Vienne cherchait d'autres amusements à l'approche des fêtes de fin d'année.

---

1. Menuet en *sol* majeur, K. 1.

Afin d'éviter des frais de séjour supplémentaires, Leopold se contenta de quelques prestations sans écho et décida de regagner Salzbourg.

Munich, fin décembre 1762

Thamos continuait ses recherches. Jamais le doute ne l'effleurait, car l'abbé Hermès n'avait pu se tromper. Le plus difficile à supporter, c'était le froid. Grâce à l'élixir alchimique, il évitait la maladie. Et lorsque ses ressources financières menaçaient de s'épuiser, il utilisait l'un des laboratoires des Rose-Croix pour fabriquer de l'or.

Lors d'un concert dans un salon munichois, il croisa le regard d'un homme différent des autres. L'œil vif, il se désintéressait de la musique facile que distillait un claveciniste peu inspiré et ne cessait de fixer l'Égyptien.

À la fin du concert, il vint vers lui.

— Tobias Philippe von Gebler. Je n'ai pas l'honneur de vous connaître.

— Thamos, comte de Thèbes.

— Thèbes... Où se trouve cette principauté ?

— En Orient.

— Prenez-vous plaisir à visiter cette jolie ville, malgré les rigueurs de l'hiver ?

— Sauf quand il pleut, comme en ce moment.

Une superbe journée s'achevait. Le soleil couchant nimbait de rose les rares nuages.

Le regard de Gebler changea.

— Sortons d'ici, mon Frère, et marchons un peu. Aucune oreille indiscrète ne pourra nous entendre.

Après avoir pris congé de leur hôte, les deux hommes

s'engagèrent dans une ruelle tranquille où il serait aisé de repérer un éventuel suiveur.

— D'où venez-vous ? demanda Gebler.
— D'une Loge de Saint-Jean[1].
— Bienvenue, mon Frère. Toutes les Loges vous sont ouvertes, mais nous devons nous montrer très prudents. À Vienne, Marie-Thérèse se méfie de la Franc-Maçonnerie. Ici, à Munich, de grands bouleversements se préparent. Nous nous libérerons bientôt de l'influence anglaise pour approfondir nos rituels et développer notre génie propre. En Orient, qu'en est-il ?
— L'islam règne et veut étendre son empire sur le monde.
— Je suis l'un des seuls à penser que la guerre avec les Turcs est inévitable, mais personne ne m'écoute ! Avez-vous besoin d'un logement ?
— Non, je vous remercie. J'ai une mission à remplir : trouver un être exceptionnel qui pourrait transmettre à l'humanité la lumière de l'Orient.

Tobias von Gebler s'immobilisa.

— C'est sérieux ?
— Très sérieux.
— Alors... Vous appartenez à l'Ordre des Architectes de l'Orient que tous croyaient disparu ?
— Ses Nombres me sont connus.
— C'est... c'est une nouvelle extraordinaire ! Mais je ne crois pas que l'être que vous recherchez se trouve dans nos Loges. Nous essayons à grand-peine de reconstruire un édifice encore modeste, et nul architecte de génie n'est venu nous inspirer.

---

1. C'est l'une des questions/réponses majeures permettant à deux Francs-Maçons de se reconnaître comme tels. Elle fait référence à la tradition ésotérique transmise par Jean l'Évangéliste.

— Pourtant, il existe. Il accomplira des exploits qui dévoileront sa véritable nature.

— En termes d'exploits, ces derniers temps, je ne vois guère que le concert donné à Schönbrunn par un gamin de six ans, en présence de l'impératrice ! Vienne a parlé de lui pendant deux mois.

— Comment s'appelle-t-il ?

— Mozart. Son père est musicien à Salzbourg, au service du prince-archevêque.

— Un exploit, dites-vous...

— Assurément ! Au dire des connaisseurs, la virtuosité de ce bambin est exceptionnelle. Il aurait même composé quelques œuvrettes dignes d'estime. Néanmoins, on soupçonne le père de forcer la note et d'en être le véritable auteur. Pauvre enfant... Son géniteur se sert de lui comme d'un singe savant ! Et le jour viendra où il sera trop âgé pour séduire les curieux. Ce petit Mozart me semble voué à un destin bien cruel et n'est certainement pas le Grand Magicien.

Von Gebler avait probablement raison. L'abbé Hermès aurait-il omis de préciser que le Grand Magicien était un enfant ? En évoquant la nécessité de construire l'être qui allait transmettre la Lumière, sous-entendait-il son jeune âge ?

— Donnez-moi votre adresse, sollicita von Gebler, et je vous avertirai de la date de notre prochaine Tenue. Mes Frères auront beaucoup de questions à vous poser.

7.

Salzbourg, janvier 1763

De retour chez lui le 5 janvier, Leopold fulminait. Certes, le talent de Wolfgang avait ébloui Vienne, mais si peu de temps ! Pourtant, il en était sûr, son fils ne se réduisait pas à un phénomène de mode. Mais comment reconquérir la cour impériale ?

D'abord, en travaillant d'arrache-pied. Aussi Leopold remit-il son fils à l'étude en lui faisant, notamment, jouer du violon. Malgré ses dons extraordinaires, il lui faudrait plusieurs années avant d'atteindre un niveau acceptable.

En dépit de la rigueur de l'exercice, Wolfgang pratiqua le contrepoint avec une aisance surprenante, d'autant plus qu'il s'amusait en combinant trois voix baptisées « le duc la Basse », « le marquis le Ténor » et « monsieur l'Alto ».

Avant de nouer de nouveaux contacts à Vienne, Leopold attendait une importante promotion à Salzbourg. Son expérience et ses compétences ne lui promettaient-elles pas le plus haut poste de la corporation des musiciens ?

Quand la décision tomba, la déception fut amère : le prince-archevêque nommait Francesco Lolli maître de chapelle. Leopold Mozart devait se contenter du poste de vice-maître.

— C'est une fonction stable et correctement payée, apprécia Anna-Maria, heureuse de voir son mari reconnu comme un excellent professionnel.

— Tu n'as pas tort. Néanmoins...

— Tu penses à l'avenir de Wolfgang, n'est-ce pas ? Ne te soucie pas ! Lui aussi entrera au service du prince-archevêque et mènera une existence paisible et heureuse.

— Peut-être, peut-être ! Prépare-nous un bon repas.

Salzbourg, février 1763

La bonne nouvelle se répandit très vite dans toute l'Europe : la guerre de Sept Ans était terminée ! Finies, les rivalités coloniales entre la France et l'Angleterre, entre l'Autriche et la Prusse. En abandonnant la Silésie à la Prusse, Marie-Thérèse rétablissait la paix.

Enfin, on pouvait voyager sans crainte d'être massacré ! Pour Leopold, l'avenir s'ouvrait.

— Nous allons conquérir l'Europe, décréta-t-il.

Salzbourg, le 9 juin 1763

Leopold, Anna-Maria, Nannerl et Wolfgang montèrent dans une voiture dont le père de famille avait vérifié les roues. Étudié avec soin, l'itinéraire passait par Munich, Francfort, Cologne et Bruxelles, la capitale des Pays-Bas autrichiens, pour atteindre Paris où naîtrait la gloire internationale de Wolfgang et de Nannerl. Quand ils joueraient à Versailles, leur renommée n'aurait plus de frontières...

Le vice-maître de chapelle n'avait rien caché de ses projets à son auguste patron, le prince-archevêque de Salzbourg. Débonnaire et large d'esprit, Sigismund von Schrattenbach ne s'était pas opposé à ce long voyage. Un éventuel succès ne rejaillerait-il pas sur sa ville ?

Malgré son inébranlable détermination, Leopold n'en menait pas large. Loin de se bercer d'illusions, il savait bien que personne n'attendait ses deux enfants. Ils devraient forcer de multiples portes, convaincre les aristocrates de les accueillir, organiser des concerts dont la plupart ne seraient guère rémunérateurs et conquérir la notoriété à la force du poignet.

Juste avant le départ, Wolfgang avait composé le début de son premier mouvement lent où pointait un sérieux inattendu pour un enfant de sept ans [1].

Et Leopold n'était pas au bout de ses surprises ! Lors du premier récital de cette longue tournée, à Munich, en présence du prince-électeur, Wolfgang avait joué du violon à la manière d'un professionnel ! En cinq mois, il était devenu maître de cet instrument si difficile.

Francfort, le 25 août 1763

À l'issue d'un concert couronné de succès, un adolescent âgé de quatorze ans s'approcha du pianiste de sept ans. Il aurait aimé le féliciter et le remercier pour les moments de bonheur qu'il venait de lui offrir.

Mais Goethe se crispa et fut incapable de formuler le moindre compliment, redoutant de prononcer des paroles ridicules qui ne correspondraient pas au génie de ce musicien d'exception.

Goethe préféra s'éloigner, sans savoir si le miracle

---

1. Andante en *si* bémol majeur, K. 9b.

serait durable et si l'enfant Mozart survivrait à l'usure du temps.

Au moment de remonter en voiture et de reprendre la route, Wolfgang décida de s'évader dans son *Rücken*, le « royaume de derrière », un pays imaginaire qui lui permettait d'oublier la monotonie et les fatigues du voyage. Sébastien Winter, le domestique de la famille, avait dessiné une carte de ce territoire dont Wolfgang était le monarque. Les habitants de ses villes savaient rendre les enfants bons et gentils.

Hélas ! le domestique venait de perdre cette carte si précieuse. Voyant le petit garçon au bord des larmes, son père et sa mère se mirent à la recherche du précieux document.

Thamos s'approcha du gamin, assis dans la voiture dont la porte était restée ouverte.

— C'est cette carte que tu veux ?

L'enfant s'empara du trésor.

— Tu l'as trouvée où ?
— Par terre, près d'un cheval.
— Tu es qui, toi ?
— Un habitant du *Rücken*.
— Tu existes... vraiment ?
— Vraiment.
— Tu vas m'accompagner ?
— Bien sûr. Maintenant, tu dois te reposer.

L'habitant du *Rücken* disparut. Wolfgang appela ses parents et montra la carte, sans préciser que l'un de ses sujets la lui avait rapportée. Ce serait son secret.

En regardant partir la voiture qui emmenait la famille Mozart vers sa prochaine étape, Thamos ne doutait plus.

À son regard, à la lumière de son âme, au rayonnement de sa personnalité déjà affirmée, l'Égyptien venait d'identifier le Grand Magicien.

Cette découverte s'accompagnait de mille et une

questions, car des forces obscures rôdaient autour de l'enfant. Parviendrait-il à les vaincre, ne resterait-il pas un simple virtuose imbu de ses succès, serait-il capable de vivre une réelle initiation, ne succomberait-il pas aux sirènes du monde extérieur, ne reculerait-il pas devant l'immensité de la tâche que Thamos lui confierait ?

La mission de l'Égyptien, qui consistait aussi à transmettre la Tradition à des Loges maçonniques en proie au doute, s'annonçait presque impossible. Il pria son maître, l'abbé Hermès, de lui donner la force nécessaire.

8.

Paris, le 18 novembre 1763

Le temps était exécrable, les rues sales, les gens peu accueillants. Mais les Mozart atteignaient enfin Paris, le but du voyage.

— Comme je regrette Salzbourg, marmonna Anna-Maria. Aurons-nous un logement décent et de la nourriture convenable ?

— Ne t'inquiète pas, répondit Leopold. J'ai tout prévu.

Nannerl sommeillait, Wolfgang voyageait dans son *Rücken* où il revoyait sans cesse son bienveillant sujet qui lui avait restitué la carte du royaume. Ne lui prouvait-il pas que toute pensée sincèrement vécue devenait réalité ? Le monde de l'esprit, comme celui de la musique, n'était pas imaginaire. Il suffisait de le vouloir très fort pour le faire apparaître.

À la différence d'un songe-creux, Leopold ne se lançait pas à l'aventure sans points de repère. Le comte d'Arco, grand chambellan à la cour de Salzbourg, lui avait donné une lettre de recommandation à l'intention de son gendre, le comte von Eyck. Ce dernier reçut les Mozart dans son hôtel de Beauvais et leur souhaita un excellent séjour.

Les formules de politesse échangées, Leopold posa le problème majeur.

— Pouvez-vous nous aider à organiser des concerts ? Mon fils et ma fille sont de véritables enfants prodiges. Ils ont déjà séduit la noblesse allemande et autrichienne. Ici, ils connaîtront un énorme succès.

Le comte parut gêné.

— Les Parisiens sont difficiles et capricieux. De plus, la musique ne figure pas au premier rang de leurs préoccupations. Je parviendrai néanmoins à vous introduire dans deux ou trois salons réputés.

— Et... Versailles ?

— N'y comptez pas trop ! La cour n'accueille que des célébrités.

— Mes enfants ont été applaudis à Vienne, à Munich, à Francfort, à...

— Pas à Paris.

L'optimisme de Leopold fut ébranlé. Si ce séjour se résumait à quelques succès de salon, ce serait un désastre.

Paris, le 20 novembre 1763

— D'où venez-vous ? demanda à Thamos le Vénérable Maître de la Loge.

— D'Orient, où je suis allé chercher ce qui a été perdu et doit être retrouvé.

Connaissant le secret de la Maîtrise, le dignitaire étranger fut enfermé dans une tour en carton haute de sept pieds, puis libéré et admis dans une pièce où le Vénérable, assimilé au roi Cyrus, l'arma Chevalier d'Orient en lui frappant les épaules du plat d'une épée avant de lui donner l'accolade.

Ce médiocre rituel dévoila à Thamos le pitoyable état

de la Franc-Maçonnerie française. Dilettante, versatile, elle rêvait d'égalitarisme et murmurait des critiques feutrées contre la royauté et l'Église. Les Loges admettaient volontiers les curieux, désireux de nouer des relations haut placées et de s'amuser lors de dîners bien arrosés.

Au cours du repas, l'Égyptien tenta d'obtenir les informations qu'il était venu chercher.

— Comment un jeune artiste étranger peut-il réussir à Paris ?

— Il lui faut l'approbation du petit milieu d'intellectuels autorisés qui décident de tout, répondit son voisin de table. Ils font et défont les carrières, émettent des jugements définitifs sans jamais rien créer eux-mêmes et n'autorisent personne à empiéter sur leur territoire. Tant que ce petit milieu n'a pas émis une bonne critique au sujet d'un artiste, il n'existe pas.

— Obéit-il à une sorte de chef dont l'avis prédomine ?

— Certes, le baron Grimm ! Il est l'ami des Encyclopédistes, le secrétaire du duc d'Orléans et le juge absolu de la vie intellectuelle et artistique. On le surnomme « Tyran-le-blanc », tellement il se farde.

Paris, le 25 novembre 1763

Originaire de Ratisbonne, Friedrich Melchior von Grimm[1] était âgé de quarante ans et pénétré de son importance. Incapable de produire quoi que ce fût, il ne doutait jamais de son jugement. Son petit sourire traduisait un caractère piquant, voire cruel, et une assurance qu'aucun doute n'entamait. Vénal à l'occasion, le

---

1. Sans lien avec les frères Grimm, auteurs des célèbres *Contes*.

baron régnait sur la culture parisienne, à mi-distance entre les tendances parfois extrêmes des Encyclopédistes et le pouvoir en place.

— Le comte de Thèbes demande audience, lui annonça son secrétaire particulier.

Grimm fronça les sourcils.

— Jamais entendu parler... Quelle allure ?

— Vêtements coûteux, dernière mode, beaucoup de classe. Assurément, une belle fortune.

— Fais-le entrer dans le petit salon et sers-nous du café.

La prestance de Thamos impressionna le baron. On croisait rarement des regards d'une telle intensité.

— Merci de me recevoir, monsieur le baron. Je suis très sensible à cet honneur. Venant d'Orient, je découvre cette ville magnifique, capitale des arts et des lettres. Cette renommée, Paris vous la doit en grande partie.

— N'exagérons rien, protesta Grimm, flatté.

— Mais je n'exagère pas ! Dès que l'on parle de philosophie, de littérature, de musique ou de peinture, c'est votre nom qu'on prononce. Aucun talent ne vous échappe. Hélas ! je ne possède pas votre clairvoyance et ne parviens pas à former mon jugement sur le phénomène qui vient d'arriver à Paris.

Grimm fut intrigué.

— Un phénomène, dites-vous... De qui s'agit-il ?

— D'un petit Salzbourgeois, Wolfgang Mozart, venu donner des concerts avec sa sœur aînée. Ce bambin serait aussi compositeur. Singe savant ou authentique prodige ? Vous seul pouvez distinguer le vrai du faux.

Le baron acquiesça d'un hochement de tête.

Le 1ᵉʳ décembre 1763, il publia dans sa célèbre *Correspondance littéraire, philosophique et critique* un article qui eut un énorme retentissement dans le Tout-Paris :

« Les vrais prodiges sont assez rares pour qu'on n'oublie pas de les signaler lorsqu'on a l'occasion d'en voir un... Wolfgang Mozart est un phénomène si extraordinaire qu'on a de la peine à croire ce qu'on voit de ses yeux et ce qu'on entend de ses oreilles... Ce qui est incroyable, c'est de voir cet enfant jouer de tête pendant une heure de suite, et là, s'abandonner à l'inspiration de son génie... Il écrit et compose avec une facilité merveilleuse. »

Leopold relut le texte une bonne dizaine de fois. Dès le lendemain, les invitations déferlèrent. Et la veille de Noël, le plus somptueux des cadeaux lui fut offert : une invitation à Versailles !

9.

Versailles, le 1ᵉʳ janvier 1764

Âgé de huit ans, Wolfgang Mozart fit merveilleusement sonner l'orgue de la chapelle royale de Versailles. Puis la petite famille de Salzbourg fut reçue au « grand couvert », un repas de parade au cours duquel la reine de France parla allemand avec l'enfant prodige.

Leopold était aux anges. Enfin, ses efforts se voyaient couronnés de succès ! Et il ne s'agissait pas seulement de la belle somme de 1200 livres offerte pour le concert, mais surtout de la renommée de son fils.

La rencontre du compositeur Johann Schobert, un Silésien de trente-quatre ans, ne l'enchanta guère. Flatteur par-devant et producteur de fiel par-derrière, il fit connaître ses œuvres à Wolfgang qui les apprécia et en assimila très vite la substance. « La religion de ce Schobert varie selon la mode », jugea Leopold dont la vigilance tint à l'écart ce prédateur.

Paris ne plut guère à Leopold. Tout était très cher, à l'exception du vin, et les femmes, d'une repoussante élégance, ressemblaient aux poupées peintes de Berchtesgaden. À peine rentrait-on à l'église ou marchait-on dans une rue que surgissait un aveugle, un paralytique, un boiteux ou un mendiant couvert de vermine.

Mais quel bonheur lorsque Wolfgang avait fait son premier pas officiel de compositeur, avec deux sonates pour clavecin et accompagnement de violon[1], dédiées à Madame Victoire, fille de Louis XV ! Ce premier opus reprenait des éléments de la production antérieure et rendait compte d'un travail professionnel de plusieurs mois. Et le garçonnet s'attaquait déjà à deux nouvelles sonates[2], pour Madame de Tessé.

Paris, le 9 mars 1764

En ce matin frileux, Leopold et son fils se promenaient à proximité de la sinistre Place de Grève où l'on pendait, presque chaque jour, des condamnés à mort.

Un mal rasé au sourire malsain les aborda.

— Vous voulez voir un beau spectacle, mes beaux messieurs ? Je peux vous offrir une place au premier rang. On va pendre une femme de chambre, une cuisinière et un cocher qui ont volé un riche aveugle.

— Ici, c'est nécessaire, estima Leopold, car personne ne serait en sécurité. Écartez-vous, mon ami.

— Vous ne comprenez pas, mon beau monsieur. Vous devez assister à ce spectacle et me payer à la hauteur de mes services. Votre bourse, tout de suite ! Sinon...

Le mal rasé brandit un couteau.

— Vite, je ne plaisante pas !

La canne d'un gentilhomme frappa violemment l'avant-bras du gredin et le désarma. Il prit aussitôt ses jambes à son cou.

1. K. 6 et 7.
2. K. 8 et 9.

— Je ne sais comment vous remercier, déclara Leopold, soulagé.

— À l'avenir, préconisa Thamos, évitez les quartiers mal famés. Paris est une ville dangereuse.

Le sauveteur disparut.

Wolfgang avait reconnu l'habitant de son royaume imaginaire qui s'était déguisé en valet avant de réapparaître en noble. Ainsi protégé, le jeune compositeur n'aurait plus peur de rien.

Londres, avril 1764

— Encore un voyage, papa ?

— C'est nécessaire, Wolfgang. Paris est devenu trop petit pour toi. Ta réputation a gagné la cour de Londres, et tu dois te produire en Angleterre.

Le gamin soupira et accepta son sort. Pourvu qu'on le laisse jouer et composer...

Dès leur arrivée à Londres, Leopold remit à Wolfgang un nouveau cahier où il noterait ses exercices de composition. La publication des premières œuvres ne dispensait pas l'apprenti créateur de poursuivre ses études et d'approfondir un style différent de celui pratiqué à Salzbourg.

Thamos trouva aisément la Loge maçonnique la plus influente et, après s'être fait reconnaître comme un Frère noble, aisé et de bonnes mœurs, glissa quelques mots à l'oreille d'un ministre du roi d'Angleterre. Aussi le jeune George III, un Hanovre, et son épouse, Charlotte de Mecklembourg-Strelitz, reçurent-ils les Mozart le 27 avril 1764, à dix-huit heures. Le monarque adorait l'orgue, sa femme chantait. Grands amateurs de musique, les souverains se comportaient avec une simplicité remarquable, fort appréciée de leurs sujets.

Le talent de Wolfgang les subjugua, et ils furent heureux de constater qu'un musicien célèbre bientôt trentenaire, Jean-Chrétien Bach, prenait le prodige sous son aile. Fils de Jean-Sébastien, complètement oublié, il initia Wolfgang au style galant et léger que prisait le public anglais. Il ouvrit toutes les portes de la bonne société britannique à la famille Mozart et passa de longues heures à jouer du clavecin avec le garçonnet, toujours aussi désireux d'apprendre.

— Savez-vous bien, cher Leopold, ce que votre fils a en tête ?

— Rien de mauvais, j'espère ?

— Rassurez-vous ! Étonnant, très étonnant... À son âge, il songe déjà à composer un opéra !

— Trop tôt, beaucoup trop tôt.

— Vu son génie naissant, pourquoi pas ? Nous allons lui faire écouter tout ce qui a du succès à Londres, en priorité mes propres œuvres.

Le comportement de Jean-Chrétien Bach rassura Thamos. Compositeur médiocre, il était réellement fasciné par Wolfgang et ne songeait qu'à l'aider. Le 19 mai, le roi d'Angleterre lui accorda une nouvelle audience, aussi enthousiasmante que la première.

D'après les courtisans, les Mozart ne tarderaient pas à devenir des intimes de la famille régnante. Le 28 mai, à St. James's Park, le monarque n'avait-il pas ordonné à son cocher de stopper afin d'ouvrir sa portière et, joyeux, de saluer Wolfgang qui se promenait avec ses parents ?

Le 5 juin, le fils et la fille de Leopold avaient donné leur premier concert public dans la grande salle de Spring Garden, à proximité de St. James's Park. Et le 29 juin, Wolfgang joua un concerto pour orgue au Ranelagh, lors d'un concert de bienfaisance permettant de recueillir des fonds nécessaires à la construction d'un nouvel hôpital.

Cette générosité enchanta les Anglais. Et Wolfgang serait resté une curiosité populaire si, au mois d'août, Leopold n'était pas tombé malade. Il choisit de résider à Chelsea, un charmant faubourg à l'écart de l'agitation de la capitale.

Wolfgang profita de ce répit pour aborder un genre nouveau : la symphonie. Mettre plusieurs instruments ensemble et les faire chanter, quelle aventure !

Renseignements pris, Thamos n'éprouva pas d'inquiétude : Leopold se remettrait. Quand lui parvint une missive de von Gebler lui enjoignant de se rendre au plus vite en Allemagne afin d'y rencontrer le baron de Hund, l'Égyptien quitta l'Angleterre. Wolfgang ne courait aucun risque.

10.

Kittlitz, décembre 1764

Venant de dépasser la quarantaine, le baron Charles de Hund, seigneur héréditaire de Lipse, en Haute-Lusace, voyait se réaliser son rêve le plus ardent. À Kittlitz, à une soixantaine de kilomètres de Dresde, il fondait la mère-Loge[1] à l'origine d'un nouveau rite dont l'avenir s'annonçait exceptionnel.

La grande aventure avait pris corps le 24 juin 1751 lorsque le baron et quelques Frères s'étaient réunis dans un laboratoire alchimique aménagé au fond d'une grotte, proche de Naumburg.

Ce nouvel Ordre comprendrait de véritables degrés supérieurs, se fondant sur une tradition ésotérique. Née en Égypte, l'initiation avait été transmise aux premiers chrétiens par les esséniens, puis recueillie par les chanoines du Saint-Sépulcre établis à Jérusalem. Désirant rétablir l'Ordre ancien, ils avaient donné naissance à celui des Templiers en conférant l'initiation suprême à quelques chevaliers.

Trop confiants en leur puissance temporelle, les Templiers ne s'étaient méfiés ni de l'avidité du roi de

---

1. Les Trois Colonnes.

France Philippe le Bel ni de la lâcheté du pape Clément V. Avant d'être exécuté, le Grand Maître Jacques de Molay avait remis à son neveu, le comte de Beaujeu, les trésors de l'Ordre, la couronne des rois de Jérusalem, le chandelier d'or à sept branches, les reliques, les annales et les rituels initiatiques.

Échappant aux assassins de Philippe le Bel, Beaujeu mêla son sang à celui de neuf chevaliers, élevés au rang d'« Architectes parfaits », et leur ordonna de prendre le chemin de l'exil afin de transmettre les secrets de l'Ordre. Ils trouvèrent refuge en Écosse et y créèrent des Loges où n'entrèrent que de rares initiés, choisis avec soin. Ils vécurent des rituels traitant des mystères du Temple de Jérusalem et des hiéroglyphes gravés dans les sanctuaires antiques.

Charles de Hund voulait redonner vie et puissance à cette tradition en créant un système de hauts grades qui s'étendrait à toute la Franc-Maçonnerie européenne. Il revenait à l'Allemagne de restaurer l'Ordre du Temple et de le faire reconnaître par les autorités.

Le nouveau système maçonnique prenait le nom de Stricte Observance templière et sa naissance symbolique était fixée au 11 mars 1314, date de l'assassinat de Jacques de Molay. Bien entendu, il faudrait acquérir des domaines, ouvrir des écoles et offrir des salaires aux dirigeants afin qu'ils s'occupent avec ardeur du développement de l'Ordre.

Pendant plus de quatre ans, le baron avait consacré son temps et sa fortune à la mise au point des statuts et des rituels, en compagnie de Frères convaincus. Mais l'affreuse guerre de Sept Ans, déclenchée en 1756, avait brisé ce premier élan. Presque tous officiers, les nouveaux Templiers étaient partis pour les champs de bataille. Ses terres ravagées, menacé par les Prussiens, le baron de Hund s'était réfugié en Bohême.

Dès la proclamation de la paix d'Hubertsburg, il avait remis l'œuvre sur le métier et, dès 1764, de nombreux Francs-Maçons voulaient adhérer à la Stricte Observance templière.

De Hund ne transigeait pas sur les principes et la discipline. Tout Frère désirant se « rectifier » par rapport à la Maçonnerie conventionnelle devait signer un acte de soumission et jurer obéissance aux Supérieurs inconnus dont le baron avouait ne pas faire partie [1].

— Votre Grâce, l'avertit son secrétaire, le comte de Thèbes souhaiterait vous voir.

Le baron désirait recruter un maximum d'aristocrates fortunés, car leur participation financière serait indispensable à la reconstruction de l'Ordre.

Massif, guindé, le visage ovale, le menton épais, Charles de Hund n'était pas un personnage commode et il exerçait, d'ordinaire, un ascendant immédiat sur autrui.

Thamos fut le premier noble à l'impressionner. À lui seul, le visiteur emplissait le grand salon de sa présence et imposait une atmosphère solennelle.

— Que puis-je pour vous, monsieur le comte ?
— J'ai monté les sept marches du parvis et vu les neuf étoiles, les neuf fondateurs de l'Ordre du Temple. Les trois portes de la Loge sont la continence, la pauvreté et l'obéissance. Si l'on y trouve des outils comme l'équerre, le compas, le marteau ou la truelle, c'est parce que les chevaliers ont dû exercer un métier artisanal afin de survivre.

Sans nul doute, le comte de Thèbes avait été initié dans une Loge qui, aux rituels classiques, ajoutait des

---

[1]. Les huit provinces de l'Ordre reproduisaient les divisions administratives des Templiers et couvraient tout le continent européen, plus la Russie.

notions propres au Rite templier ! Néanmoins, le baron de Hund ne s'attendait pas à la suite de sa déclaration.

— Les étapes que je viens d'évoquer ne sont, à vos yeux, qu'une préparation à deux hauts grades. Le premier est celui de novice, au cours duquel l'initié boit une coupe amère afin de se souvenir des malheurs de l'Ordre du Temple dont les origines lui sont dévoilées. Le second est l'essentiel. Lui seul donne accès à l'Ordre intérieur où le chevalier reçoit un nom latin.

Le baron de Hund vacilla.

— Comment... comment savez-vous ? Seuls mes proches travaillent à la rédaction de ce grade !

— Réfléchissez, recommanda Thamos.

— Vous... vous seriez l'un des Supérieurs inconnus ?

— Je viens d'Égypte pour remplir une mission vitale : permettre au Grand Magicien de rayonner et d'offrir sa Lumière à notre monde. Encore faut-il qu'il bénéficie de soutiens indispensables, sous peine de prêcher dans le désert et de céder au désespoir.

— Serais-je... l'un de ces soutiens ?

— Votre projet ne consiste-t-il pas à restaurer une Franc-Maçonnerie templière qui redonnera un sens à l'Europe entière ?

— Il n'existe pas d'autre solution pour empêcher nos sociétés de devenir les esclaves du matérialisme, estima de Hund.

— Ne risquez-vous pas de vous heurter aux autorités ?

— Elles comprendront la nécessité de l'Ordre... Il ne s'opposera ni aux rois ni aux princes. Au contraire, il les aidera à mieux gouverner.

— Il vous faudra du temps, de la patience et l'adhésion de beaucoup de Loges.

— Rien ne me manquera. Même la guerre de Sept

Ans ne m'a pas découragé. Aujourd'hui, vous voilà ! N'est-ce pas la preuve du bien-fondé de ma démarche ?

— Persévérez, baron. La route s'annonce longue et difficile.

— Nul obstacle ne m'effraie. Est-ce votre première et dernière apparition, ou bien nous reverrons-nous ?

— Le destin décidera.

Le baron de Hund ne se hasarda pas à demander le nom du Grand Magicien. Peu de Francs-Maçons pouvaient se vanter d'avoir rencontré l'un des neuf Supérieurs inconnus qui traversaient le temps et les épreuves de l'humanité pour redonner, au moment opportun, force et vigueur à l'initiation.

Cette apparition inespérée prouvait au fondateur de la Stricte Observance templière qu'il suivait le bon chemin.

11.

Londres, décembre 1764

Le moral de Leopold, bien rétabli, était aussi morose que le climat de la capitale de l'Angleterre. Certes, le 25 octobre, les Mozart avaient été reçus une troisième fois à la cour, mais le jeune pianiste prodige et sa sœur n'étaient plus des nouveautés, et la curiosité du public s'émoussait.

Les frais couraient, notamment pour l'impression de six nouvelles sonates [1] de Wolfgang, dédiées à la reine Charlotte. Leopold constata l'influence de l'hypocrite Schobert et des musiciens italianisants de Londres, au premier rang desquels figurait Jean-Chrétien Bach. En dépit de ses dons extraordinaires et de sa faculté d'assimilation, Wolfgang travaillait beaucoup et découvrait chaque jour l'immense difficulté de devenir un véritable compositeur qui ne se noierait pas dans la foule des anonymes.

Grâce à Jean-Chrétien Bach, Wolfgang s'initia à l'art de l'aria italienne et du bel canto. Il écouta les œuvres de son mentor, d'autres opéras et des oratorios de Haendel dont la majesté l'éblouit.

1. K. 10 à 15.

Ce fut un hiver studieux, fort peu mondain, au cours duquel Wolfgang termina plusieurs symphonies, légères et pétillantes[1]. Heureux de voir son fils s'épanouir ainsi, Leopold n'oubliait pas les problèmes financiers. En s'acharnant, réussirait-il à organiser des concerts ?

De retour à Londres, Thamos observait de loin la famille Mozart. Il appréciait le sérieux de l'enfant et préférait le voir composer plutôt que de se produire comme un singe savant. À supposer qu'il parvînt à maturité, le Grand Magicien ne pouvait être qu'un créateur et non un saltimbanque à la recherche des applaudissements. Combien de temps encore son père le laisserait-il en paix ?

Hambourg, janvier 1765

Reçu Franc-Maçon à Hambourg[2] en 1761, Johann Joachim Christoph Bode était fier de devenir chevalier[3] de la Stricte Observance templière dont il serait un ardent propagandiste. Né le 16 janvier 1730, Bode avait été hautbois dans l'orchestre militaire du duché de Brunswick, puis professeur de musique et de langues étrangères à Hambourg, traducteur de pièces de théâtre italiennes, françaises et anglaises, de livres d'humoristes britanniques et des *Essais* de Montaigne, libraire et imprimeur.

Tout cela n'était qu'amusements au regard de sa véritable passion : la lutte contre l'influence occulte des

---

1. K. 16 à 19.
2. À la Loge Absalom.
3. Sous le nom de *a Lilio Convallium*.

Jésuites. D'après lui, ils portaient l'entière responsabilité de la décadence et de la corruption qui pourrissaient l'Europe entière.

Grande gueule, dépressif, Bode voulait ignorer mariages ratés et décès d'enfants en bas âge. Puisque personne ne prenait au sérieux son diagnostic, il lui fallait agir et convaincre des Frères de l'aider.

Avec l'apparition de la Franc-Maçonnerie templière naquit un nouvel espoir ! Si ses adeptes voulaient vraiment combattre le pape, ils s'attaqueraient aussi à ses protégés, les Jésuites. En adhérant à la Stricte Observance, Bode ne comptait pas rester un Frère dormant, engoncé dans une discipline étouffante. Être chevalier lui donnait des droits qu'il comptait bien exercer en dénonçant la mainmise des Jésuites sur la Franc-Maçonnerie anglaise et française. Par bonheur, l'Allemagne semblait se réveiller et suivre une autre voie ! Les Templiers n'étaient-ils pas de farouches guerriers ?

Aucun grand dignitaire ne ferait taire Bode. Et sa voix de tribun finirait par entraîner tous les Maçons à l'assaut de la forteresse cléricale.

Londres, juin 1765

Leopold ruminait ses rancœurs contre les Anglais, dépourvus de toute religion. Et quel maudit brouillard humide, cause de rhumes persistants ! Le 21 février, le concert donné par ses enfants n'avait rapporté qu'une somme modique ; depuis celui du 13 mai, plus aucun engagement ferme.

Rêvant toujours d'opéra, Wolfgang venait de composer un air de bravoure pour ténor[1] et un motet pour

1. K. 21.

chœur à quatre voix, « Dieu est notre refuge[1] », sur le texte du Psaume 46 que Leopold, bon prince, offrirait au British Museum.

Dans l'immédiat, une rude épreuve attendait le jeune prodige. Un magistrat anglais, Daines Barrington, également archéologue et naturaliste, désirait l'examiner. Redoutant les critiques de ce notable influent, Leopold consentit à lui ouvrir sa porte.

— Monsieur Mozart ?
— Lui-même.
— Barrington. Pourrais-je voir votre fils Wolfgang ?
— En ce moment, il travaille.
— Excellent ! C'est précisément ce surprenant labeur juvénile qui m'intéresse. J'ai écrit à Salzbourg pour obtenir une certitude à propos de son âge : neuf ans, et non huit, comme vous le laissez entendre.
— Monsieur...
— S'il est vraiment l'auteur des œuvres qu'il a signées, quel phénomène ! La rigueur scientifique m'oblige à vérifier.
— À votre guise.

Amusé, Wolfgang se soumit aux tests que lui imposa l'austère visiteur. Il déchiffra une partition complexe sans erreur, composa un air d'amour sur le mot *affeto*, un autre de fureur sur le terme *perfido*, et joua sa dernière œuvre, que Barrington jugea d'une incroyable richesse d'invention.

L'intervention d'un chat interrompit l'épreuve. Adorant les animaux, le garçonnet quitta son piano, joua avec le félin, puis s'empara d'un bâton et l'enfourcha comme s'il s'agissait d'un cheval qu'il fit galoper à travers la pièce.

Satisfait de ce qu'il avait vu et entendu, le magistrat n'insista pas.

1. K. 20.

— J'adresserai un procès-verbal à la Royal Society, annonça-t-il à Leopold. Vous ne mentez pas, monsieur Mozart. Votre fils est un vrai prodige.

Londres, juillet 1765

Composer, c'était aussi s'amuser. Ainsi Wolfgang inventa-t-il une sonate pour clavecin à quatre mains[1], qu'il joua avec sa sœur Nannerl. La partition mettait en valeur leur virtuosité, notamment lorsque la main gauche de Nannerl, qui assurait la partie basse, passait par-dessus la main droite de son petit frère, chargé du haut du clavier.

Leopold, lui, ne goûtait guère ces enfantillages. Si Wolfgang avait reçu une remarquable et intense formation artistique pendant son séjour londonien, le bilan financier se révélait catastrophique. Puisqu'on ne lui proposait aucun concert, il fallait refaire les bagages et partir à la conquête d'un nouveau territoire.

Enfin arriva la réponse à l'une des nombreuses démarches de Leopold : l'ambassadeur de Hollande l'avertit que son pays attendait les enfants Mozart.

1. K. 19d.

12.

La Haye, novembre 1765

À leur arrivée en Hollande au mois d'août, Wolfgang était certain d'avoir reconnu l'habitant de son royaume du *Rücken*. Il portait un bel habit et montait un cheval blanc. Quant à son sourire bienveillant, il ne ressemblait à aucun autre !

Entre eux, une totale complicité, scellée par le silence et le secret. Ni à son père, ni à sa mère, ni même à Nannerl, Wolfgang ne révélerait l'existence de ce personnage venu de l'invisible.

Un grave souci troublait la famille Mozart.

— Comment va ma sœur ?
— Mal, répondit Leopold.
— Le docteur va la guérir, n'est-ce pas ?

Leopold ne répondit pas. Il commençait à détester ce pays où, pourtant, tout aurait dû lui sourire.

Grand admirateur de la peinture flamande, notamment de Rubens, Leopold avait éprouvé beaucoup de plaisir en découvrant les trésors artistiques de la Hollande. Et combien d'orgues admirables sonnant sous les doigts de Wolfgang qui, fin septembre, avait donné un concert sans sa sœur et recueilli un beau succès.

Vexée, Nannerl boudait. Un malheur ne survenant jamais seul, elle était tombée gravement malade. Une congestion pulmonaire que la médecine ne parvenait pas à guérir.

Ce ne fut pas à un médecin que Leopold ouvrit sa porte, mais à un prêtre. Il administrerait à sa fille les derniers sacrements.

Leopold tenta de calmer son épouse, en pleurs.

— Ne t'inquiète pas, maman, déclara gravement le petit Wolfgang. Nannerl se rétablira.

Anna-Maria embrassa son fils.

— Je ne dis pas cela pour te réconforter, expliqua-t-il. J'ai eu une vision, elle rejouait du piano. Donc, elle se rétablira. Il suffit d'y croire très fort !

Wolfgang ne se trompait pas. En dépit du pronostic pessimiste des hommes de science, Nannerl retrouva peu à peu son énergie, se leva, mangea d'un bon appétit et respira enfin à pleins poumons.

Au moment où sa guérison fut certaine, Wolfgang, fiévreux, s'alita. La ronde des médecins recommença.

La gravité de la maladie infectieuse laissait peu d'espoir.

Désespéré, voyant son fils dépérir jour après jour, Leopold accepta de recevoir un thérapeute fort différent des autres.

— Wolfgang dort. Il ne s'alimente plus.

— Ne le réveillez pas et tâchez de lui faire absorber ce liquide.

— Vous... vous ne voulez pas l'examiner ?

— Inutile. Dix gouttes chaque soir, pendant une semaine. Ensuite, son organisme luttera de lui-même.

— Quel est ce remède ?

— Une potion énergétique fabriquée en Orient.

— Elle doit coûter fort cher !

— Permettez-moi de vous l'offrir. Je suis un admirateur de votre fils et vous garantis sa guérison.

Leopold aurait aimé poser d'autres questions, mais le thérapeute s'était déjà éclipsé.

Sceptique, le Salzbourgeois administra néanmoins le traitement, mais n'oublia pas d'écrire à son propriétaire, Hagenauer, pour lui demander de faire célébrer une série de messes d'actions de grâce afin d'obtenir du ciel le rétablissement de Wolfgang. Nannerl avait eu droit au même privilège, mais en moindre quantité.

Le 10 décembre, Wolfgang parut moins pâle. N'ayant plus que la peau sur les os, il semblait proche de la tombe. Lentement, il s'en éloigna.

Devait-il ce miracle à l'intervention divine, aux médicaments hollandais ou à la potion orientale ?

Le 20 décembre, malgré son état de faiblesse, le garçonnet se mit à composer une symphonie à la fois gaie et sérieuse dont le mouvement lent, en *sol* mineur [1], faisait la part belle aux instruments à vent.

Wolfgang profita de sa convalescence pour formuler, dans plusieurs œuvres, ce qu'il avait appris et assimilé à Paris et à Londres. Ne protestant ni contre la maladie ni contre cette méditation imposée, il continua à progresser.

Vienne, décembre 1765

Eu égard à son sérieux et à son absolue loyauté, Joseph Anton avait été autorisé par l'impératrice Marie-Thérèse à organiser un service secret, chargé de suivre à la trace l'évolution des Loges maçonniques.

Comblé, le policier forma une équipe restreinte, com-

---

1. K. 22.

posée de collaborateurs discrets et compétents. Leur première mission consistait à étoffer le réseau d'indicateurs, quitte à les payer le prix nécessaire. Bien entendu, Anton comptait aussi sur les traîtres, les déçus et les aigris qui, en démissionnant de leur Loge, auraient beaucoup de confidences à leur offrir.

Ce matin-là, il ouvrit un dossier intitulé « Stricte Observance templière ». D'après plusieurs rapports, ce nouvel Ordre maçonnique commençait à conquérir des villes importantes, comme Berlin, Hambourg, Leipzig, Rostock, Brunswick et même Copenhague !

Joseph Anton convoqua son bras droit, Geytrand, un curieux bonhomme à la fois mou et virulent, qui haïssait la Franc-Maçonnerie pour une excellente raison : malgré ses manœuvres, on lui avait refusé la fonction de Vénérable Maître ! Se drapant dans une dignité pourtant inexistante, Geytrand avait claqué la porte du Temple en promettant de se venger.

Petit fonctionnaire, il végétait lorsque Joseph Anton l'avait repéré. Aujourd'hui, Geytrand était prêt à travailler jour et nuit pour son nouveau patron.

— Connaît-on le nom des dirigeants de cette Stricte Observance templière ?

— Un seul mérite attention, estima Geytrand : le baron de Hund. Des miettes de fortune, vieille noblesse et Franc-Maçon convaincu. Ce nouveau Rite est son œuvre, il s'y consacre à temps plein.

— Un habile propagandiste, semble-t-il.

— Plutôt un croyant persuadé de l'importance de sa mission.

— En quoi consiste-t-elle réellement ?

— À restaurer l'Ordre du Temple.

Joseph Anton fronça les sourcils.

— C'est une plaisanterie !

— Malheureusement non.

— Cet ordre chevaleresque a été anéanti au quatorzième siècle !

— Tel n'est pas l'avis du baron de Hund. Des Templiers ont survécu, il a recueilli leurs trésors et poursuit leur œuvre.

— Lui et ses fidèles ne se contentent-ils pas de cérémonies grotesques où ils se prennent pour des chevaliers du Moyen Âge ?

— Le baron veut recréer la Franc-Maçonnerie, lui imposer la discipline dont elle manque et en faire une nouvelle chevalerie, apte à régner sur l'Europe. L'Ordre du Temple formait de redoutables guerriers, ne l'oublions pas. Si la Stricte Observance atteint une taille suffisante, elle s'attaquera aux régimes en place.

— N'exagères-tu pas le danger ?

— Tous ceux qui rencontrent de Hund constatent sa détermination, précisa Geytrand. Loin d'être un rêveur ou un simple mystique perdu dans sa folie, il se comporte en administrateur avisé. D'après mes premiers pointages, plusieurs nobles fortunés et quelques riches commerçants viennent d'adhérer à sa théorie fumeuse. Autrement dit, il amasse un trésor de guerre.

La gravité des faits impressionna Joseph Anton. Ses intuitions se confirmaient.

— Je veux la liste de toutes les Loges de la Stricte Observance templière et celle de tous les Frères qui en font partie.

— Difficile, monsieur le comte, mais possible.

— Tes efforts seront récompensés.

Geytrand s'inclina. Sa mission le ravissait.

Joseph Anton passa une nuit blanche. De société plus ou moins secrète où circulaient des idées plus ou moins subversives, la Franc-Maçonnerie menaçait de devenir une force politique visant à s'emparer de pans entiers du pouvoir.

Le policier comprit que son rôle serait primordial. À lui de mener une lutte acharnée et sans merci contre un monstre redoutable.

13.

La Haye, mars 1766

Complètement rétabli, Wolfgang s'amusait à écrire un « galimatias musical [1] », nourri d'effets burlesques sur des thèmes populaires, à l'occasion de la fête d'intronisation du prince d'Orange, Guillaume V. Les Mozart étaient de retour dans la capitale hollandaise après deux concerts de Wolfgang, âgé de dix ans, et de Nannerl, quatorze, donnés à Amsterdam le 29 janvier et le 24 février. Le petit garçon y avait joué ses compositions récentes, des variations pour clavecin [2] et des sonates pour piano et violon dédiées à la princesse de Nassau-Weilburg [3]. Fortement marquées par le style de Jean-Chrétien Bach, ces œuvrettes témoignaient du retour à la vie d'un gamin qui venait de frôler la mort.

Le 16 avril, Wolfgang jouerait une dernière fois en Hollande. Les ennuis de santé avaient gâché ce séjour et empêché les enfants Mozart de s'imposer avec éclat. Impossible de rattraper le temps perdu. Mieux valait

1. K. 32.
2. K. 24 et 25.
3. K. 26 à 30.

oublier ces mauvais moments et repartir sur de meilleures bases.

— On va encore voyager, papa ?

— La Hollande est un petit pays, Wolfgang, et nous en avons épuisé les ressources.

— Où allons-nous ?

— Versailles fut un triomphe. Nous retournons donc en France. Grâce à tes progrès, tu éblouiras tes auditoires.

Hanovre, mars 1766

La Stricte Observance templière comptait à présent vingt-cinq Loges et s'implantait fermement dans le duché de Brunswick. Ce n'était pas encore le succès espéré, mais il ne fallait surtout pas renoncer, malgré deux graves soucis.

Le premier, d'ordre spirituel.

Certains Francs-Maçons ne se satisfaisaient pas du caractère chevaleresque des nouveaux rituels. Si les Templiers avaient hérité d'une sagesse immémoriale, ne la devaient-ils pas aux clercs, experts en sciences occultes ? Or, leur enseignement ne figurait pas de manière assez importante dans le processus des hauts grades. C'est pourquoi venaient d'être proposés à de Hund trois rituels formant un système à part et rendant mieux compte de la pensée templière. Il impliquait une retraite de quarante jours, un noviciat et la lecture de nombreux textes chrétiens afin de renouer un vrai contact avec le mystère divin.

Ajouter le statut de « chanoine » à celui de « chevalier » ? Le baron hésitait. Ne risquait-il pas d'orienter l'Ordre vers un mysticisme trop éloigné de la réalité et des conquêtes à entreprendre ?

Le second souci, fort matériel, concernait le financement de la Stricte Observance. Jusqu'à présent, en dépit du nombre croissant de Loges adhérant au Rite templier, les cotisations ne rentraient pas. L'essentiel des dépenses reposait donc sur les seules épaules du baron. Ne pouvant plus tenir table ouverte à une vingtaine de chevaliers et leur verser de gros salaires, Charles de Hund était contraint de vendre ses terres et de s'endetter en cédant ses biens à des banquiers, en échange d'une rente viagère. Il résiderait désormais dans le petit domaine de Lipse.

Ici, à Hanovre, il tentait de convaincre son état-major d'assainir enfin les finances de l'Ordre. Puisque le baron ne parvenait plus à subvenir à tous ses besoins, les Loges et les Frères devaient verser leurs indispensables contributions aux Grands Maîtres provinciaux.

L'avenir de la Stricte Observance en dépendait.

Paris, le 12 juin 1766

— C'est fini, papa.
Leopold examina la partition.
— De la musique religieuse ?
— Un kyrie à quatre voix [1]. Quand nous rentrerons à la maison, le prince-archevêque me commandera sûrement une messe. Alors, autant prendre de l'avance !
Leopold ne s'opposa pas à cette nouvelle démarche.
De retour à Paris en mai et installés rue Traversière grâce au baron Grimm, les Mozart subissaient une terrible désillusion. Malgré quelques concerts, dont un à Versailles, le succès n'était plus au rendez-vous.
Aussi Leopold attendait-il avec impatience l'entre-

1. K. 33.

vue que lui promettait Grimm depuis plusieurs jours. Fort occupé, le juge de la vie culturelle parisienne accepta enfin de le recevoir.

— Appréciez-vous ce deuxième séjour dans notre belle capitale, monsieur Mozart ?

— L'angoisse de l'avenir m'en empêche, baron.

— Pourquoi vous tourmenter ?

— Wolfgang grandit. Je dois songer à sa carrière et envisager un poste fixe et correctement rémunéré.

Grimm sembla ennuyé.

— Ici, à Paris ?

— J'en serais honoré et ravi.

— Votre fils est un musicien extraordinaire, mais trop jeune pour pouvoir prétendre au genre de poste que vous espérez.

— Vous savez qu'il compose et...

— Je sais, je sais ! Il convient d'être patient, monsieur Mozart, très patient, si l'on désire conquérir Paris. J'écrirai un second article qui fera mieux connaître encore votre merveilleux garçon. Qu'il continue à travailler, et la récompense viendra.

En sortant de l'hôtel particulier de Grimm, Leopold prit conscience de son échec. Wolfgang jouerait dans des salons de moins en moins cotés et finirait par ne plus être du tout à la mode.

Décision impérative : oublier les rêves français, anglais et hollandais, et rentrer à Salzbourg.

Le 9 juillet, les Mozart quittèrent Paris. Le 15, parut le second article de Grimm : « Wolfgang Mozart, cet enfant merveilleux, a fait des progrès merveilleux dans la musique... Ce qu'il y a de plus incompréhensible, c'est cette profonde science de l'harmonie et de ses passages les plus cachés qu'il possède au suprême degré. »

Suisse, septembre 1766

Un concert à Dijon en juillet, un autre à Lyon en août, et puis Genève en septembre. Au grand mécontentement de Leopold, Voltaire refusa de recevoir son fils. Ce philosophe athée et prétentieux manquait de la plus élémentaire courtoisie.

Réclamé à Lausanne, Wolfgang s'y produisit avec succès fin septembre avant un voyage à travers la Suisse, entrecoupé de plusieurs concerts à Berne, à Zurich et à Schaffhouse. L'étape de Donaueschingen fut éprouvante : neuf soirées musicales en douze jours ! Son prince versa 24 louis d'or à Leopold, satisfait de remplir sa bourse.

Munich, le 9 novembre 1766

Pour la troisième fois de sa si jeune carrière, Wolfgang joua devant le prince Maximilien, ravi de le réécouter.

À l'issue du concert, épuisé, le garçonnet vacilla.

— Un malaise ! s'inquiéta Leopold. Il faut l'étendre.

On mit aussitôt une chambre à la disposition des Mozart et l'on appela un médecin.

Pendant que Leopold courait chercher de l'eau, Thamos pénétra dans la pièce. Conscient, Wolfgang respirait mal.

L'Égyptien lui fit avaler une petite pilule dorée.

Sitôt absorbée, l'enfant se sentit beaucoup mieux et voulut parler de son royaume secret avec son protecteur. Mais il avait déjà disparu.

Le 30 novembre 1766, la famille Mozart rentrait à Salzbourg après une absence de presque trois ans.

Grâce à la tournée finale, Leopold rapportait un capital de 7 000 florins, somme relativement considérable qui constituerait un rassurant trésor de guerre.

Pourtant, il était inquiet : comment son patron, le prince-archevêque, allait-il l'accueillir ?

14.

Salzbourg, le 1er décembre 1766

— Quel interminable voyage, monsieur Mozart ! déplora le prince-archevêque de Salzbourg. En avez-vous au moins retiré des satisfactions ?
— Mon fils Wolfgang a été applaudi dans l'Europe entière. Les rois de France et d'Angleterre l'ont reçu à leur cour, et ses premières compositions furent très appréciées.
— Fort bien, fort bien ! Cette gloire naissante rejaillira sur notre chère Salzbourg. Mais j'aimerais vérifier par-moi-même les dons de notre jeune talent. Accepteriez-vous un programme de composition pour mon palais ?

Leopold ne pouvait que s'incliner.

Après quelques jours de repos relatif, Wolfgang fut accablé de travail. À la fin de l'année, le prince-archevêque apprécia sa *Licenza* pour ténor [1], une œuvre destinée à honorer le maître de la ville lors de sa présence à un concert.

Janvier vit la naissance d'une symphonie en quatre mouvements [2] qui synthétisa tout ce que le jeune créa-

1. K. 36
2. K. 76.

teur de onze ans avait appris pendant ses voyages. Se détachant du style italianisant de Jean-Chrétien Bach, il s'immergea dans la musique allemande en écoutant des compositeurs célèbres et reconnus par la critique comme Eberlin, Fux et Hasse [1].

Salzbourg, février 1767

Le marchand de tissus Anton Weiser était un homme riche et l'un des notables les plus en vue de Salzbourg. Fournisseur du palais du prince-archevêque et des principales familles nobles, le commerçant ne se contentait pas d'augmenter ses bénéfices. Persuadé qu'il devait sa fortune à la bienveillance divine, il lisait et relisait la Bible en n'oubliant pas de célébrer quotidiennement le Tout-Puissant.

Weiser ne connaissait pas l'homme très élégant qui venait de pénétrer dans sa boutique. Grand, digne, il était forcément un aristocrate de haut lignage.

— Puis-je vous aider, monseigneur ?
— Certainement.
— Même à Munich et à Vienne, vous ne trouverez pas de plus beaux tissus ! Désirez-vous décorer votre hôtel particulier ?
— En effet. Cette vieille bâtisse exige beaucoup de travaux, et j'aime les tissus chamarrés.
— J'ai tout ce qu'il vous faut !
— Je vous confie donc ce chantier. Mais j'ai un autre service à vous demander.

Anton Weiser dressa l'oreille.

— À votre service, monseigneur !
— J'ai entendu dire que vous écriviez des textes

---

1. Aucune de leurs œuvres n'a franchi l'épreuve du temps.

remarquables traitant de la grandeur de Dieu et du nécessaire respect de ses commandements.

Le marchand de tissus rougit.

— C'est vrai, je l'avoue... Ne dois-je pas rendre grâce à mon Créateur, dispensateur de tant de bienfaits ?

— Laisser dormir vos œuvres serait regrettable. L'une d'elles ne pourrait-elle pas être mise en musique ?

Anton Weiser resta bouche bée.

— Quel compositeur serait intéressé ?

— J'en connais au moins trois : Michael Haydn[1], un technicien expérimenté ; Aldgasser, l'organiste de la cour ; et le petit Wolfgang Mozart qui revient d'une tournée triomphale en Europe. Ils donneront à votre prose un éclat qui vous enchantera.

Le marchand de tissus baissa les yeux.

— Il existe un texte auquel je tiens beaucoup... Accepteriez-vous de le lire ?

— Avec joie.

— Pourriez-vous le transmettre à qui de droit ?

— Sans difficulté.

Il ne s'agissait pas d'un chef-d'œuvre mais du genre d'écrit, grave et plutôt pontifiant, dont Thamos avait besoin. Il était temps de mettre le Grand Magicien à l'épreuve et de vérifier s'il savait exprimer une pensée en musique. L'heure venait de sortir du *Rücken*, le merveilleux royaume imaginaire, et d'affronter le réel.

Salzbourg, mars 1767

L'offertoire pour quatre voix[2], composé par Wolfgang à l'occasion de la fête de saint Benoît et dédié à

---

1. 1737-1806, frère de Joseph Haydn.
2. K. 34.

un abbé, ami de la famille Mozart, heurta un peu le religieux, car son style se rapprochait de celui d'un opéra-comique. En revanche, la gravité de la musique illustrant la première partie du *Devoir du Premier Commandement*[1], drame sacré d'Anton Weiser, étonna l'assistance de l'université bénédictine de Salzbourg.

Voici qu'apparaissait un chrétien si tiède qu'il s'endormait dans un buisson fleuri. Par bonheur, la Justice céleste punissait les méchants et récompensait les vertueux ! Et cette Justice-là écoutait l'Esprit chrétien, fort mécontent de la tiédeur de la plupart des humains. Comment les rendre enfin lucides, sinon en leur ouvrant les yeux sur les châtiments réservés aux damnés, condamnés à l'enfer ?

Hélas ! le chrétien tiède et endormi risquait d'écouter le pernicieux Esprit du monde et de s'adonner à mille et un plaisirs interdits. À la Justice de l'éveiller, à l'Esprit chrétien de le guider.

Et le miracle se produisait : finie la tiédeur ! Enfin conscient de ses devoirs, le chrétien réveillé recevait Justice et Miséricorde, et respectait le précepte de l'évangéliste Marc : « Tu dois aimer le Seigneur ton Dieu de tout ton cœur, de toute ton âme, de tout ton esprit et de toute ta force[2]. »

Sur cette lancée étonnante pour un enfant de onze ans, Wolfgang composa une cantate funèbre[3] qui fut jouée le 7 avril, le Vendredi saint.

Incarnée par une voix de basse et passant devant un tombeau, l'Âme dialoguait avec l'Ange, une soprano venue de l'au-delà.

Brisant bien des rêves enfantins, la mort faisait ainsi

---

1. K. 35.
2. XII, 30.
3. *Grabmusik* K. 42 (35a).

irruption dans la pensée du musicien. En dépit de l'imperfection et de la naïveté de ces œuvres, Thamos fut rassuré sur les capacités du Grand Magicien. Il réussissait à s'emparer de mots figés et à leur donner un peu de vie.

Le moment du premier contact avec l'initiation approchait.

Alors qu'il rentrait chez lui, l'Égyptien fut abordé par deux hommes au visage fermé.

— Quelqu'un d'important désire vous voir, déclara le plus âgé.

— Je ne cède jamais à la force.

— Perdre du temps serait dommageable, mon Frère. La Rose-Croix exige notre constant dévouement, et faire attendre l'Imperator serait une impardonnable injure.

— Résiderait-il à Salzbourg ?

— Suivez-nous, mon Frère. La violence ne saurait être de mise entre nous.

Thamos aurait pu se débarrasser aisément des deux Rose-Croix. Mais ils n'étaient probablement pas seuls, et il s'attendait à une nouvelle confrontation avec le chef de l'Ordre.

15.

Salzbourg, avril 1767

Le visage de l'Imperator des Rose-Croix avait changé. Plus la moindre trace de sympathie ou d'élan fraternel. Le chef du mouvement secret contenait mal son hostilité.

— Nous venons de prendre une décision majeure, révéla-t-il à Thamos : nous infiltrer au maximum dans les Loges maçonniques en greffant sur elles nos hauts grades. Nos adeptes s'intégreront aisément aux divers rites pratiqués et, au-delà du grade de Maître, les compléteront par notre enseignement. La Stricte Observance templière nous apparaît comme un excellent terreau. Jacques de Molay, le Grand Maître des Templiers, assassiné par un tyran, n'est-il pas notre héros commun ? Plusieurs de nos Frères vous considèrent comme un Supérieur inconnu. Moi, au contraire, j'estime que vous êtes un imposteur.

— Votre fondateur, Christian Rosenkreuz, a vécu en Égypte où les secrets de l'initiation lui furent révélés afin qu'il les transmette à l'Occident où il mourut, en 1494, à l'âge de cent six ans. Ses textes alchimiques nourrirent les chevaliers de la Pierre d'Or dont vous êtes issus.

Troublé, l'Imperator lança sa dernière flèche.

— Si vous êtes bien le disciple de l'abbé Hermès, vous connaissez le véritable nom d'Elie Artiste, notre génie protecteur et notre guide.

— Il s'agit de l'alchimiste Schmidt de Sonnenburg, né en Bohême, déclara posément Thamos. C'est lui qui a décidé qu'une partie de la tradition initiatique serait enseignée dans le cadre de la Rose-Croix d'Or.

— Vous êtes donc bien un Supérieur inconnu, concéda l'Imperator, ému. Je peux, à présent, vous faire partager mon intime conviction : le Grand Magicien se trouve parmi nous. Et c'est vous qui allez l'initier, cette nuit même, en lui faisant franchir tous les grades d'un seul souffle.

— Il est beaucoup trop tôt. Un enfant ne saurait le supporter.

— Vous vous trompez sur l'identité du Grand Magicien. Il ne s'agit pas d'un enfant mais d'un alchimiste, parvenu au terme de sa pratique personnelle et qu'il faut élever au sommet de nos mystères. Il est ici, je vous le confie.

D'un côté, l'Imperator soumettait Thamos à une difficile épreuve pour savoir s'il connaissait bien l'ensemble des rituels de la Rose-Croix d'Or et s'il était capable de les diriger ; de l'autre, à supposer qu'il fût sincère, il avait peut-être découvert le véritable Grand Magicien...

L'adepte était grand, sévère et recueilli. Franc-Maçon et « Maître Écossais », il répondit sans erreur aux questions que lui posa Thamos, en présence de six Rose-Croix d'Or. Puis l'Égyptien procéda au début du travail alchimique concret. D'abord, le prétendu Grand Magicien fabriqua de l'argent. Peu à peu, rayonnant à partir du soufre, le soleil philosophique apparut.

Le candidat perdit pied lorsque Thamos lui présenta

la pierre au rouge. Son éclat s'éteignait, elle devint stérile. Et l'adepte se révéla incapable de faire surgir la véritable pierre philosophale qui permettait à un Rose-Croix d'Or de s'entretenir avec l'Esprit au moyen du feu créateur.

Non, ce médiocre alchimiste n'était pas le Grand Magicien.

Salzbourg, le 13 mai 1767

Dans la grande salle de l'universalité, c'était l'effervescence. Une troupe d'amateurs éclairés donnait *Apollo et Hyacinthus*[1], cantate dramatique à cinq personnages, comprenant neuf numéros et un chœur. Pour Leopold, à la fois fier et inquiet, ce n'était rien de moins que le premier essai d'opéra auquel Wolfgang songeait depuis sa rencontre avec Jean-Chrétien Bach. Mais comment, à onze ans, apprivoiser un art aussi complexe ?

Bâtie à partir du Livre X des *Métamorphoses* d'Ovide et d'autres auteurs anciens, l'intrigue ne déplut pas à l'assistance. Amoureux de la jolie Melia promise à Apollo, l'abominable Zephyrus tuait le malheureux Hyacinthus afin de faire accuser Apollo de meurtre. Mourant, Hyacinthus parvenait à clamer la vérité, ruinant ainsi la stratégie de l'assassin. Et Apollo consolait ses proches en transformant en fleur son courageux allié.

— Ce gamin sait déjà composer de mignons petits airs, observa un aristocrate.

— Et comme il décrit bien ! ajouta son épouse, charmée. Quand le texte parle d'un lion, l'orchestre rugit ;

1. K. 38.

du sommeil, il bâille ; de l'orage et de la mer en furie, il se déchaîne ! Moi, j'ai tout compris.

Leopold eut le triomphe modeste. En tant que technicien, il ne pouvait être satisfait ; néanmoins, l'accueil des élites salzbourgeoises le rassurait. Peut-être son fils commençait-il l'enviable carrière de compositeur d'opéra... Il faudrait cependant des œuvres plus consistantes pour en être certain.

Wolfgang, lui, plaisantait avec son meilleur ami, Anton Stadler, âgé de quatorze ans. Orienté vers des études de théologie morale, il préférait la musique et s'était follement amusé à chanter un rôle dans l'*Apollo* de Wolfgang.

Leopold ne s'opposait pas à quelques distractions, à condition qu'elles fussent brèves. En raison du nouveau projet qu'il venait de concevoir, son fils devait se remettre au travail.

16.

Salzbourg, le 11 septembre 1767

À contrecœur, Anna-Maria termina les bagages.

— Je n'ai pas la moindre envie d'aller à Vienne, Leopold. Cette grande ville me fait peur. Ici, à Salzbourg, l'automne est si plaisant !

— Nous n'avons pas le choix. Tu sais comme moi que vont être célébrées les noces de l'archiduchesse Maria-Josepha, la fille de l'impératrice, avec Ferdinand, le roi de Naples. Imagines-tu l'ampleur des célébrations ? Impossible de manquer ça !

— Nous ne sommes pas invités !

— De nombreux concerts seront organisés. Dans ce climat de fête, Wolfgang surpassera ses concurrents, nous serons conviés à la cour. Il y obtiendra un poste fixe et bien rémunéré.

— En es-tu persuadé, mon cher mari ?

— Autant qu'on peut l'être.

En montant dans la voiture à destination de Vienne, les Mozart ignoraient qu'il s'agissait du dernier voyage réunissant les quatre membres de leur petite famille.

Vienne, le 16 septembre 1767

Ville sinistre, atmosphère lourde, tristesse pesante.
Leopold ne reconnaissait pas Vienne. Pourquoi la grande cité ne se réjouissait-elle pas à l'approche d'un événement si joyeux ?

— Depuis la mort de l'empereur François Ier, en août 1764, expliqua le cocher, Sa Majesté Marie-Thérèse s'enfonce dans le chagrin et interdit à Schönbrunn les réjouissances trop voyantes. Quant à son corégent, Joseph II, il n'a que deux mots à la bouche : économie et austérité. D'après lui, les conditions nécessaires pour maintenir la prospérité en Autriche. Ça n'enthousiasme pas les fêtards !

— Tout de même, ces fiançailles...

— On espère malgré tout quelques bons moments ! Un peu de gaieté ne nuirait pas au moral des Viennois.

Leopold remonta celui de sa petite famille. Non seulement Wolfgang et Nannerl allaient briller dans une succession de concerts, mais encore seraient-ils reçus à la cour qu'ils devaient reconquérir.

Berlin, octobre 1767

Contrairement à Leopold, Thamos n'attendait rien du deuxième voyage à Vienne de la famille Mozart, car continuer à exhiber Wolfgang retardait ses progrès de compositeur. Mais il comprenait l'inquiétude d'un père qui, paradoxalement, faisait mener une existence de saltimbanque à son fils afin de lui assurer une situation stable en lui décrochant un poste fixe et bien payé dans l'une des plus grandes cours d'Europe.

L'Imperator des Rose-Croix avait reconnu son erreur. Seul un Supérieur inconnu pouvait identifier le

Grand Magicien. Tous les cercles de la Rose-Croix d'Or étaient désormais ouverts à Thamos qui disposait, à Vienne comme à Salzbourg, d'un laboratoire alchimique où il produisait les métaux nécessaires pour assumer sa condition de comte de Thèbes.

Une missive de son Frère von Gebler venait de l'avertir d'un événement peut-être capital : à Berlin était apparu le Rite des Architectes africains, c'est-à-dire égyptiens, sous l'impulsion de Friedrich von Köppen, un officier de l'armée prussienne, âgé de trente-trois ans.

Coup d'éclat sans lendemain ou construction prometteuse ? Thamos ne négligerait rien. Quel projet maçonnique servirait, demain, de cadre à la formation initiatique du Grand Magicien ? L'Égyptien retiendrait le meilleur, après examen approfondi.

Non sans étonnement, Thamos découvrit, au cœur de Berlin, un bâtiment officiel pourvu d'un temple, d'une bibliothèque, d'un cabinet d'histoire naturelle et d'un laboratoire de chimie.

Friedrich von Köppen le reçut dans un somptueux bureau, où trônaient une impressionnante quantité de manuscrits et de livres consacrés aux sciences hermétiques et au christianisme.

Le créateur du nouveau Rite était un homme carré, franc et direct. Il consulta pour la troisième fois la carte de son visiteur.

— Comte de Thèbes... Ne me dites pas que vous venez d'Égypte ?

— Le nom que vous donnez au Grand Architecte de l'Univers et qui est aussi le mot secret de votre premier grade, « Disciple des Égyptiens », est Amon, le dieu de l'ancienne Thèbes [1].

---

1. Les autres grades prévus : Initié aux mystères égéens, Cosmopolite, Philosophe chrétien et Chevalier du silence.

L'officier prussien se tint très raide.

— Je vous remets sur l'heure la clé de ce bureau et la direction de l'Ordre.

— C'est à vous, et à vous seul, d'amplifier votre initiative. Je viens vous transmettre des documents que vous étudierez à loisir et dont vous tirerez une publication. La résurrection des mystères égyptiens est une tâche vitale.

Les mains tremblantes de Friedrich von Köppen reçurent un précieux manuscrit.

— Ce superbe bâtiment me surprend, avoua Thamos. À l'évidence, vous bénéficiez de l'appui du pouvoir.

— Frédéric II m'a encouragé à poursuivre d'intenses recherches et fourni les moyens matériels indispensables.

— Ne craignez-vous pas une éventuelle volte-face ?

— C'est un monarque plutôt imprévisible, je vous le concède ! Mais il connaît tout de mon projet et n'y voit rien de dangereux pour son trône. Les rites m'intéressent moins que la recherche pure, avoua-t-il. Il faut étudier les textes anciens, retrouver les mille et un aspects de la sagesse perdue, procéder à des expériences alchimiques et percer les secrets de la nature. Les adeptes de mon Ordre travailleront nuit et jour.

— Je vous souhaite de réussir.
— Accepteriez-vous... de m'aider un peu ?
— Bien volontiers.
— Alors, au travail !

Vienne, le 1ᵉʳ octobre 1767

Geytrand déposa un mince dossier sur le bureau de Joseph Anton. À l'intérieur, quelques feuillets concernant l'organisation et les buts de l'Ordre des Architectes africains.

— Autorisation et protection de Frédéric II... Ennuyeux. À prendre avec des pincettes.

— Ne vous souciez pas trop, recommanda Geytrand. L'empereur peut changer d'avis rapidement. Et puis le fondateur de ce Rite ne devrait pas aller très loin.

— Pourquoi cet optimisme ?

— Parce que son programme envisage de longues heures de recherche quotidienne. Il y a déjà un Frère mécontent qui se plaint d'avoir dû trop travailler pour des résultats insignifiants. Il est retourné vers une Loge où il s'assoupira en toute tranquillité. Ce brave homme m'aidera à dresser un portait calamiteux de von Köppen. Aucun Franc-Maçon ne le prendra au sérieux.

— Excellent. Gardons néanmoins ce Rite en observation.

— Comme tous les autres, monsieur le comte.

17.

Vienne, le 15 octobre 1767

Épouvantée, Anna-Maria réveilla Leopold.

— C'est horrible, affreux, inimaginable !

— Calme-toi ! Je sais bien que nous n'avons pas encore donné un seul concert, mais je finirai par en organiser un.

— Il s'agit bien de musique ! Maria-Josepha, la fiancée du roi de Naples, vient de mourir de la variole. Cette fois, on ne parle plus de quelques cas, mais d'une véritable épidémie. Il y aura des centaines, voire des milliers de morts ! Nous devons quitter cette ville au plus tôt.

— Gardons notre sang-froid, les rumeurs sont souvent délirantes. Je me rends à Schönbrunn et j'obtiendrai des informations sérieuses.

Bien que le décès de Maria-Josepha fût confirmé, la cour demandait à la population de ne pas céder à la panique et aux musiciens de rester à Vienne, dans la perspective de nouvelles cérémonies avec une nouvelle fiancée que l'on s'empressait déjà de rechercher.

Aussi Leopold tenta-t-il de rassurer sa famille, sans parvenir à éteindre les angoisses de son épouse. Chaque jour, elle le suppliait de quitter Vienne avant qu'il ne soit trop tard.

Quand l'archiduchesse Élisabeth mourut à son tour de la variole, ce fut la panique générale.

— Nous partons immédiatement, décida Leopold le 26 octobre.

Berlin, le 26 octobre 1767

Friedrich von Köppen était enchanté. Thamos lui ouvrait des horizons insoupçonnés et lui permettait de nourrir son Rite d'une manière inespérée.

Les notes que lui remit son secrétaire atténuèrent cet optimisme.

— Mauvaises nouvelles de Vienne, annonça-t-il à l'Égyptien.

— Que se passe-t-il ?

— Épidémie de variole. Plusieurs personnalités ont déjà succombé, et beaucoup de Viennois partent pour la Moravie, épargnée par la maladie.

Thamos ressentit un froid sinistre. Wolfgang était en danger de mort.

— Existe-t-il un médecin local capable de traiter cette affection ?

— Un médecin et un Frère ! Sa réputation n'est plus à faire.

— Poursuivez vos recherches, je dois partir.

— Déjà ? Mais...

— Donnez-moi le nom et l'adresse de ce thérapeute.

Olmütz (Moravie), le 28 octobre 1767

Soulagée, Anna-Maria Mozart serra la main de ses deux enfants. Il n'avait fallu que deux jours pour atteindre cette petite ville, hors d'atteinte de l'épidémie.

Au dîner, Wolfgang ne montra guère d'appétit.

À vingt-deux heures, il se plaignit d'un fort mal de tête. Et sa mère découvrit avec horreur les premières pustules.

— La variole !

Leopold se précipita chez l'un des admirateurs de son fils, le comte Podstatsky, afin de lui demander de l'aide.

L'aristocrate offrit aussitôt le gîte et le couvert à la famille Mozart. Malgré les risques encourus, il n'abandonna pas l'enfant prodige.

La nuit même, Wolfgang, très fiévreux, commença à délirer. Enflé, souffrant des yeux, il prononçait des mots incompréhensibles, à l'exception de *Rücken*, le nom du royaume où voguait son âme, se détachant peu à peu de la terre.

En se rendant au chevet de l'enfant musicien, célèbre dans la région, le docteur Wolff songeait à l'étrange rencontre qui l'amenait à Olmütz.

Un Frère Maçon, d'une impressionnante stature et au regard magnétique, lui avait remis une somme importante pour ses frais de déplacement et de traitement. En échange, l'expérimenté praticien de quarante-trois ans devait se consacrer presque exclusivement au petit malade, et ajouter aux remèdes officiels une potion à base de plantes orientales. D'abord réticent, le médecin avait reçu l'assurance que ces substances ne présentaient aucun caractère nocif.

Olmütz, début décembre 1767

— Comment te sens-tu, ce matin ?
— Beaucoup mieux, répondit Wolfgang en souriant.
— La fièvre a disparu, constata le docteur Wolff, les pustules aussi.

— Garderai-je des traces ?
— Très peu, le ciel te protège.
— Alors, je suis vraiment guéri ?
— Vraiment.
— Donc, je peux jouer du piano ?
— Je serais heureux de t'entendre.

Wolfgang ne se fit pas prier. D'abord hésitants, ses doigts retrouvèrent vite les chemins merveilleux du clavier, et les notes chantèrent avec une vivacité surprenante. La grave maladie n'avait pas altéré les dons du garçonnet.

— Accepterais-tu de m'accorder une grande faveur ? demanda le docteur Wolff.
— Vous m'avez sauvé la vie ! C'est oui d'avance.
— Ma fille a un joli brin de voix, et je serai le plus heureux des pères si je peux lui offrir un air signé de Wolfgang Mozart.
— Disposez-vous d'un texte ?
— Oui, ce court poème : *Ô joie, reine des sages qui, avec des fleurs autour de leur tête, lui adressent des louanges sur leurs lyres d'or, tranquilles lorsque la méchanceté sévit, écoute-moi du haut de ton trône.*

Intrigué, puis séduit, Wolfgang se mit au travail, effaçant ainsi de longues journées vides et fiévreuses. Le petit garçon ne se doutait pas qu'il accompagnait pour la première fois en musique un texte maçonnique transmis par Thamos et offert par le Frère Wolff[1]. Cette prière à la joie sereine, l'un des buts de l'initiation, était formulée en termes fleuris qui n'attiraient pas l'attention des profanes. Ils touchèrent néanmoins l'âme de Wolfgang, comme le souhaitait Thamos, en lui fixant un horizon lointain.

Le 23 décembre, la famille Mozart regagna Vienne

---

1. *An die Freude* de J. P. Uz, K. 53.

où l'épidémie de variole était enfin terminée. Ils firent halte chez le frère du prince-archevêque de Salzbourg et y passèrent les fêtes avant de reprendre la route.

Toujours obsédé par le désir d'obtenir un poste à la cour de Vienne, Leopold ordonna à son fils de composer un duo pour deux sopranos, sans accompagnement[1]. Cette déploration sur la mort prématurée de l'infante Josepha prouvait l'attachement des Mozart à la famille régnante. Encore fallait-il qu'ils fussent reçus à la cour.

---

1. K. 43a.

18.

Vienne, le 2 janvier 1768

Le baron de Hund aurait dû jubiler. La Stricte Observance templière comptait à présent une quarantaine de Loges réparties en Autriche, en Allemagne, en Suisse, en Pologne, en Hongrie et au Danemark.

Malgré ces succès, la grogne montait parmi ses troupes.

Car le redressement économique annoncé ne se produisait pas. Certes, les cotisations rentraient un peu mieux, mais beaucoup de Frères espéraient un Ordre riche et puissant dont eux-mêmes, comme les dignitaires templiers du Moyen Âge, tireraient de substantiels avantages.

Charles de Hund et ses conseillers exploraient diverses pistes pour créer de la richesse, mais aucune ne se concrétisait.

Et d'autres protestations affluaient : quantité de Frères se plaignaient de la pauvreté des rituels.

De plus, un redoutable prédateur, Zinnendorf, chassait sur ses terres. Il venait d'introduire en Allemagne un nouveau Rite, le Système suédois, hostile à la Stricte Observance templière à laquelle le renégat avait pourtant appartenu !

Le but du Rite suédois consistait à mettre l'esprit de

ses adeptes en contact avec la divinité, dans l'attente de la réapparition de leur saint patron, Jean l'Évangéliste. En évoquant les puissances invisibles, les Frères comptaient obtenir l'illumination intérieure.

Trop mystique, cette démarche déplaisait à Charles de Hund. Il prenait pourtant l'adversaire au sérieux et, attaqué sur plusieurs fronts, aurait aimé revoir le Supérieur inconnu dont la sagesse lui manquait.

Vienne, le 9 janvier 1768

Sur le bureau de Joseph Anton, un nouveau dossier : « Rite suédois. Zinnendorf. » Ce médecin[1] de trente-sept ans, chef du service de santé de l'armée prussienne, ne manquait pas d'intérêt. Décidé à se venger de la Stricte Observance templière et du baron de Hund, il parlait d'abondance et avait révélé tout ce qu'il savait à Geytrand, onctueux et compréhensif à souhait. Pour le service secret viennois, une recrue inestimable et... gratuite !

— Cette offensive contre nos Templiers allemands est-elle vraiment sérieuse ?

— Possible, estima Geytrand. Zinnendorf me paraît très déterminé et dispose d'un courant maçonnique non négligeable. De plus, les problèmes financiers de la Stricte Observance sont loin d'être résolus, et l'on parle même de conflits internes.

— Excellent ! Si les Francs-Maçons se dévorent entre eux, ils nous éviteront beaucoup de travail. De Hund résistera-t-il à cette tempête ?

— L'Ordre templier est l'œuvre de sa vie. Quelles que soient les épreuves, il ne renoncera pas.

---

1. De son vrai nom Jean-Guillaume Ellenberg.

Vienne, le 10 janvier 1768

Quatre mois vides.
La maladie, beaucoup de dépenses, aucune recette. Leopold devait se rendre à l'évidence : Wolfgang aurait bientôt douze ans. Il ne pouvait plus produire son fils comme un enfant prodige, sa carrière stagnait. Futur compositeur ? Pas certain. Premiers essais encourageants, certes, mais s'imposer dans ce métier peuplé de pièges et de jalousies féroces était particulièrement ardu. Wolfgang virtuose ? Rien de moins sûr. À seize ans, Nannerl, fade et sans génie, affichait une meilleure vélocité.

Or, Wolfgang semblait fragile et rêveur, trop éloigné d'une réalité dont Leopold connaissait les aspects impitoyables et sordides. Comment faire comprendre à l'adolescent qu'elle ne se réduisait pas à un royaume imaginaire ?

Qui plaisait, aujourd'hui, à Vienne ? Surtout Gluck et Joseph Haydn. Des compositeurs expérimentés, rompus aux exigences des puissants et suffisamment maîtres de leur art pour s'accommoder des circonstances, sans perdre leur personnalité.

Wolfgang voguait encore à mille lieues de ces deux musiciens, mais il faudrait pourtant frapper un grand coup en donnant satisfaction aux Viennois, épris de légèreté, détestant le sérieux et le raisonnable.

Leopold cherchait, Leopold trouverait.

Wolfgang, lui, écoutait beaucoup de musique, notamment celle de Haydn à laquelle il se montrait particulièrement sensible. Il ne se comportait pas en auditeur passif mais en créateur qui s'abreuvait à l'œuvre d'autrui afin de façonner, peu à peu, son propre langage.

Le 16 janvier, il termina une symphonie en *ré* majeur[1] dans le style de Joseph Haydn. Son père apprécia la prouesse technique, mais ce n'était pas avec cette imitation que Wolfgang monterait sur le devant de la scène.

Abandonnant son fils à ses expériences artistiques, il mit en branle toutes ses relations et les admirateurs de l'ex-enfant prodige afin d'obtenir une audience à la cour, le seul événement qui pourrait débloquer la situation et remettre Wolfgang sur le chemin de la célébrité.

Leopold dormait mal, manquait d'appétit et devenait irritable. Avait-il donc perdu toute capacité de convaincre ?

Enfin, la nouvelle tant espérée !

Les Mozart étaient convoqués à la cour, le 19 janvier à quinze heures.

1. K. 45.

19.

Vienne, le 19 janvier 1768, quinze heures

À la stupéfaction de Leopold, ce fut le corégent Joseph II en personne qui vint accueillir ses hôtes dans l'antichambre. Le visage tout en longueur, sévère, dépourvu d'expression et de rayonnement, vêtu simplement, le futur maître de l'Empire autrichien n'inspirait pas la gaieté. En dépit de l'immobilisme croissant de Marie-Thérèse, triste et renfermée, il l'incitait à entreprendre d'indispensables réformes, comme la libéralisation du code pénal, trop répressif. Et puis il voulait économiser et économiser encore, réduire les dépenses de l'État avant qu'il ne tombe en faillite.

Jamais Leopold n'aurait imaginé être introduit dans l'un des salons de Schönbrunn par un si grand personnage !

Autre surprise, ni piano-forte ni instruments à corde.

— Asseyez-vous, ordonna sèchement Joseph II.

Wolfgang regarda autour de lui, Leopold adopta une attitude soumise.

— Désirez-vous, Majesté, que mon fils vous joue sa dernière œuvre ?

— Pas aujourd'hui. Je souhaite seulement parler musique avec vous. Malgré la terrible épidémie de variole et les deuils qui nous ont frappés, la cour de Vienne se doit de tenir son rang de capitale artistique de l'Europe. Je n'aimerais pas que la réputation de Londres ou de Paris dépassât la nôtre.

— Pour connaître ces deux villes, Majesté, c'est fort peu probable !

— Gouverner, c'est prévoir, monsieur Mozart. L'impératrice et moi-même devons nous occuper de tous les domaines de la vie sociale, y compris de la musique. Mes Viennois sont plutôt frivoles, mais je tiens à leur donner des œuvres de qualité.

— C'est tout à l'honneur de Votre Majesté.

— Votre fils est compositeur, m'a-t-on dit.

— Il travaille nuit et jour, et ses premières œuvres sont d'une belle tenue. Je ne parle pas en tant que père, Majesté, mais comme un technicien exigeant et objectif.

— Fort bien, monsieur Mozart. Je pense que Vienne apprécierait un opéra inédit. Un si jeune garçon est-il capable d'en composer un ?

— Wolfgang a déjà fait ses preuves avec *Apollo et Hyacinthus*, représenté à Salzbourg. Depuis, ses progrès sont tels qu'il vous donnera entière satisfaction.

— Puisqu'il s'agit d'une commande officielle, un contrat sera signé en bonne et due forme. Que le jeune Mozart se mette au travail dès maintenant. Je souhaite cet opéra pour la fin du mois d'avril, au plus tard.

— Vos désirs seront comblés, Majesté. Puis-je... puis-je vous poser une question ?

— Faites donc.

— Le compositeur le plus célèbre de Vienne, Gluck, ne s'opposera-t-il pas à un musicien aussi jeune ?

— Si grand soit-il, Gluck est à mon service.

Leopold regretta d'avoir soulevé ce point délicat. La réponse de l'empereur ne le rassura guère car, malgré sa volonté de tout contrôler, Joseph II ne pouvait démêler l'écheveau des querelles musicales.

En quittant Schönbrunn, Leopold eut pourtant envie de danser. Le futur empereur en personne ne venait-il pas de commander un opéra à Wolfgang ? La veille encore, comment imaginer un tel miracle ?

Presque indifférent à la situation, l'adolescent sifflotait un air joyeux.

— Notons-le, recommanda son père. Dès ce soir, tu te mettras au travail.

Vienne, fin janvier 1768

En présence du jeune baron Van Swieten, fils du médecin personnel de l'impératrice Marie-Thérèse, Gluck avait affirmé à Leopold Mozart qu'il ne voyait aucun inconvénient à ce que son jeune fils compose un opéra dans le goût italien, *La Finta Semplice, La Fausse Naïve*, sur un livret de Goldoni. Contrat fut donc passé avec un intermédiaire, Affligio, en échange de cent ducats, une fort jolie somme qui consacrait Wolfgang Mozart comme un professionnel.

Cette *Fausse Naïve* serait un opéra bouffe en trois actes[1], racontant une histoire alambiquée à laquelle le compositeur ne s'intéressa guère. Mais puisqu'on lui offrait l'occasion de faire vivre musicalement des personnages, il s'enthousiasma pour cette tâche ardue.

Deux frères, avares, coincés et acariâtres. Leur jeune sœur, charmante, gaie et rêvant d'un grand amour. Arrive un officier avec sa sœur, jolie et séduisante. Ils logent chez les deux avares. L'officier tombe amoureux

1. K. 51.

de la sœur de ces grognons que la fausse naïve, à savoir la sœur de l'officier, séduit l'un après l'autre. L'intrigue se termine bien, puisque la sœur des deux barbons épouse l'officier.

C'était du Goldoni, Leopold ne sourcilla pas. Wolfgang devait s'adapter, et il s'adapterait.

Vienne, le 2 février 1768

Entre von Gebler et Thamos, la fraternité n'était pas un vain mot. Le premier pressentait que le second allait jouer un rôle essentiel dans l'évolution de la Franc-Maçonnerie, et il tenait à l'informer des événements majeurs dont il avait connaissance.

Aussi lui détailla-t-il les ennuis du baron de Hund et les soubresauts qui agitaient la Stricte Observance templière.

— Je ne suis pas sûr qu'il parviendra à ses fins : restaurer l'Ordre du Temple. La nostalgie n'est pas toujours bonne conseillère, et vouloir ressusciter un passé révolu risque d'aboutir à une impasse. La formation du Grand Magicien a-t-elle débuté ?

— Il a fait ses premiers pas mais ignore encore sa véritable nature. Peut-être ne la découvrira-t-il jamais.

— Pourquoi ce pessimisme ?

— Les obstacles sont nombreux.

— Si, vous, vous voyez la vie en noir, comment la Lumière brillera-t-elle à nouveau dans nos Loges ?

— Rassurez-vous, je ne m'avoue pas vaincu.

— Deux de nos Frères pourraient vous procurer une aide précieuse, mais ni l'un ni l'autre ne sont faciles à manier. Le premier se nomme Mesmer. Il est médecin, musicien et riche. Le second est le baron Van Swieten, auquel on promet une brillante carrière diplomatique au service de l'État autrichien. Je suis presque seul à savoir qu'il a été initié en Allemagne, et ce secret doit être préservé. Tout en lui paraissant hostile, Van Swieten veut protéger la Franc-Maçonnerie, notamment à Vienne. Aussi n'y fréquentera-t-il aucune Loge. Les autorités doivent ignorer son véritable engagement.

— Merci de votre confiance.

— Soyez extrêmement prudent. Tôt ou tard, vous serez en danger. Et s'il vous arrivait malheur, le Grand Magicien ne s'épanouirait pas.

20.

Vienne, le 3 février 1768

Thamos achevait une transmutation dans son laboratoire alchimique de Vienne lorsqu'un bruit incongru l'alerta.

Un bruit ressemblant à celui de talons de bottes frappant les pavés de la cour. Au milieu de la nuit, il violait le silence habituel d'une paisible demeure où n'habitaient qu'un couple de vieux aristocrates et l'Égyptien.

Se fiant à son instinct, Thamos sut qu'il devait s'enfuir au plus vite. Il versa un liquide rouge sur la pierre en fusion, se vêtit d'un épais manteau et sortit par une porte dérobée au moment où les policiers faisaient irruption.

C'était la première opération d'envergure menée sous l'égide de Joseph Anton. L'impératrice Marie-Thérèse lui avait ordonné d'arrêter les alchimistes, de détruire leur matériel et de brûler leurs ouvrages.

Dans le cas présent, les policiers n'eurent pas à se donner cette peine, car le fourneau leur explosa à la figure.

En s'éloignant d'un pas tranquille, Thamos comprit qu'il avait été dénoncé soit par un bon Frère, soit par le voisinage. Il lui faudrait désormais redoubler de prudence et masquer davantage ses activités occultes.

Vienne, fin mars 1768

Ministre à la cour de Louis XV, puis ambassadeur de Russie à Vienne depuis 1762, le prince Dimitri Galitzin appartenait à une famille de dix-sept enfants dont il était, sans conteste, le plus brillant représentant. Âgé de quarante-sept ans, il avait perdu sa femme en 1761 et ne s'était pas remarié.

Jouant un rôle déterminant dans les rapports diplomatiques entre l'Autriche et la Russie, il menait une existence fastueuse en ouvrant à la noblesse viennoise les portes de son palais de la Krugerstrasse aux onze pièces principales. Quatorze voitures, onze chevaux, de nombreux domestiques, une résidence d'été peuplée de grottes, de fontaines et de fausses ruines : le prince aimait le luxe et la beauté.

— Est-il arrivé ? demanda-t-il, impatient, à son majordome.

— Pas encore, Votre Altesse.

— Il est en retard !

— Pas encore, Votre Altesse.

— Tout est prêt ?

— Dans le moindre détail.

Enfin, le jeune prodige arriva. Voilà longtemps que le prince Dimitri Galitzin avait entendu parler de ce musicien étonnant et qu'il voulait l'entendre, chez lui, seul à seul.

Bien habillé, bien éduqué, le petit Wolfgang l'impressionna. Il n'était plus tout à fait un enfant et encore loin d'être un homme, mais une lumière d'une gravité inhabituelle animait son regard.

Dès qu'il joua une sonate, pourtant très inférieure à celles de Joseph Haydn, le prince sentit qu'un génie incomparable animait ce petit bonhomme.

Un jour, si nécessaire, il l'aiderait à devenir l'une des personnalités les plus en vue de la société viennoise et à conquérir la capitale artistique de l'Europe.

Vienne, avril 1768

Leopold fulminait. Une nouvelle fois, la représentation de *La Fausse Naïve* était reportée. Affligio, l'impresario, se comportait comme un escroc, incapable d'obtenir un théâtre. Et Joseph II se trouvait en Hongrie, à la frontière de l'Empire turc dont il redoutait l'esprit belliqueux. Il fallait attendre son retour pour débloquer cette épouvantable situation : un opéra tout prêt, une commande officielle exécutée à la date prévue, et ni troupe ni scène !

Wolfgang ne demeurait pas inactif. Bénéficiant de l'aide et des relations du prince Galitzin, il donnait des concerts dans les salons de la noblesse viennoise où son renom s'étendait.

Surtout, il continuait à écouter beaucoup de musique, qu'il assimilait en composant et en l'incorporant ainsi à sa propre écriture.

— Quand rentrerons-nous à la maison ? demanda Anna-Maria, qui préférait son calme Salzbourg à Vienne l'agitée.

— Dès que l'opéra de notre fils aura été représenté. Un succès le consacrerait comme compositeur et lui ouvrirait toutes les portes.

Comme d'habitude, Anna-Maria s'inclina. Son mari avait forcément raison, puisqu'il agissait toujours au mieux des intérêts de la famille.

Pourtant, Salzbourg tracassait Leopold. Voilà six mois qu'il avait quitté son poste, et le prince-archevêque Sigismund von Schrattenbach ne pouvait le payer indéfiniment à ne rien faire pour sa cour.

La lettre officielle qu'il venait de recevoir n'était donc qu'un moindre mal. Son patron ne le renvoyait pas et ne lui intimait même pas l'ordre de rentrer sur-le-champ à Salzbourg. Néanmoins, à partir du 31 mars, il ne lui verserait plus de salaire.

Certes, grâce aux prestations de Wolfgang, les Mozart assumaient les frais du séjour à Vienne. Et il restait le petit trésor provenant de la tournée européenne. Hors de question, cependant, de perdre sa confortable situation à la cour du prince-archevêque !

Tiraillé entre la nécessité de regagner Salzbourg sans trop tarder et l'éventualité d'un succès de Wolfgang à Vienne, Leopold tergiversait.

21.

Vienne, juillet 1768

Le baron Gottfried Van Swieten, né aux Pays-Bas, suivait une belle carrière diplomatique qui l'avait conduit à Bruxelles, Paris et Londres. Il espérait un poste à Berlin, fort convoité.

Mais un autre idéal occupait son existence : la Franc-Maçonnerie. Dans une Europe déchirée par de multiples convulsions et dont l'avenir l'inquiétait, il appréciait le climat de certaines Loges où la parole restait libre. Des esprits éclairés insistaient sur la nécessité de réformes urgentes, sans oublier d'offrir un élan spirituel au-delà des dogmes et des croyances. Ils ne formaient qu'un petit groupe dont la voix risquait d'être étouffée.

En raison de l'hostilité de l'impératrice Marie-Thérèse à la Franc-Maçonnerie, Gottfried Van Swieten ne fréquentait aucune des rares Loges viennoises, fort discrètes. Au contraire, il prenait soin de manifester dédain et méfiance à l'égard de ce mouvement de pensée, vaguement subversif et tout à fait stérile.

Restaurer l'initiation à Vienne s'annonçait particulièrement ardu, voire impossible. Mais Van Swieten était patient et obstiné.

De retour à Vienne pour quelques semaines, il reprit

contact avec amis et relations. Premier visiteur de la journée, un inconnu : le comte de Thèbes. En raison de sa prestance et de son regard, son hôte l'impressionna.

— J'ai une requête à vous présenter, monsieur le baron.

— Je vous écoute.

— Vous connaissez le jeune musicien Wolfgang Mozart qui a terminé un opéra souhaité par l'empereur. En raison de l'incompétence et des malversations d'un escroc nommé Affligio, impossible de faire représenter l'œuvre. Pourriez-vous aider Mozart ?

— Pourquoi vous intéressez-vous à ce garçon ?

— Parce qu'il est le Grand Magicien.

Van Swieten demeura silencieux un long moment.

— Comte de Thèbes... qui êtes-vous réellement ?

— Un Frère venu d'Égypte afin que renaisse l'initiation dont vous vous souciez tant. Rassurez-vous, votre secret est bien gardé et le demeurera. Le Grand Magicien, lui, a besoin d'aide.

Troublé, le baron Van Swieten aurait dû poser cent questions à cet étrange visiteur. Mais il le laissa partir sans rien lui demander.

Quelques jours plus tard, l'aristocrate convoqua chez lui Wolfgang Mozart, son père, des musiciens et des chanteurs pour écouter *La Fausse Naïve*. Ni le livret ni la musique ne l'enchantèrent, mais il perçut çà et là des éclairs de talent qui méritaient considération.

À la fin de la représentation, Leopold sollicita le jugement du baron.

— Intéressant, de la part d'un garçon de cet âge. Cette représentation risque cependant d'être la première et la dernière.

— Mais... il s'agit d'une commande de l'empereur !

— Je me suis renseigné, monsieur Mozart. Les

musiciens de la cour ne souhaitent pas la réussite d'un gamin qui leur porterait ombrage. Vous feriez bien de retourner à Salzbourg.

Leopold se buta.

— Je souhaite parler à l'empereur. Puisque vous avez entendu l'opéra, pourriez-vous m'obtenir une entrevue ?

— Je vais essayer.

Vienne, le 20 septembre 1768

Pendant l'été, Leopold s'était acharné à rédiger un Mémoire narrant les mésaventures dont Wolfgang et sa *Fausse Naïve* avaient été victimes. « Tout l'enfer musical, écrivait-il, s'est déchaîné pour qu'on ne puisse reconnaître le talent d'un enfant. »

Enfin, au seuil de l'automne, Joseph II accepta de le recevoir.

— Telle est la vérité, Majesté ! Mon fils a travaillé avec ardeur, respecté les délais et fourni une œuvre digne d'être écoutée. Or, un intermédiaire véreux et des collègues jaloux nous condamnent à un échec injuste.

Joseph II demeurait impassible. En s'exprimant de manière aussi tranchée, Leopold ne s'attirerait-il pas les foudres du souverain ?

— Je vous donne raison en tous points. Une procédure mettra fin aux agissements de cet Affligio.

Un grand sourire orna le visage anxieux de Leopold.

— Dois-je comprendre, Majesté, que l'opéra de Wolfgang va enfin être joué sur une scène viennoise ?

— Non, monsieur Mozart. Le bon moment est malheureusement passé, et j'ai à présent d'autres préoccupations. Que votre fils continue à travailler, et le destin lui sera favorable.

En sortant du palais, Leopold alla boire de la bière dans une taverne. Non seulement *La Fausse Naïve* tombait aux oubliettes, mais encore le monarque ne commandait pas d'œuvre nouvelle, même à titre officieux. Être passé si près du succès...

Envisager une nouvelle série de concerts à Vienne ou bien rentrer à Salzbourg ? La seconde solution s'imposait. Mieux valait préserver un poste fixe et correctement rémunéré plutôt que de s'accrocher à un rêve.

À peine ouvrait-il la porte de son appartement qu'Anna-Maria se précipita à sa rencontre.

— Un docteur... un docteur veut voir Wolfgang au plus vite ! Il est gravement malade et tu me l'as caché, n'est-ce pas ?

— Bien sûr que non !

— Pourtant, un docteur...

— Comment s'appelle-t-il ?

— Mesmer. Son valet viendra chercher Wolfgang demain matin et l'emmènera déjeuner chez son maître.

Encore sous le choc de son entrevue si décevante avec Joseph II, l'esprit embrumé par la bière, Leopold s'affala dans un fauteuil.

Demain serait un autre jour.

22.

Vienne, le 21 septembre 1768

Né en Souabe en 1734, installé à Vienne depuis 1759, Franz-Anton Mesmer avait fait ses études de médecine sous la direction de Van Swieten père. Sa thèse traitait de l'influence des astres sur les corps animés, et il avait obtenu son diplôme de praticien en 1766. Époux d'une femme très riche, ténor, pianiste et violoncelliste, initié à la Loge viennoise la Vérité et l'Union, Mesmer venait de s'entretenir longuement avec son ami Gottfried Van Swieten.

Cédant à ses arguments, il avait aussitôt convié à sa table ce jeune Mozart qui l'intriguait au plus haut point.

Le contact fut immédiat.

Leopold, en revanche, lui apparut revêche et méfiant. Mesmer le rassura en lui offrant un excellent déjeuner dans le luxuriant jardin de sa propriété.

— La musique est un art majeur, déclara Mesmer. Comme toute création, elle se nourrit du feu universel dont dépend toute vie.

— Même celle des plantes et des pierres ? demanda Wolfgang.

— Bien entendu ! Et nous, les humains, sommes dotés d'un sens particulier qui nous met en relation avec l'ensemble de l'univers. Encore faut-il en prendre conscience et le développer.

— Par exemple en composant ?

— Oui, car un musicien peut propager de bonnes énergies ! Vois-tu, mon garçon, tout corps est sensible à l'attraction universelle, à la gravité, à ce fluide servant de véhicule entre les êtres. Dans notre monde, il agit soit par répulsion, soit par attirance, et maintient l'équilibre général.

— Il existe des notes qui s'aiment et engendrent l'harmonie, commenta Wolfgang.

— La respecter et préserver la circulation de l'énergie positive contribuent au maintien de notre santé, ajouta le médecin. C'est pourquoi j'étudie le magnétisme. Cette thérapeutique provoque, chez le malade, un mouvement des fluides qui dissipe les troubles.

— Comment procédez-vous ?

— Je n'ai pas encore mis au point une technique utilisable pour un grand nombre de personnes. Mais il est facile de constater l'efficacité du magnétisme. As-tu mal quelque part ?

— Un peu au coude gauche. Je me suis cogné ce matin.

Mesmer posa sa main droite sur l'endroit douloureux. Wolfgang ressentit presque aussitôt une douce chaleur, puis toute sensation de souffrance disparut.

— Il est possible de rétablir la circulation des fluides dans un organisme affaibli, précisa Mesmer. Cette science provient de l'ancienne Égypte, et je désire l'adapter à notre époque.

— Ni mon fils ni moi-même ne sommes malades, intervint Leopold, qui n'appréciait guère les propos du médecin. Pourquoi vouliez-vous voir Wolfgang ?

— Pour lui commander une œuvre brève, répondit le magnétiseur en souriant. Elle sera bien payée et jouée ici même, dans ce jardin.

— De quoi s'agit-il ? interrogea Wolfgang, alléché.

— D'une petite histoire à mettre en musique, un *Singspiel*, comme on dit en Allemagne. Une jeune fille, Bastienne, est amoureuse de Bastien et redoute son infidélité. Aussi demande-t-elle de l'aide au devin du village. « Fais semblant de ne plus t'intéresser à lui », lui conseille-t-il. Et le devin, de son côté, révèle à Bastien que Bastienne a trouvé un nouvel amoureux ! Craignant de se perdre, les deux jeunes gens s'unissent et vivent un bonheur parfait.

Le scénario amusa Wolfgang. La jeune fille prenait l'initiative, et le drame se finissait bien ! À peine sorti de chez Mesmer, il se mit au travail.

Vienne, octobre 1768

Une belle fin d'après-midi, un jardin aux couleurs de l'automne, une assemblée de qualité... De parfaites conditions pour la représentation du *Singspiel* de Wolfgang Mozart, *Bastien et Bastienne*[1] !

L'adolescent avait travaillé très vite, avec le sérieux d'un véritable professionnel.

— Êtes-vous satisfait, monsieur le comte ? demanda Mesmer à Thamos qui se tenait à l'écart des admirateurs.

— Merci de votre accueil, mon Frère.

— Ce garçon m'étonne, reconnut le médecin. Par moments, on jurerait qu'il n'est pas de ce monde. Au sein d'une société aussi médiocre que la nôtre, comment trouvera-t-il son chemin ?

— En créant.

1. K. 50.

Vienne, décembre 1768

Un premier *opera seria*, *Apollo et Hyacinthus*; un premier *opera buffa*, *La Finta Semplice*; un premier *Singspiel*, *Bastien et Bastienne*; en un an et demi, un gamin venait de créer trois œuvres chantées dans trois styles différents. Leopold ne pouvait être qu'admiratif, mais un bon pédagogue ne devait pas manifester un tel sentiment devant son élève.

C'était avec satisfaction que le chef de famille avait reçu la commande d'un Jésuite. Destinée à l'inauguration de la chapelle d'un orphelinat placé sous la haute protection de Joseph II, cette messe [1] permettrait à Wolfgang d'améliorer sa pratique de la musique religieuse.

Le 7 décembre, elle fut exécutée sous la direction du compositeur de douze ans dans le tout nouvel édifice, en présence de la cour. Grâce à sa précision de chef d'orchestre, il obtint applaudissements et admiration. Comme Leopold avait eu raison de persévérer et de rester à Vienne! Pour la deuxième fois, Wolfgang ne donnait-il pas pleine et entière satisfaction à l'empereur? Il prouvait ainsi qu'il était un auteur sérieux auquel l'Église – donc l'impératrice Marie-Thérèse – pouvait accorder sa confiance.

Sur sa lancée, Wolfgang écrivit une messe brève [2] pour quatuor vocal, quatuor à cordes et orgue, et termina le 13 décembre une symphonie [3] marquée par le style de Joseph Haydn.

Seule ombre au tableau, malheureusement envahis-

---

1. Messe solennelle en *ut* mineur, K. 139.
2. K. 49.
3. K. 48.

sante : toujours pas la moindre proposition de poste fixe ! Même si Joseph II estimait Wolfgang, les musiciens officiels faisaient barrage, Gluck en tête. D'après Leopold, un complot contre un créateur aux dons si évidents qu'il les éclipserait tous !

Comment lui, un modeste vice-maître de chapelle salzbourgeois, parviendrait-il à vaincre un clan aussi puissant ? Et puis le prince-archevêque finirait par s'impatienter et licencier son employé. De médiocre, le bilan du séjour viennois deviendrait catastrophique.

Puisque Vienne se fermait, il fallait rentrer à Salzbourg.

Mais Leopold avait déjà un autre projet en tête.

23.

Vienne, février 1769

La proposition de l'impératrice Marie-Thérèse avait stupéfié le baron Charles de Hund. Elle, le meilleur soutien de l'Église et l'ennemie jurée de la Franc-Maçonnerie ; lui, le fondateur de la Stricte Observance templière. Et pourtant, elle lui proposait de hautes fonctions à Vienne !

Un piège... Ce ne pouvait être qu'un piège.

L'impératrice voulait le neutraliser, l'enfermer dans une fonction officielle qui l'empêcherait de poursuivre son aventure maçonnique. Lui, conseiller d'État de l'impératrice et conseiller intime de l'empereur ? Les titres honorifiques, oui. La prison dorée de la cour, jamais !

En adoptant les formes les plus respectueuses, Charles de Hund déclina l'offre de Marie-Thérèse. L'avenir de la Stricte Observance continuerait à occuper tout son temps.

Vienne, mars 1769

Aux côtés de Tobias von Gebler, Thamos avait participé à la fondation de la Loge viennoise À l'Espérance. Une belle vertu en ces temps difficiles où les Frères se contentaient de cérémonies succinctes et se gardaient d'émettre la moindre critique à l'égard du pouvoir en place.

— Notre Franc-Maçonnerie ronronne, constata von Gebler. Et ce n'est pas le baron de Hund, malgré ses convictions et son engagement, qui lui redonnera l'ampleur nécessaire.

— La Stricte Observance templière serait-elle en difficulté ?

— Elle progresse, mais de manière trop formelle. Le fond manque, et je ne suis pas certain que la référence templière soit la plus justifiée. Querelles internes, concurrence avec d'autres systèmes rituels... De Hund n'a pas encore conquis l'Europe. Hélas ! Vienne ne m'apparaît pas comme un milieu favorable à l'épanouissement du Grand Magicien. À moins que vous ne fournissiez à l'Espérance ou à une autre Loge les rituels qui les rendraient initiatiques...

Thamos ne répondit pas.

Il était trop tôt. Beaucoup trop tôt.

Salzbourg, printemps 1769

Âgé de treize ans, Wolfgang s'échappait de temps à autre pour jouer, plaisanter et discuter avec son ami Anton Stadler. La cour, la cathédrale, les salons de la noblesse et de la bourgeoisie... L'espace salzbourgeois était réduit. Messes, promenades, jeux de société et concerts offraient aux sujets du prince-archevêque des distractions dont la plupart se contentaient.

Leopold, lui, exigeait du travail et encore du travail. Depuis son retour dans sa ville natale, le 5 janvier, Wolfgang ne cessait de composer.

Austérité des vieux maîtres allemands, style galant, formes sonates du Sud et du Nord, contrepoint, opera seria, opéra bouffe, techniques de Schobert et de Jean-Chrétien Bach... Wolfgang tâtait de toutes ces expressions et les utilisait à loisir. Parlant couramment l'italien et correctement le français, il lisait beaucoup, y compris des auteurs réputés sérieux [1].

Messes, menuets à danser, cassations formées d'une suite de petits morceaux joués lors de banquets officiels, de repas de noces et de séances solennelles de l'université : les commandes se succédaient. En écrivant sa première sérénade [2], morceau plus élégant et plus distingué qu'une cassation, Wolfgang savait qu'elle ne serait jouée qu'une seule fois, en plein air et en fin de soirée, à la gloire du commanditaire. Un notable salzbourgeois voulait *sa* musique, jamais entendue auparavant et consommable comme un plat savoureux. Ensuite, elle s'évanouissait. La faire exécuter une deuxième fois aurait profondément vexé l'acheteur et discrédité le compositeur.

Ce labeur acharné obligeait Wolfgang à travailler vite, tout en maîtrisant de multiples facettes du discours musical. S'ensuivit une triste conséquence : l'adolescent déchira la carte du *Rücken*, le royaume imaginaire à présent disparu.

La réalité de Salzbourg interdisait le rêve.

---

1. Tel le poète allemand Christian Gellert, l'écrivain suisse Salomon Gessner ou le Français Fénelon.
2. K. 100.

Berlin, été 1769

La tension entre l'Autriche et la Prusse devenait dangereuse. Enjeu : un éventuel partage de la Pologne. Aussi Joseph II, après avoir démantelé nombre de monastères en Autriche pour affecter leurs biens à des œuvres charitables et à des projets éducatifs, décida-t-il de rencontrer le redoutable Frédéric II qui régnait sur la Prusse depuis 1740.

Parlant français avec les humains et allemand avec les chevaux, admirateur des Encyclopédistes et de Voltaire, Franc-Maçon, Frédéric n'hésitait pas à utiliser son armée en exigeant de ses soldats une « discipline de cadavre ».

Joseph II voulait éviter un nouveau conflit, qui porterait un coup fatal à la paix difficilement obtenue au terme de la guerre de Sept Ans. Il fallait donc écarter la menace prussienne afin de mieux s'occuper du véritable péril, l'expansion turque.

Pendant que les négociations débutaient, le successeur désigné au trône de Prusse, Frédéric-Guillaume, s'adonnait à l'occultisme. La Franc-Maçonnerie mondaine et superficielle l'ennuyait. En revanche, le spécialiste qui venait de s'installer à Berlin le fascinait, et il lui faciliterait l'existence en lui attribuant un poste de conservateur à la bibliothèque.

Son nouveau protégé, dom Antoine-Joseph Pernety, né à Roanne le 13 février 1716, n'était pas un homme ordinaire. Ex-aumônier du navigateur Bougainville, défenseur des Indiens, il avait quitté l'Ordre bénédictin pour s'intéresser à la Franc-Maçonnerie, à la Kabbale, à l'hermétisme et à l'alchimie. Auteur des *Fables égyptiennes* et du *Dictionnaire mytho-hermétique* où il prétendait déchiffrer l'enseignement des Anciens, il avait dû quitter Avignon en raison d'enquêtes policières de plus en plus gênantes.

Ici, en Allemagne, il développerait son Rite hermétique en toute liberté, avec l'espoir de contacter les esprits qui lui révéleraient la technique de fabrication de l'or alchimique. Il apprendrait aux initiés à interroger la Sainte Parole et à interpréter ses déclarations énigmatiques grâce à la numérologie hébraïque. Dans sa Loge, La Vertu persécutée, il irait au-delà de la Franc-Maçonnerie conventionnelle en célébrant deux grades supérieurs, ceux de Novice et d'Illuminé.

Informé par von Gebler, Thamos espérait que dom Pernety se montrerait à la hauteur de ses ambitions.

Dès leur première rencontre, l'ex-moine fut sur la défensive. Le charisme de l'Égyptien l'inquiétait, mais ses origines et sa connaissance des mystères orientaux pouvaient lui servir. Aussi accepta-t-il de l'initier au Rite hermétique, commençant par la célébration d'une messe. Ensuite, il consacra le nouvel adepte au sommet d'une colline où s'élevait un « autel de puissance » en gazon, au centre d'un cercle tracé sur le sol.

Thamos fut convié, neuf jours durant, à contempler le lever du soleil à cet endroit et à brûler de l'encens sur l'autel. À Dieu de reconnaître le nouvel initié, en se manifestant sous la forme d'un ange qui lui servirait désormais de guide et avec lequel il pourrait dialoguer.

Quand Thamos redescendit de la colline pour la neuvième fois, dom Pernety sut qu'il avait surmonté l'épreuve. Alors, il lui révéla l'étendue de ses projets.

— En suivant la voie droite, le vrai Franc-Maçon deviendra le Chevalier de la clé d'or. Il refera le voyage des Argonautes et découvrira la Toison d'or. Élevé à la dignité de Chevalier du soleil, il lira les légendes mythologiques avec un œil d'alchimiste. Et lorsque la pierre philosophale rayonnera, l'initié rendra un culte à la Très Sainte Vierge.

Il faudrait des mois, voire des années, à dom Pernety pour rédiger la totalité de son Rite hermétique, à condition que Frédéric II tolérât sa présence et que Frédéric-Guillaume continuât à le protéger.

Ce rude labeur fournirait-il des résultats probants ? Sur la route de Salzbourg, Thamos voulut l'espérer.

24.

Salzbourg, le 5 novembre 1769

En pénétrant dans le bureau du prince-archevêque Sigismund von Schrattenbach, Leopold Mozart songeait encore à la bévue commise par son fils. Le 15 octobre, à l'église Saint-Pierre, avait été chantée sa messe solennelle en l'honneur de l'ordination et de la première célébration du Révérend Père Cajetan Hagenauer. Une commande presque banale... si l'un des solos du kyrie n'avait pas débuté sur un rythme de valse ! Wolfgang n'y voyait pas malice. Pourquoi la musique religieuse devait-elle être ennuyeuse ?

Par bonheur, cette faute grave avait échappé aux autorités et, le 27 octobre, Wolfgang s'était vu nommer « maître de concert de la cour », un titre honorifique sans solde.

Insuffisant pour modifier le projet auquel Leopold songeait depuis près d'un an.

— Des difficultés, monsieur Mozart ?
— Aucune, Votre Grâce. Néanmoins...
— Néanmoins ?
— J'ai une requête à vous présenter.
— À propos de votre fils, je suppose ?
— Exactement.

— Ne lui ai-je pas attribué un titre qui devrait combler un si jeune musicien ?

— Wolfgang est déjà un remarquable technicien, mais il lui manque encore des éléments essentiels pour devenir un grand compositeur dont la renommée enrichirait celle de notre chère principauté.

— Solliciteriez-vous l'autorisation de repartir en voyage ?

— En effet, Votre Grâce.

— Quelle destination, cette fois ?

— L'Italie. Sa tradition et ses trésors musicaux compléteront la formation de mon fils.

La gorge serrée, Leopold attendit la décision du prince-archevêque.

— Entendu, monsieur Mozart. Pendant votre absence, aucun salaire ne vous sera versé.

Salzbourg, le 11 décembre 1769

— Quand reviendras-tu ? demanda Anton Stadler à Wolfgang.

— Dans quelques mois. Tout dépendra du succès des concerts.

— D'un côté, je te souhaite un triomphe ; de l'autre, j'aimerais te revoir au plus vite.

— Mon père décidera, comme d'habitude.

— N'as-tu pas envie de te révolter, parfois ?

— Tout de suite après Dieu, il y a papa ! Sans lui, je ne serais pas musicien. Et l'Italie, quel bonheur !

Les deux amis se séparèrent, Wolfgang embrassa sa mère et sa sœur. Cette fois, elles restaient à la maison. Âgée de dix-huit ans, Nannerl n'était plus un enfant prodige, ne composait pas et n'avait pas assez de personnalité pour s'imposer comme soliste. En revanche, elle serait un bon professeur de piano et aiderait sa mère à tenir le logis familial.

Wolfgang découvrit une voiture équipée de planchettes, d'encrier et de papier à musique. Plus question de rêver d'un royaume imaginaire. Pendant ce voyage-là, l'adolescent façonnerait des partitions destinées à ses futurs concerts en Italie.

Dès le premier tour de roue, il se mit au travail. Et quatre aimables symphonies naquirent au fil de la route.

Mantoue, le 16 janvier 1770

Au cours d'un concert-marathon, Wolfgang avait joué quatorze œuvres, dont certaines de sa plume. Épuisé, l'adolescent ne songeait qu'à dormir, tandis que Leopold se réjouissait du succès et de la recette.

— Bravo, mon garçon, notre campagne italienne commence au mieux ! Crois-moi, ce n'est qu'un début. Je n'aime pas beaucoup ce nom d'Amadeus dont t'a affublé la gazette de Vérone. Une traduction de Gottlieb, « l'aimé de Dieu », mais je préfère l'original. Amadeus ne fait pas sérieux, on dirait une plaisanterie italienne. Souviens-toi que notre nom, Mozart, vient du haut allemand *muot-harti* et signifie « courageux, volontaire ».

Milan, le 23 janvier 1770

Gouverneur général de Lombardie et neveu de l'ancien prince-archevêque de Salzbourg, le comte Karl von Firmian accueillit les Mozart avec chaleur et leur offrit un confortable logement au sein de son palais.

— Milan est une ville riche, éprise de musique. Vous vous y plairez beaucoup, d'autant que le carnaval débute ! En cadeau de bienvenue, voici les neuf volumes rassemblant les livrets d'opéra du grand Métastase.

Confus, Leopold se répandit en remerciements.

— Bien entendu, ajouta le gouverneur, vous donnerez plusieurs concerts ici même et vous y entendrez de la belle musique, notamment celle de Piccinni et de Sammartini.

La gaieté de Wolfgang séduisit ses célèbres confrères qui continrent leur jalousie et murmurèrent même de vagues compliments.

Le 3 février, quelques jours après avoir fêté son anniversaire, l'adolescent de quatorze ans composa un air sur des paroles latines de l'Évangile, destiné à un castrat de son âge. Avec une ironie dévastatrice, il ne manqua pas de souligner la phrase : « Cherche les choses d'en-haut et non celles d'en-bas. »

Après un grand concert donné le 23 février, le père et le fils goûtèrent les excentricités du carnaval de Milan. Le dernier jour des festivités, le 3 mars, de nombreux chars défilèrent dans les rues de la ville où circulaient quantité de personnages masqués.

L'un d'eux s'approcha de Wolfgang.

— Tu t'amuses bien ?

— C'est un peu bruyant, mais les couleurs sont superbes et j'apprécie la fin de l'hiver.

— Es-tu satisfait de tes dernières compositions ?

— Elles plaisent aux Italiens.

— Tu ne sembles pas avoir compris ma question.

Cette voix, Wolfgang la connaissait.

— Vous êtes l'habitant du *Rücken*, n'est-ce pas ?

— Un simple masque...

— Mon royaume d'enfance n'existe plus, j'ai détruit sa carte.

— Je sais, Wolfgang. C'est pourquoi je te demande de réfléchir à ma question.

Milan, le 12 mars 1770

Lors du concert d'adieu donné au palais du comte von Firmian furent interprétés plusieurs airs de Wolfgang[1] sur des textes de Métastase. Comme d'autres techniciens, Leopold nota de nets progrès. Son fils commençait à savoir manier la voix, cet instrument exceptionnel.

Stupéfait de la prestation du jeune Allemand, le comte entraîna Leopold à l'écart.

— Magnifique, monsieur Mozart, magnifique! Votre fils a conquis Milan. Vous devez poursuivre votre voyage, je le comprends et je vous y encourage. Mais il faudra revenir, et je vais vous donner une bonne raison : un opéra.

— Vous voulez dire... une commande?

— Étant donné les dons de Wolfgang, c'est un genre qui devrait lui convenir. Les Italiens en raffolent! L'idée vous séduit-elle?

— Bien sûr, bien sûr! Quel serait le sujet?

— L'histoire d'un roi, Mithridate, écrite par un librettiste professionnel, Cignasanti, d'après la pièce plutôt ennuyeuse de Racine, un dramaturge français. Je suis persuadé que Wolfgang saura tirer le meilleur de cette sombre histoire.

— Est-ce... urgent?

— Pas de soucis! Découvrez Bologne, Rome et Naples, admirez les mille merveilles de l'Italie et revenez-nous. Vous disposerez du livret en temps opportun.

Au bord de l'ivresse, Leopold remercia le Tout-Puissant. Ce voyage s'annonçait comme celui de tous les succès.

1. K. 77, 78, 79 et 88.

25.

Lodi, le 15 mars 1770

Lors de cette halte sur la route de Parme et de Bologne, Wolfgang se remémora la question de l'homme masqué.

Et il comprit.

Après le dîner, il s'enferma dans sa chambre et jeta sur le papier des notes étranges.

Quand Leopold réveilla son fils, au petit matin, il examina la partition.

— De quoi s'agit-il, Wolfgang ?

L'adolescent se frotta les yeux.

— D'un quatuor à cordes[1].

— Un genre bizarre, sans grand intérêt... En tout cas, déconseillé pour un concert !

— Je n'y songeais pas.

— Alors... À quoi pensais-tu ?

— À composer pour moi-même, en dehors de toute obligation, juste pour faire de la musique. Ce premier quatuor n'est qu'un divertissement, je me sens capable de mieux !

— Prépare-toi, nous partons dans une heure.

1. K. 80.

Leopold attribua aux caprices de l'adolescence cet écart, probablement sans lendemain. Un musicien professionnel ne devait-il pas satisfaire les exigences de son auditoire ?

Bologne, le 26 mars 1770

Lors du grand concert organisé chez le comte Pallavicini se produisit un fait rarissime qui attira autant l'attention de l'assistance que la prestation du jeune Allemand.

Un musicologue de réputation internationale, le Padre Martini, était sorti de son couvent pour écouter le prodige venu de l'étranger ! De mémoire de Bolognais, l'austère érudit se rendait rarement au concert. Fallait-il que ce Mozart l'intriguât, au point de l'arracher à ses recherches !

Âgé de soixante-cinq ans, le moine franciscain n'avait jamais quitté Bologne, sa ville natale, refusant même un poste de maître de chapelle à Saint-Pierre de Rome et se contentant de ses fonctions au couvent de San Francesco. Les musiciens de l'Europe entière venaient le consulter car, en travaillant à une monumentale *Histoire de la Musique* dont les deux premiers volumes venaient de paraître, il avait acquis un savoir inégalable. Sa bibliothèque ne contenait-elle pas des partitions uniques, certaines datant du XVIe siècle ?

Quand le Padre Martini s'approcha de Wolfgang, Leopold redouta critiques ou remontrances.

Le religieux ne manifesta aucune animosité, et invita l'adolescent à venir le voir.

Wolfgang sauta sur l'occasion. Au cours de deux entretiens avec l'illustre savant, il apprit à perfectionner l'art du contrepoint et celui des récitatifs d'opéra.

En un temps record, il bâtit une fugue que son professeur aurait mis une journée à composer.

Wolfgang regretta de quitter ce lieu si paisible, voué à la recherche, et il promit au Padre Martini d'y revenir.

Rome, le 11 avril 1770

Après être passés par Florence, les Mozart atteignirent Rome à midi et se précipitèrent à la basilique Saint-Pierre, non en raison d'un élan de religiosité, mais afin d'admirer le prestigieux monument.

C'est là que l'adolescent entendit le *Miserere* d'Allegri dont la partition ne quittait pas la chapelle Sixtine. En dépit de la complexité de l'œuvre, Wolfgang en mémorisa la moindre note, dérobant ainsi l'un des secrets de la Ville éternelle.

— Ce décorum est-il vraiment indispensable à la connais-sance de Dieu ? demanda Wolfgang en observant le ballet des dignitaires de l'Église.

— Rome est un théâtre, répondit Leopold. Cette dévotion ostentatoire ne garantit pas une bonne et saine croyance.

Wolfgang ne manqua pas de sacrifier à l'expérience préférée des touristes et écrivit aussitôt à sa sœur :

J'ai eu l'honneur de baiser le pied de saint Pierre, à l'église Saint-Pierre, mais comme j'ai le malheur d'être trop petit, on a dû, moi, le vieux farceur Wolfgang Mozart, me soulever jusqu'à lui !

Le musicien, qui s'appelait volontiers «l'ami de la Ligue du Nombre» tant il appréciait les jeux mathématiques, pria Nannerl de lui envoyer les règles d'arithmétique, nourries de nombreux exemples, qu'il avait égarées.

À peine la missive partait-elle pour Salzbourg que Wolfgang et son père croisèrent un gentilhomme dont l'allure intrigua Leopold.

Thamos les salua.

— Vous avez perdu ce document, me semble-t-il.

Wolfgang le consulta aussitôt : les règles d'arithmétique ! Elles s'accompagnaient d'un autre feuillet, traitant de la Divine Proportion et du Nombre d'or, avec quelques exemples de leur utilisation dans le rythme musical.

— Ne seriez-vous pas notre sauveur parisien ? s'étonna Leopold.

— Rome me paraît plus sûre. Méfiez-vous quand même des voleurs et que Dieu vous protège.

Leopold n'osa pas retenir l'aristocrate. Quant à son fils, il ne révéla pas qu'il connaissait depuis longtemps cet envoyé de l'autre monde.

En ce mois de novembre, Wolfgang n'avait pas fait que flâner dans les rues de Rome : un kyrie pour cinq sopranos, des contredanses destinées à Salzbourg, deux airs pour soprano et une symphonie en *ré* majeur[1].

En dépit des richesses de la grande cité, Leopold voulait poursuivre le voyage et découvrir l'Italie du Sud.

Vienne, le 19 avril 1770

Fille cadette de François Ier de Lorraine et de Marie-Thérèse, l'archiduchesse Marie-Antoinette, née à Vienne en 1755, ne manquait ni de charme ni d'intelligence. En raison des décisions de sa mère et de Joseph II, sa destinée douillette prenait une tournure exigeante.

---

1. K. 89, 123, 82, 83, 81.

En cette journée décisive était célébré, par procuration, le mariage de Marie-Antoinette avec le Dauphin, resté à Versailles. Mettant un terme aux guerres incessantes entre les Habsbourg et les Bourbons, cette union consoliderait la paix en Europe.

Ces réjouissantes perspectives ne tranquillisaient pas Joseph II. Insouciante, la jeune femme n'avait pas conscience des difficultés de sa tâche. Il lui faudrait quitter le cocon viennois et conquérir un pays qui n'aimait guère les étrangers et encore moins les Autrichiens, une France en proie à des intellectuels dangereux remettant en cause les bases séculaires du pouvoir, de la religion et de la société.

Marie-Antoinette rêvait d'une vie facile et fastueuse, à la tête d'une cour brillante. Ne passerait-elle pas le plus clair de son temps à s'amuser et à goûter mille et un plaisirs ? Elle ne prévoyait ni les bassesses, ni les jalousies, ni les haines.

Lorsqu'elle serait seule, là-bas, si loin de Vienne, personne ne lui viendrait en aide.

26.

Route de Naples, le 12 mai 1770

Un soleil ardent rendait le trajet pénible. Dans leur voiture, Leopold et Wolfgang étouffaient.

Soudain, elle stoppa.

Une conversation animée, des éclats de voix, un cri de douleur.

Armés de couteaux, trois hommes hirsutes ouvrirent la portière.

— Descendez, ordonna le chef des brigands. Si vous nous donnez tout ce que vous possédez, on ne vous tuera peut-être pas.

Un coup de feu.

L'un des agresseurs s'écroula, l'épaule en sang. Une deuxième balle siffla à l'oreille du chef.

— Décampons ! ordonna-t-il.

Le trio disparut dans un champ de blé.

— Ne bouge pas, Wolfgang. Je vais voir.

Leopold descendit et observa les alentours.

Personne. Qui les avait sauvés ? Par bonheur, le cocher n'était qu'assommé. Il reprit ses esprits et s'estima capable de conduire jusqu'au prochain relais.

Dissimulé derrière un vieil acacia, Thamos regarda

la voiture s'éloigner, rechargea son pistolet, caressa son cheval et continua à suivre ses protégés.

Naples, le 15 mai 1770

Sale, bruyante, dangereuse, la ville déplut aux Mozart. Et la cour, aussi agitée que médiocre, n'améliora pas le paysage. Il fallut néanmoins séduire un nouveau public, et Wolfgang se vêtit d'un costume de scène en moire rose, couleur de feu, orné de dentelle d'argent et à la doublure bleu ciel.

À la suite d'un premier morceau où sa virtuosité étonna les plus sceptiques, un auditeur intervint.

— Ce garçon est un magicien ! Moi, je connais le responsable de son pouvoir : le Malin ! Sa bague... sa sorcellerie réside dans sa bague ! Qu'il l'ôte, et nous verrons bien s'il continue à dévorer le clavier !

L'adolescent ôta le bijou et attaqua un deuxième morceau, plus difficile que le précédent.

Penaud, son accusateur fut le premier à applaudir en criant : « Amadeo, Amadeo ! » Ce n'était pas le diable qui animait les doigts du garçon, mais Dieu.

Versailles, le 16 mai 1770

La cour célébra le mariage du Dauphin avec l'Autrichienne Marie-Antoinette qui devint officiellement Dauphine. Cette union entérinait une paix dont beaucoup rêvaient sans trop y croire.

Mille rumeurs circulaient. D'après les uns, cette princesse étrangère était stupide, capricieuse et insupportable ; selon les autres, calculatrice, autoritaire et impitoyable. Fade et banale, observaient ses adversaires ; fascinante et belle, affirmaient ses partisans. Consentirait-elle à résider à Versailles ou préférerait-elle Vienne ?

Oubliant la personnalité controversée de la future reine de France, des milliers de fêtards assistèrent à un gigantesque feu d'artifice. Hélas ! la foule, ivre et délirante, piétina cent trente-deux malheureux qui moururent étouffés.

On prophétisa un règne sinistre à l'Autrichienne, déjà coupable d'une catastrophe.

Pompéi, le 13 juin 1770

Le gardien des ruines fut étonné.
— Vous voulez visiter ?
— Si possible, répondit Leopold.
— C'est un peu dangereux... Et votre fils me semble bien jeune pour s'intéresser aux antiquités.
— Détrompez-vous, rétorqua Wolfgang, vexé. Conduisez-nous, s'il vous plaît.
— À votre guise ! Ce n'est pas gai, je vous préviens, et l'on progresse difficilement, à cause des trous. Beaucoup rebroussent chemin.
— Allons-y, s'obstina Wolfgang.

À la lueur des torches, les Mozart explorèrent les grottes de la Sibylle de Cumes. Fatigué, Leopold voulut s'arrêter.
— Moi, je continue, décida son fils.
— Sois prudent, je t'attends ici.

La profondeur des souterrains étonnait l'adolescent. Il ressentait une atmosphère sacrée, imprégnée de l'au-delà. Sans doute la galerie conduisait-elle jusqu'à l'invisible, la source de toutes choses !

Assis devant un bas-relief représentant l'initiation d'une femme aux mystères d'Isis, Thamos l'Égyptien.

Wolfgang éprouva une intense sensation de bien-être, comme s'il accédait au cœur de son royaume imaginaire.

— As-tu étudié les documents que je t'ai remis ? demanda Thamos.

— Je les ai même expérimentés ! Grâce à la Divine Proportion, les notes s'harmonisent mieux et les phrases s'assemblent sans se contrarier.

— Puisse cette proportion vivre dans ton cœur et dans ta main. Sinon, elle ne serait qu'une technique inerte. En respirant l'air de l'Italie, en te nourrissant de son soleil, tu franchiras une nouvelle étape. Mais le but est encore lointain.

— Quel est-il ?

— Regarde cette scène. Après une longue période probatoire, cette femme quitte le monde profane afin d'explorer le monde des Grands Mystères. Tu progresses sur ce chemin, mais auras-tu le courage d'explorer l'inconnu sans vendre ton âme ?

— Je l'aurai !

— Les dieux t'entendent, Wolfgang.

— Qui es-tu, toi qui me protèges ?

— À bientôt.

Thamos disparut dans une galerie où le guide refusa de s'engager, malgré le désir de Wolfgang.

— Trop risqué, décréta-t-il. Et votre père doit s'impatienter.

Rome, le 5 juillet 1770

Les Mozart quittèrent joyeusement la cour de Naples et regagnèrent Rome. Une symphonie, un *Miserere* pour trois voix, des canons, des menuets, une messe brève[1]... Le bilan de l'été ne mécontentait pas Leopold. Quelles que fussent les circonstances, son fils continuait à composer.

En cette journée ensoleillée, revêtus de leurs plus beaux habits, le père et le fils honoraient l'invitation à déjeuner du cardinal Pallavicini au palais du Quirinal. À l'excellence des mets s'ajoutèrent deux surprises, que le prélat distilla avec componction.

— D'abord je vous remets un décret de Sa Sainteté le pape nommant Wolfgang Mozart « Chevalier de l'Éperon d'or ».

Leopold crut avoir mal entendu.

— Votre Éminence...

— Il s'agit d'une très haute distinction qui couronne un jeune talent dont Sa Sainteté a entendu dire grand bien. L'Église attend de votre fils de nombreuses œuvres religieuses à sa gloire.

— J'y veillerai, Éminence.

— Ensuite, poursuivit le cardinal, vous serez reçus en audience privée le 8 juillet par Sa Sainteté Clément XIV au palais de Santa Maria Maggiore.

Bologne, le 20 juillet 1770

Très formelle, l'audience avait barbé Wolfgang. Comme ces religieux étaient pénétrés de leur importance ! Représenter Dieu et détenir la vérité absolue ne leur donnaient aucun humour. Vivre auprès d'eux, dans leurs palais étouffants, devait rendre stérile le créateur le plus fécond.

---

1. K. 84, 85, 89a, 94, 122, 115 (l'authenticité de cette dernière référence étant discutée).

Sur la route de Rome à Bologne, en revanche, l'adolescent s'était amusé en lisant un livre rempli de péripéties, *Les Mille et Une Nuits*, en italien. Sans nul doute, un cadeau de son mystérieux protecteur ! Magie et féerie nourriraient son imagination, et il entrevit une série de personnages dignes de figurer dans un opéra.

Dès son arrivée à la maison de campagne du comte Pallavicini, Wolfgang, l'œil gourmand, reçut le livret de *Mithridate, roi du Pont*, qu'il avait hâte de mettre en musique. Le début de ce rude travail ne l'empêcha pas de monter à âne en compagnie d'un des jeunes de la famille, du même âge que lui.

Traité comme un coq en pâte, Leopold prit enfin le temps de soigner une vilaine blessure à la jambe. Et Wolfgang, lui, poursuivit le rêve italien.

27.

Prague, août 1770

La renaissance d'une Loge de Prague[1], décidée à s'interroger sur le sens des symboles, redonnait un peu d'espoir à Ignaz von Born.

Né en 1742, en Transylvanie, il avait été éduqué chez les Jésuites avant des études de philosophie, de droit, de sciences naturelles et de minéralogie à l'université de Prague. Très tôt, il s'était intéressé à l'alchimie, et ses recherches l'avaient conduit vers la Franc-Maçonnerie où il espérait découvrir des clés de la connaissance.

Une relative déception, en raison de la médiocrité de la plupart des Frères et de la faiblesse des rituels. Mais aussi la confirmation de ses pressentiments : sous de pauvres vêtements, la Franc-Maçonnerie était la forme contemporaine de l'initiation aux mystères née en Égypte ancienne. Il fallait donc remonter à la source.

Avec une inlassable persévérance, Ignaz von Born suivait la piste menant au trésor oublié.

Grand lecteur des anciens initiés, tels Plutarque et

1. La Loge Aux Trois Piliers couronnés.

Apulée[1], des traités d'alchimie et des textes hermétiques venus d'Égypte et connus en Occident dès le XIe siècle, il s'était penché sur les *Hieroglyphica* d'Horapollon, traduits en allemand au XVIe siècle. L'auteur, dont le nom se composait d'Horus et d'Apollon, deux dieux solaires, transmettait une petite partie de la science sacrée et révélait que les hiéroglyphes véhiculaient une connaissance ésotérique de première importance. Ainsi, Osiris apparaissait comme l'âme de l'univers et la source de la sagesse. Et plusieurs ouvrages parus au long du XVIIe siècle procuraient à von Born de précieux renseignements[2].

Nouvel apport, en 1731 : la parution du roman de l'abbé Jean Terrasson[3], *Séthos*, « ouvrage dans lequel on trouve la description des initiations aux mystères égyptiens ».

Mais tout cela ne suffisait pas. Persuadé que la transmission orale ne s'était jamais interrompue, von Born se demandait s'il aurait un jour la chance de rencontrer l'un de ses dépositaires. Ne les désignait-on pas sous le nom de Supérieurs inconnus ?

Trois certitudes : d'abord, sans l'initiation, le monde courait au chaos ; ensuite, elle provenait de l'Égypte ancienne et permettait d'accéder à la connaissance ;

---

1. Le traité *Sur Isis et Osiris* du Grec Plutarque (46-120) et le roman *L'Âne d'or* du Latin Apulée (125-180) contiennent des informations essentielles sur les initiations égyptiennes.
2. Par exemple le premier recueil d'inscriptions hiéroglyphiques rassemblées par Horwarth von Hohenbourg en 1606 ; la révélation du contenu alchimique des hiéroglyphes par Michel Maier en 1622 ; les quatre volumes de l'*Oedipus aegyptiacus* d'Athanasius Kircher, parus de 1652 à 1654.
3. Traduit en allemand dès 1732. Professeur de philosophie grecque et latine au Collège de France, l'abbé mêlait érudition et romanesque.

enfin, la Franc-Maçonnerie pouvait servir de creuset, de lien avec le passé et de voie de transmission pour le présent et l'avenir.

De santé fragile, à la suite d'une grave intoxication subie au cœur d'une mine de Chomnitz où il exerçait la responsabilité de conseiller technique, Ignaz von Born souffrait aussi d'une sciatique chronique. En dépit de ce handicap, il s'imposait un rythme de travail soutenu. Détestant les mondanités, dépourvu de toute aptitude carriériste, le savant vivait chichement et partageait son temps entre ses travaux de minéralogiste et son engagement maçonnique.

La plupart des Loges ronronnaient. Celle qu'il venait de réveiller à Prague, ville d'alchimistes, serait un centre de recherches accueillant les Frères désireux de vaincre cette torpeur et de s'orienter vers les mystères d'Isis et d'Osiris. Ensemble, ils scruteraient les symboles et les rites afin d'en discerner le sens profond.

La reconstruction du temple débutait.

28.

Bologne, le 10 octobre 1770

Les membres de l'austère Académie philharmonique étaient réunis en séance solennelle pour examiner une candidature. La sévérité de leur jugement effrayait des musiciens expérimentés, et beaucoup préféraient renoncer plutôt que d'essuyer un humiliant refus.

Aussi plusieurs académiciens s'étonnèrent-ils de voir le Padre Martini accompagné d'un adolescent de quatorze ans, qu'il leur présenta comme un futur collègue. Certains furent choqués, d'autres rirent sous cape.

On enferma Wolfgang Mozart dans une petite pièce en lui confiant un morceau de grégorien à transcrire pour quatre voix.

Il disposait de trois heures.

Trente minutes plus tard, le candidat sortit de la pièce et, à la surprise générale, présenta son travail à la docte assemblée.

Après examen, le vote fut unanime : mention « suffisant [1] ». Wolfgang devenait membre de l'Académie philharmonique, et le Padre Martini lui remit une sorte

---

1. D'après C. de Nys, le Padre Martini avait corrigé le travail de Mozart qu'il jugeait trop original.

de certificat : « J'ai trouvé Mozart très versé dans toutes les qualités de l'art musical. Il m'en a du reste fourni la preuve, notamment au clavecin où je lui ai donné plusieurs thèmes qu'il a immédiatement développés de façon magistrale, selon les règles. »

Milan, le 20 octobre 1770

À force d'écrire les récitatifs de son opéra, les doigts de Wolfgang devenaient douloureux. Et il restait tous les airs à composer !

Cette fois, l'entreprise dépassait peut-être ses capacités. Par moments, sa fatigue frisait le découragement. Mais en songeant à la chance que lui offrait le destin, l'adolescent se remettait à l'ouvrage, oubliant distractions et repos.

Comme le confia Leopold à son épouse : « Wolfgang s'occupe maintenant de choses sérieuses qui le rendent très sérieux. »

Au début du mois de novembre, son fils se révolta.

— Produire des airs sur mesure pour des chanteurs qu'on m'impose, passe encore ! Mais ne pouvoir intervenir d'aucune manière sur le livret, je ne le supporte pas. Et cette histoire me déplaît !

— Calme-toi, recommanda Leopold. Telle est la loi du genre : un librettiste d'un côté, un compositeur de l'autre.

— Une loi mauvaise, on la change !

— La coutume est la coutume, Wolfgang. Adapte-toi à ce sujet.

— Un père et un fils amoureux de la même femme, le roi qui meurt lors de l'attaque des Romains et pardonne à son fils épris d'une autre femme, et le monarque mourant qui accorde la main de la femme aimée à un autre fils... Difficile de s'y reconnaître et de s'intéresser à un tel imbroglio ! Il faudrait tailler, couper, donner de l'épaisseur aux personnages principaux, mieux distribuer leurs interventions et...

— Trop tard, le temps t'est compté. Et tu dois apprendre à te plier aux exigences du métier.

Milan, le 26 décembre 1770

Au terme de la première représentation de *Mithridate, roi du Pont*[1], un spectateur s'écria : *Viva el Maestrino!* et les applaudissements fusèrent. Intronisé *signore cavaliere filarmonico*, Wolfgang passa un hiver heureux : vingt représentations de son opéra, un concert chez le comte von Firmian, et quelques jours de repos à Turin. Il écrivit une symphonie légère, la première d'une série de six[2] qu'il termina par une exclamation : « Fini, grâce à Dieu ! »

À l'issue de cette période épuisante, Wolfgang repensa à la question que lui avait posée son mystérieux ami. Était-il vraiment prêt à écrire pour lui-même, en se détachant de toute influence extérieure ?

La difficulté ressemblait à une montagne au sommet inviolable. Mais il ne renoncerait pas à la gravir.

Berlin, le 27 décembre 1770

Thamos n'assista pas à la première représentation de *Mithridate*, car une lettre de von Gebler lui demandait de se rendre à Berlin où les événements maçonniques se précipitaient. À l'Égyptien d'en apprécier l'importance et d'en déceler les éventuels aspects positifs pour l'avenir du Grand Magicien.

1. K. 87.
2. K. 74.

Thamos fut reçu par le baron Gottfried Van Swieten, nommé ambassadeur à la cour de Frédéric le Grand. Ce poste de premier plan lui permettait de rechercher les partitions d'un musicien oublié, Jean-Sébastien Bach, et de participer, avec une extrême discrétion, à la vie maçonnique.

— Que venez-vous faire à Berlin, comte de Thèbes ?
— Savoir ce qui s'y passe réellement.
— Aujourd'hui naît la Grande Loge maçonnique d'Allemagne.
— À votre avis, favorisera-t-elle l'épanouissement de la pensée initiatique ?
— Je n'y crois guère. Songez-vous à intervenir d'une manière ou d'une autre ?
— Pas encore.

Vienne, le 31 décembre 1770

Le temps glacial ne gênait pas Joseph Anton. Indifférent à la tempête de neige, il classait ses fiches lorsque Geytrand se présenta au rapport. Lui aussi amoureux de l'hiver, il redoutait l'été et la chaleur. Gros mangeur, jamais enrhumé, il prenait un immense plaisir à traquer sans relâche les Francs-Maçons.

— Une bonne et une mauvaise nouvelle, monsieur le comte.
— Commençons par la bonne.
— La Grande Loge maçonnique d'Allemagne vient de naître. Cette structure rigide facilitera l'identification et le contrôle des Francs-Maçons. L'empereur aime l'ordre et veut une organisation administrative bien structurée qu'il contrôlera aisément. Bien entendu, il a exclu des postes de direction les personnages douteux ou peu appréciés du pouvoir, comme le baron de Hund et

les partisans affichés de la Stricte Observance templière. Le grand vainqueur se nomme Zinnendorf, nommé Député Grand Maître. Il implantera davantage le Rite suédois, déjà pratiqué par plusieurs Loges allemandes.

— L'empereur apprécie-t-il ce Rite ?

— Il ne lui déplaît pas. Son successeur désigné, Frédéric-Guillaume II, éprouve une fascination pour la Rose-Croix d'Or. Il s'entoure d'un clan formé de Frères appartenant à cet Ordre et renforce le luthéranisme afin de combattre le rationalisme et le scientisme qui déferlent sur l'Europe. Les luttes d'influence seront rudes. Heureusement, Frédéric le Grand tient bon la barre et n'autorisera personne à s'égarer sur des chemins de traverse. La discipline prussienne n'est pas un vain mot... S'il fallait éliminer des gêneurs et des parasites, l'empereur n'hésiterait pas.

— Et la mauvaise nouvelle ?

— Hier a été ouverte à Vienne une nouvelle Loge[1].

— Quel Rite ?

— Stricte Observance templière.

— Te paraît-elle dangereuse ?

— Tous ses fondateurs sont fichés. Bons chrétiens, ils appartiennent à la petite noblesse et à la bourgeoisie aisée. Ils devraient se montrer respectueux de la loi et des autorités. Et puis, comme plusieurs autres, cette Loge ne vivra peut-être pas longtemps.

— Méfions-nous quand même. La restauration de l'Ordre du Temple reste d'actualité, et je ne veux pas voir cette folie se répandre en Autriche. Remplis une fiche détaillée sur chaque nouveau Frère et continue à développer notre réseau d'informateurs.

---

1. La Loge Les Trois Aigles.

29.

Milan, le 31 janvier 1771

Les fêtes de fin d'année offraient aux Mozart un agréable moment de détente. Bien sûr, ils souffraient d'être séparés d'Anna-Maria et de Nannerl, mais la chaleur de leurs hôtes milanais comblait en partie ce manque.

Si Leopold traînait un peu des pieds avant de reprendre la route de Salzbourg, ce n'était pas sans raison. Le petit succès de *Mithridate* avait attiré l'attention des mélomanes et prouvé à l'Italie que le jeune Salzbourgeois ne manquait pas de talent. En toute logique, on ne devait pas en rester là.

Les prévisions de Leopold se révélèrent exactes : Milan commanda un nouvel opéra à Wolfgang pour l'ouverture de la saison 1772-1773.

Tout à leur joie, le père et le fils pouvaient quitter l'Italie avec la certitude d'y revenir bientôt et d'y séduire un vaste public.

Venise, le 20 février 1771

Parvenus à la cité des Doges le 10 février, le Mardi gras, les Mozart avaient décidé de s'offrir plusieurs journées de festivités, de réceptions et de concerts... à écouter! Ils ne manquèrent pas de sacrifier aux déplacements en gondole. Les premières nuits, Wolfgang eut l'impression, en dormant, que son lit se balançait.

Alors qu'il profitait d'une petite gondole pour lui seul, l'adolescent chantonnait un air de son futur opéra.

— Léger et pétillant, observa le gondolier, dont Wolfgang reconnut aussitôt la voix.

— Vous... vous êtes installé à Venise?

— Comme toi, dit Thamos, je voyage beaucoup.

— Je n'ai pas oublié votre question, mais j'ai rarement une minute à moi! On m'accable de commandes, et mon père ne m'accorde guère de loisirs. Venise est une exception.

— Je ne te demandais pas une réponse rapide. Ne te laisse abuser ni par le succès ni par l'échec, et n'accorde aucune valeur aux bruits de ce monde. Tenter de le séduire ne te mènera nulle part, car ce n'est pas lui qui te créera. Et tu n'as pas encore vu le jour, Wolfgang.

— Je... je suis pourtant né à Salzbourg!

— Il s'agissait de ta naissance physique. Ensuite, tu es né à la musique, puis à la composition. En mourant à l'enfance, et bientôt à l'adolescence, tu naîtras à la condition d'homme. Et toutes ces étapes te conduiront peut-être à la naissance en esprit.

— Que voulez-vous dire?

— Nous arrivons. Ton père t'attend sur le quai.

Padoue, le 12 mars 1771

Après un grand concert à Venise le 5 mars, les Mozart avaient repris le chemin de Salzbourg. La noblesse de la cité des Doges s'était entichée de Wolfgang tout en détestant le père, considéré comme un perpétuel mécontent. Acariâtre, Leopold ne reviendrait jamais dans cette ville humide et prétentieuse.

Pendant la journée passée à Padoue, Wolfgang avait donné une série de petits concerts et reçu la commande d'un oratorio de carême. Le 17 mars, au lendemain d'une halte à Vérone, Leopold reçut d'excellentes nouvelles : contrat à l'appui, Milan confirmait sa demande d'un nouvel opéra, et la cour de Vienne désirait une œuvre à l'occasion du mariage de l'archiduc Ferdinand d'Autriche avec une princesse italienne.

Tout allait pour le mieux dans le meilleur des mondes.

Salzbourg, le 28 mars 1771

Anna-Maria se jeta au cou de son mari, absent depuis quinze mois, et embrassa tendrement Wolfgang. Devenue une petite femme, Nannerl se montra plus réservée. Au fond, son frère ne lui avait pas tellement manqué.

Wolfgang retrouva sans joie particulière la demeure familiale et sa chambre d'adolescent qui lui parut un peu étroite, après ses divers séjours dans de somptueux palais.

Le soir même, il revit son ami Anton Stadler et lui détailla son exploration de l'Italie.

— Te voilà Chevalier de l'Éperon d'or... Ce n'est pas rien !

— Je crains que si, conclut Wolfgang.

— Une si haute décoration, à ton âge ! Toute la principauté va se prosterner à tes pieds.

— Je crains que non.

— Et le pape, il t'a plu ?

— Trop compassé. On jurerait que les grands prélats avalent chaque jour une dose excessive de vanité.

— Évite de telles critiques à Salzbourg ! Tu pourrais t'attirer de sérieux ennuis.

— Rassure-toi, tu seras mon seul confident.

Sachant qu'il ne tarderait pas à revoir l'Italie, Wolfgang profita de cet intermède salzbourgeois pour composer de la musique d'église qu'apprécia le prince-archevêque, mais aussi des symphonies allègres, destinées à ses futurs concerts dans la péninsule.

Prague, avril 1771

Après avoir fermé les travaux de la Loge, Ignaz von Born invita le Frère visiteur, le comte de Thèbes, à découvrir sa bibliothèque.

Le visage allongé, un grand front, les yeux noirs et brillants, un léger sourire aux lèvres, le minéralogiste de vingt-neuf ans ne ressemblait pas aux autres Francs-Maçons que Thamos avait rencontrés. Cette fois, il percevait une authentique profondeur, un feu intérieur d'une rare intensité et une volonté ardente de vivre les Grands Mystères.

— Venez-vous vraiment d'Égypte ?

— Du monastère de l'abbé Hermès, le maître qui m'a tout appris.

Thamos lut les titres des volumes rassemblés par son hôte.

— Notre propre bibliothèque contenait ce savoir, et beaucoup plus encore. L'abbé Hermès avait reçu de ses prédécesseurs des manuscrits révélant la sagesse des initiés de l'ancienne Égypte.

Von Born enfonça ses doigts dans les paumes de ses mains pour s'assurer qu'il ne rêvait pas. Jamais il n'aurait espéré entendre une affirmation aussi nette, couronnement de longues années de recherche.

— Accepterez-vous de transmettre ces connaissances secrètes ?

— Telle est ma mission. D'après l'abbé Hermès, la tradition initiatique revivra ici, en Europe.

— La Franc-Maçonnerie ne serait-elle pas son canal ?

— L'un des canaux, rectifia Thamos, à condition que quelques Loges choisissent le chemin de l'initiation. À l'exemple de nos pères, il faudra formuler, transmettre et révéler sans trahir. Et puis il y a le Grand Magicien. Lui saura créer une expression nouvelle, capable d'engendrer un nouvel horizon.

— Un tel individu existe-t-il ?

— Il est âgé de quinze ans et s'appelle Wolfgang Mozart. En dépit d'une carrière d'enfant prodige admiré à Vienne, à Paris et à Londres, qui aurait pu le briser, il construit peu à peu sa véritable nature. Avant qu'il en prenne pleinement conscience et fasse de la Lumière le matériau majeur de son œuvre, la route sera encore longue. Sans lui, nous ne parviendrons qu'à de médiocres résultats. C'est pourquoi vous et moi nous consacrerons à l'épanouissement de Mozart qui rayonnera bien au-delà de son existence et de son époque.

La gravité du ton et l'ampleur de la prédiction impressionnèrent Ignaz von Born.

— De quelle manière puis-je vous aider ?

— Développez votre Loge de recherches à Prague, à l'aide des éléments du *Livre de Thot* que je vais vous confier. Approfondissez les rituels, éveillez les perceptions de vos Frères, orientez-les vers la connaissance. Tôt ou tard, vous vous rendrez à Vienne et y jouerez un rôle déterminant. Il vous revient de bâtir un temple où l'âme du Grand Magicien prendra son envol. De mon côté, je le protégerai en tentant d'écarter un maximum d'obstacles et de lui éviter des pièges mortels. Mais seuls les dieux et lui-même détiennent les clés de son destin.

Après le départ de Thamos, Ignaz von Born resta de longues heures immobile dans l'obscurité. Serait-il à la hauteur de ses nouveaux devoirs ?

30.

Salzbourg, le 24 juin 1771

En écrivant deux œuvres à l'occasion de cérémonies en l'honneur de la Vierge [1], Wolfgang avait éprouvé un véritable élan mystique, même si sa musique, parfois proche de l'opéra, s'éloignait sensiblement de la coutume. En ce jour de la Saint-Jean d'été, on exécutait sa nouvelle composition religieuse, un Offertoire pour quatre voix [2] où s'exprimait une touchante ferveur.

À la sortie de l'église, Jean-Baptiste, moine au couvent de Seeon, s'approcha du compositeur.

— Nous sommes amis, mon cher Wolfgang, et je tenais à te féliciter sincèrement. Comme je suis heureux de constater que tu restes un fidèle croyant, particulièrement attaché au culte de Marie ! Quelques mauvaises langues t'ont accusé de traiter certaines de tes messes à la légère, mais je n'en crois pas un mot. En revanche, trop d'opéras et de symphonies risquent de dénaturer ton inspiration.

— Ah... Pourquoi donc ?

— Parce que des musiques légères éloignent de Dieu.

1. K. 108 et 109.
2. K. 72.

— N'aimerait-il pas l'opéra ?

— Wolfgang ! Comment oses-tu poser pareille question ?

— Et toi, comment oses-tu tenter de m'embrigader et de restreindre ma liberté au nom d'une croyance ?

— Une croyance, une croyance... Mais c'est la religion, mon ami, la vérité !

— Retourne dans ton couvent. Moi, je compose un oratorio destiné à l'Italie.

Vexé, le moine tourna les talons.

Wolfgang songeait déjà au sujet tragique à mettre en musique pour Padoue. Encore un livret de l'illustre Métastase dont le jeune musicien jugeait la poésie plutôt médiocre. Un jugement qu'il devait garder secret.

À Wolfgang de magnifier la figure de Judith, victorieuse des Assyriens. Incarnation de la main de Dieu, elle tuait le tyran Holopherne et rapportait sa tête à Béthulie, libérant ainsi ce pays opprimé[1].

Milan, le 31 août 1771

Ravis d'entreprendre leur deuxième voyage en Italie, Leopold et Wolfgang étaient arrivés à Milan le 21. Le mariage de l'archiduc Ferdinand d'Autriche étant prévu mi-octobre, Wolfgang devait à nouveau gravir une montagne escarpée et accomplir un travail titanesque.

Aussi composait-il jour et nuit dans une vaste demeure remplie de musiciens qui accordaient leurs instruments, répétaient, déchiffraient et chantonnaient. Malgré un bruit continuel, Wolfgang parvenait à se

1. *Betulia liberata*, K. 118.

concentrer et ne rencontrait qu'un seul obstacle : la fatigue de ses doigts à force d'écrire.

Son unique divertissement consistait à converser par signes avec le fils de leur hôte, un sourd-muet. Les deux adolescents s'entendaient à merveille, et leur gaieté communicative détendait l'atmosphère.

Pourtant, Leopold demeurait inquiet. Il restait si peu de temps pour achever l'opéra ! Et lorsque Venise en commanda un à son tour, il fut contraint de décliner l'offre.

Son fils tenta de le réconforter.

— Je te promets d'être prêt à temps.

— J'ai confiance en toi, mais il y a les autres, tous les autres ! Et tellement d'incapables et de jaloux... Si le mal attaque les gens à la tête et au cul, ça devient très dangereux !

— Nous le vaincrons.

Milan, le 17 octobre 1771

La musique d'*Ascanio in Alba*[1] fut terminée le 23 septembre, les répétitions commencèrent le 28 et la première de cette « sérénade théâtrale » en deux actes eut lieu le jour prévu, celui du mariage de l'archiduc Ferdinand d'Autriche avec Maria Beatrice Ricciardia d'Este de Modène.

Une fois de plus, Wolfgang faisait un miracle. À chaque nouvel exploit, Leopold s'étonnait des capacités créatrices de son fils. Jusqu'où repousserait-il ses limites ?

L'auteur du livret, Giuseppe Parini, avait produit l'un de ces textes alambiqués avec lesquels le musicien

1. K. 111.

bataillait ferme. La déesse Vénus voulait que son fils, Ascanio, épousât Silvia. Mariage aisé ? Non, car il fallait une mise à l'épreuve. Alors, Cupidon emmenait Silvia auprès d'Ascanio qu'elle ne connaissait pas et dont on ne lui révélait pas le nom.

Aussitôt, elle tombait amoureuse. Malheureusement, la jeune femme se voyait promise à un certain... Ascanio ! Fidèle à son amour naissant, elle jurait de repousser cet inconnu. Et voilà l'épreuve réussie ! Ascanio épousait Silvia sous la protection de Vénus.

Les spectateurs du Teatro Regio ducal de Milan firent un triomphe à la musique du *maestrino* venu d'Allemagne. Le plus enthousiaste fut l'archiduc Ferdinand, qui applaudit à tout rompre et fut le premier à féliciter le jeune compositeur et son père.

— Monsieur Mozart, votre fils aura une grande carrière ! Je vais écrire une lettre à ma mère, l'impératrice, afin qu'elle lui accorde un poste permanent à la cour de Vienne.

Aucune déclaration ne pouvait être plus douce à l'oreille de Leopold.

Milan, le 2 novembre 1771

Après avoir terminé une symphonie en *fa* majeur[1], Wolfgang écrivit à sa sœur : *C'est aujourd'hui qu'on donne* Ruggiero, *l'opéra de Hasse ; mais comme papa ne sort pas, je ne puis y aller. Heureusement que je sais tous les airs par cœur ; je puis ainsi, à la maison, tout entendre et tout voir.*

Leopold sortait peu, car il rongeait son frein en attendant, avec une impatience croissante, la réponse de

---

1. K. 112.

l'impératrice. Grâce à ce premier grand succès et à l'appui de l'archiduc, il allait atteindre le but qu'il se fixait depuis si longtemps : obtenir pour Wolfgang, à Vienne, un poste stable et bien payé.

Tournant comme un ours en cage, Leopold se rendit à plusieurs reprises au palais de l'archiduc afin de savoir si la lettre de Marie-Thérèse était enfin arrivée.

En rentrant, déçu une fois de plus, il trouva son fils en train de jouer de la clarinette.

— À quoi te servira-t-elle ? Nous n'en utilisons jamais, à Salzbourg !

— Elle figurera dans un divertimento [1] que m'a commandé un amateur de cet instrument.

Vu la somme remise, Leopold ne s'insurgea pas davantage. Et Wolfgang devait s'occuper l'esprit pendant cette interminable attente.

En offrant cette superbe clarinette au Grand Magicien, Thamos avait souligné son importance en vue des œuvres futures. La profondeur de son chant n'exprimerait-elle pas les mystères de l'âme, avec chaleur et solennité ? Rempli de mélodies, un univers s'ouvrait.

Milan, le 30 novembre 1771

Leopold était d'une humeur massacrante. Malgré une pluie glaciale, il tenait à emmener Wolfgang chez l'archiduc pour mieux défendre sa cause. En traversant la place du Dôme, ils virent pendre quatre bandits. Se rappelant la mésaventure de Paris, Leopold pressa le pas.

Le secrétaire particulier de l'archiduc consentit à les recevoir.

1. K. 113.

— Désolé, monsieur Mozart, Son Altesse est absente.
— A-t-elle laissé un message à mon intention ?
— Aucun message.

L'archiduc Ferdinand fuyait les Mozart. Puisque la réponse de Vienne n'arrivait pas et n'arriverait peut-être jamais, demeurer plus longtemps à Milan devenait inutile.

— Nous rentrons à Salzbourg, décida Leopold.

31.

Milan, le 12 décembre 1771

L'archiduc Ferdinand d'Autriche se réjouissait du départ des Mozart. Il appréciait beaucoup le talent du fils mais ne supportait pas le mauvais caractère et l'obstination du père. Et il n'était pas responsable, si la réponse de sa mère tardait tant ! L'impératrice avait d'autres soucis que l'engagement d'un musicien.

Enfin, la décision de Marie-Thérèse arriva. En la lisant, l'archiduc pâlit : « Vous me demandez de prendre à votre service le jeune Salzbourgeois. Je ne sais comme quoi, ne croyant pas que vous ayez besoin d'un compositeur ou de gens inutiles... Cela avilit le service quand ces gens courent le monde comme des gueux ! Mozart a en outre une grande famille. »

À l'évidence, du vivant de l'impératrice, Wolfgang ne serait jamais engagé à la cour de Vienne.

Ferdinand appela son secrétaire.

— Fais prévenir Leopold Mozart que Sa Majesté ne recrute plus de musiciens. Elle est satisfaite de son personnel et n'a pas l'intention de l'augmenter.

Salzbourg, le 16 décembre 1771

L'humeur de Leopold ne s'améliorait pas. Échouer si près du but... Car il n'en doutait plus, la décision de l'impératrice serait forcément négative, à supposer qu'elle prît même la peine de répondre ! Et ce n'était pas son mondain de fils qui oserait la contrarier en se battant pour un petit musicien salzbourgeois.

Tant d'efforts réduits à néant ! En dépit du succès d'*Ascanio in Alba*, le bilan de ce deuxième séjour italien se révélait décevant. À quoi servaient les applaudissements du public s'ils ne se traduisaient pas par une situation stable ?

Restait Salzbourg. Le bon prince-archevêque offrirait bien à Wolfgang un emploi salarié si ce dernier consentait à ne plus quitter la ville...

En franchissant le seuil de son appartement, Leopold perçut aussitôt la lourdeur de l'atmosphère.

Un mouchoir à la main, les yeux rougis, Anna-Maria ne se précipita pas au cou de son mari et demeura tassée sur un fauteuil. À côté d'elle, Nannerl semblait aussi abattue.

— Que se passe-t-il ?
— Notre bon prince-archevêque est mourant, lui qui devait célébrer ses cinquante années de prêtrise le 10 janvier prochain, lors d'une grande fête ! Comme le destin est injuste... Tout Salzbourg pleure.

Leopold courut au palais.

Sigismund von Schrattenbach venait de quitter cette vallée de larmes pour comparaître devant son créateur.

Affligé, Leopold voyait l'avenir s'assombrir. Avec ce prélat aimable et conciliant, il était toujours possible de s'arranger. Qu'en serait-il avec son successeur ? Et puis il y avait *Le Songe de Scipion*, préparé par Wolfgang à l'intention du prince-archevêque. Il faudrait modifier la dédicace et peut-être l'œuvre elle-même, en fonction des goûts du nouveau maître de Salzbourg.

Dans les couloirs circulait le nom du comte Hieronymus Colloredo. Vu l'allongement des visages et les regards de chiens battus, le personnel regrettait déjà von Schrattenbach.

Vienne, le 30 décembre 1771

— Création d'une nouvelle Loge[1] à Vienne, annonça Geytrand à Joseph Anton.
— Responsable ?
— Barriochi, un marchand de soieries.
— Quel Rite ?
— Rose-Croix d'Or. Les mystiques lancent une offensive sur Vienne, mais leurs chances de succès sont minces. Bien des Francs-Maçons les détestent, et le recrutement ne sera pas facile.
— Disposons-nous de bons informateurs ?
— Pas encore, mais ça ne saurait tarder. Il y aura forcément des déçus à la langue bien pendue.
— Fais surveiller le local en permanence. Je veux le nom de tous les Frères qui participeront aux travaux de cette Loge.

Salzbourg, janvier 1772

Dehors, il neigeait. Chez les Mozart, il faisait triste. Malade, Wolfgang ne composait plus depuis qu'il avait

1. La Loge Aux Trois Sœurs.

terminé une petite symphonie en *la* majeur[1]. À cause de la fièvre, même Anton Stadler n'était pas autorisé à voir son ami.

Leopold savait que la cour de Vienne restait fermée à Wolfgang. Et la situation, à Salzbourg, l'inquiétait au plus haut point. Colloredo lui accorderait-il une promotion à l'ancienneté ou bien le licencierait-il ? Quel sort réserverait-il à Wolfgang ? Le nouveau prince-archevêque permettrait-il à ses musiciens de voyager ?

Pour obtenir des réponses, il fallait attendre l'élection, fixée au 14 mars. Les Salzbourgeois n'aimaient guère le comte Hieronymus Colloredo, car sa famille était inféodée aux Habsbourg. Sous son règne, la principauté risquait de perdre une grande partie de son autonomie et dépendrait davantage de Vienne. Peut-être ce handicap serait-il insurmontable. En ce cas, qui s'emparerait du pouvoir ?

Peu après son seizième anniversaire, la santé de Wolfgang s'améliora. Il composa une petite sonate à quatre mains[2] qu'il joua avec Nannerl, puis des sonates d'église, des *divertimenti* pour quatuor à cordes[3] et des symphonies qui seraient exécutées à Milan, lors du prochain voyage.

Sous la houlette de Leopold, très attentif au classicisme absolu et au bon goût des mélodies, l'adolescent travailla au *Songe de Scipion*, le cadeau qu'offriraient les Mozart au nouveau prince-archevêque.

Salzbourg, le 14 mars 1772

— Une décision a-t-elle été prise ? demanda Leopold à l'un de ses collègues.

1. K. 114.
2. K. 381.
3. K. 136, 137, 138.

— Toujours pas. Déjà cinq tours de scrutin, et l'on continue. Il faut avouer que le comte Colloredo ne fait pas l'unanimité : hautain, méprisant, autoritaire, sûr de lui, soumis aux Habsbourg... de quoi se faire détester par la totalité des Salzbourgeois ! Malheureusement, il a éliminé ses concurrents, et personne n'ose s'opposer à lui. En plus, il proclame son plein accord avec les projets de réforme de Joseph II, parmi lesquels de sévères mesures d'économie. Nous autres, les musiciens, sommes directement concernés !

Des brûlures déchirèrent l'estomac de Leopold. Il se vit à la rue, obligé de quitter son appartement et de lutter contre la misère.

Soudain, de l'agitation. On se pressait à la porte de la salle du conseil qui venait enfin de s'ouvrir.

Pénétré de son importance, le porte-parole attendit un silence complet avant de révéler le résultat du vote.

— À l'issue de plusieurs tours de scrutin, Hieronymus Franz de Paula, comte de Colloredo, a été élu prince-archevêque de Salzbourg.

32.

Salzbourg, le 18 mars 1772

Anna-Maria relut la première page du *Salzburger Intelligenzblatt*, le journal officiel relatant, chaque mercredi, les événements majeurs de la cour. Elle était consacrée à la difficile élection de Colloredo, dont l'intronisation aurait lieu à la fin du mois d'avril.

— Ce nouveau prince-archevêque nous sera-t-il favorable ? s'inquiéta-t-elle.

— Un admirateur de ce chien haineux de Voltaire et de cet imbécile de Rousseau... Nous avons tout à craindre.

— Si tu perds ton emploi, que deviendrons-nous ?

— Prions le Seigneur de nous protéger.

Dès avant sa prise de pouvoir, Colloredo procéda à la réorganisation des divers services de sa cour, notamment de son corps de musiciens.

Et Leopold fut convié au palais afin de connaître son affectation. En raison de sa notoriété locale, du succès de sa méthode d'apprentissage du violon et de ses excellents états de service, il méritait le poste de maître de chapelle. Selon certaines rumeurs, ses partisans auraient réussi à persuader Colloredo de le lui accorder.

Tous les musiciens de la cour étaient réunis dans la salle de concert du palais. Nerveux, ils attendirent plus d'une heure l'apparition du porte-parole du prince-archevêque.

— Son Éminence nomme maître de chapelle l'Italien Fischietti, un artiste au style excellent. Leopold Mozart est confirmé dans sa fonction de vice-maître de chapelle. Pour des raisons d'économie, l'Opéra sera fermé et la longueur des messes réduite de moitié. Néanmoins, la qualité de la production musicale devra être maintenue. Le prince-archevêque attend de vous rigueur et dévouement. Messieurs, au travail.

Salzbourg, le 29 avril 1772

À la fois déçu de ne pas avoir obtenu une promotion et rassuré de conserver son poste, Leopold se faisait une raison. Au moins, Salzbourg demeurait un solide point d'ancrage auquel Wolfgang, lui aussi, finirait par se raccrocher.

Conformément aux instructions de son père, il avait composé des Litanies [1] très conventionnelles exigeant beaucoup de corrections avant d'être présentées au prince-archevêque.

La première œuvre du fils de Leopold entendue par Colloredo n'avait suscité ni réaction négative ni intérêt particulier. Amateur de style italien, le maître de Salzbourg comptait remodeler le goût de sa chapelle et obtenir une totale obéissance.

Depuis le début du mois d'avril, plusieurs académies [2], de dix-sept à vingt-trois heures, permettaient aux

1. K. 125.
2. Le nom donné aux concerts.

notables d'écouter du Jean-Chrétien Bach, du Sammartini et d'autres compositeurs légers et mondains.

Et ce 29 avril, date de son intronisation, était son jour de gloire. Hieronymus Colloredo accédait au pouvoir et rectifierait les erreurs de ses prédécesseurs, beaucoup trop laxistes. En dépit de sa volonté de contrôler les dépenses, il s'offrit une cérémonie somptueuse où il apparut en habit d'apparat.

Le Songe de Scipion[1], sérénade dramatique en un acte et douze numéros, du jeune Mozart sur un livret de Métastase, ne l'intéressa guère. Aussi l'œuvrette ne serait-elle jamais représentée, bien que le récit fût digne d'intérêt.

Scipion voyait en rêve deux déesses, Constance et Fortune. Elles exigeaient qu'il choisît l'une des deux pour le protéger. Désireux de bien réfléchir, il se faisait transporter au ciel, parmi ses ancêtres. Et le choix s'imposait : en revenant sur terre, il demanderait à la plus belle des déesses, Constance, de veiller sur lui tout en oubliant la fureur de Fortune.

Leopold se garda de formuler la moindre protestation contre la décision de son auguste patron. Quant à Wolfgang, tel Scipion, il surmonta la mauvaise fortune pour continuer à vivre la constance de son inspiration. En mai et en juin naquirent trois symphonies[2], un brillant *Regina coeli*[3] dont le style se rapprochait de l'opéra et un divertimento[4] nourri de nouvelles combinaisons instrumentales qui ne choquèrent pas le prince-archevêque.

L'adolescent songeait souvent à ses trop brèves ren-

---

1. K. 126.
2. K. 128, 129, 130.
3. K. 127.
4. K. 131.

contres avec l'envoyé de l'au-delà. Chacune de ses paroles comptait davantage que des centaines d'heures de sermons, mais il ne parvenait pas encore à les prolonger en musique.

Jamais il ne renoncerait.

Kohlo, le 4 juin 1772

Ce fut à Kohlo, à proximité de Pfoerdten, que se tint un convent décisif pour l'avenir de la Stricte Observance templière. Le baron Charles de Hund aurait volontiers évité l'épreuve, mais les hauts dignitaires de l'Ordre exigeaient cette réunion afin d'éclaircir plusieurs points obscurs.

La fronde émanait d'un aristocrate féru de sciences secrètes, le duc Ferdinand de Brunswick, vainqueur de la bataille de Minden[1].

Une crise grave menaçait d'éclater et de détruire l'édifice.

Entre deux séances de discussions fort animées, Charles de Hund et Ferdinand de Brunswick se promenèrent dans le grand parc, à l'ombre des chênes.

— Étant donné les difficultés financières persistantes, indiqua le duc Ferdinand, nous sommes obligés d'augmenter les cotisations des Loges et celles des Frères. Leur principal motif de mécontentement concerne l'origine de votre autorité maçonnique. On doit admettre, mon cher Frère, que vous vous êtes désigné vous-même comme chef de l'Ordre. En raison de son expansion, il convient de procéder à une élection en bonne et due forme.

— Moi seul ai rencontré un Supérieur inconnu, venu d'Égypte !

---

1. Son nom de Chevalier était *Eques a victoria*.

— Cet argument ne vous avantage pas, au contraire ! Nos Chevaliers ne veulent plus être dirigés par de mystérieux personnages que personne ne peut voir. Ils préfèrent une personnalité publique, honorablement connue, dont la réputation rejaillira sur celle de l'Ordre.

— Vous-même, je suppose ?

— Je suis prêt à me dévouer sans compter pour assurer le développement et la fortune de la Stricte Observance templière, affirma le duc de Brunswick.

De Hund se racla la gorge. Ce guerrier arrogant voulait lui voler son enfant, l'Ordre qu'il avait conçu, créé et développé !

33.

Vienne, juillet 1772

— La Stricte Observance templière prend un nouvel élan, annonça Geytrand à son supérieur. Les Chevaliers viennent de porter au pouvoir le duc Ferdinand de Brunswick, un illustre personnage à la réputation sans tache.

— Avec l'accord du baron de Hund ? s'étonna Joseph Anton.

— Mis au banc des accusés, il a avalé toutes les couleuvres pour conserver son titre de Grand Maître provincial. De Hund est fini, plus personne ne l'écoutera.

— À moins qu'il ne se rebelle et ne fomente un complot contre le duc !

— Un trop gros morceau.

Anton admit qu'un aristocrate d'une telle dimension donnait à la Stricte Observance une assise inespérée.

— Brunswick a obtenu ce qu'il voulait, reprit Geytrand, mais saura-t-il se servir de l'instrument qu'il a dérobé à son cher Frère ? D'après mes informateurs, les Templiers sont divisés sur la marche à suivre ! La branche cléricale prône les sciences occultes et la mystique, la branche chevaleresque désire faire fortune et restaurer la puissance temporelle de l'Ordre du Temple. Quelle folie !

— Méfions-nous quand même, préconisa Joseph Anton. De Hund n'était qu'un rêveur, Brunswick est un homme d'action. Il faudra surveiller de très près le développement de la Stricte Observance en Autriche et intervenir si nécessaire.

Geytrand se régalait à l'avance.

Salzbourg, le 15 août 1772

Après avoir terminé trois petites symphonies [1], Wolfgang jouait aux quilles avec son ami Anton Stadler.

Rapide et précis, Wolfgang gagna nettement la partie.

— Tu as retrouvé une drôle de santé ! Mais tu n'es sûrement pas conscient du grave événement qui s'est produit à notre insu.

— Tu m'intrigues... De quoi s'agit-il ?

— Tu veux vraiment savoir ?

— Ne me fais pas languir !

Anton Stadler prit un air solennel.

— J'ai dix-neuf ans, et toi seize. Nous ne sommes plus des enfants, mais bel et bien des jeunes hommes. Il convient donc de nous affirmer et de ne plus nous comporter comme des petits garçons, surtout face aux...

Le discours de Stadler fut interrompu par l'irruption de Leopold.

— Excellente nouvelle ! clama-t-il. Le prince-archevêque nomme Wolfgang maître de concert de la chapelle de la cour avec des appointements de cent cinquante florins.

1. K. 132, 133, 134.

Le titre était aussi modeste que la rémunération, mais l'on fêta néanmoins ce premier emploi salarié autour d'un des succulents repas dont la cuisinière des Mozart avait le secret.

Wolfgang reçut un étrange cadeau, trois petits poèmes intitulés *La Généreuse Résignation, Secret Amour* et *Le Bonheur des humbles,* qu'il mit aussitôt en musique [1], tout en réfléchissant au message que lui transmettait ainsi son mystérieux protecteur.

Accepter son destin, se résigner sans se dessécher, n'éprouver ni rancune ni envie, continuer à se montrer généreux quelles que soient les circonstances : une telle règle de vie impliquait un détachement et une libération de soi-même dont le jeune homme ne s'estimait pas encore capable. Garder secret son amour de la vérité et de l'absolu, comprendre que cet amour était le véritable secret, tenter de le vivre comme la principale force de création : chaque jour, Wolfgang progressait dans cette direction, sans certitude d'atteindre son but. Le bonheur qu'offrait l'humilité, le véritable orgueil qui consistait à prendre conscience de son authenticité... Travail perpétuel, jalonné de multiples échecs.

En si peu de mots, Thamos venait d'ouvrir au Grand Magicien les portes de sa vie d'homme.

Alt-Sedlitsch, septembre 1772

En raison de sa santé précaire, Ignaz von Born ne pouvait plus descendre dans les mines. Aussi avait-il démissionné pour s'installer dans une petite localité de Bohême afin de rédiger un catalogue raisonné de son exceptionnelle collection de fossiles. Au cœur de sa

---

1. K. 149, 150, 151.

modeste demeure était aménagé un minuscule laboratoire d'alchimie où il poursuivait patiemment ses expériences à partir des textes que lui avait remis Thamos.

Reconnu comme scientifique de haut niveau, von Born était devenu membre des Académies de Sienne, de Padoue et de Stockholm. Ces distinctions ne lui rapportaient aucun avantage matériel et, privé de rémunérations régulières, il devait envisager la vente de sa collection.

Ce fut un spécialiste anglais, appartenant à la Royal Society, qui le contacta le premier. Contraint, à regret, de se séparer de son trésor, von Born retrouvait, au moins pour quelque temps, une indispensable indépendance financière. Il assumerait ainsi ses frais de voyage et entretiendrait la flamme de sa Loge praguoise sans négliger la recherche d'autres Frères désireux de vivre une véritable initiation.

Salzbourg, le 24 octobre 1772

— En route, Wolfgang. La voiture nous attend.

L'adolescent traînait des pieds.

— N'aurais-tu pas envie de revoir l'Italie ?

— Si, bien sûr que si !

— On ne le dirait pas. Allons, dépêche-toi.

Quelques jours plus tôt, Leopold était ressorti soulagé du palais de Colloredo. Le prince-archevêque autorisait ses deux employés à quitter Salzbourg pour un bref séjour à Milan, afin d'y honorer une commande d'opéra. Puisqu'il s'agissait de l'Italie, le jeune Mozart y apprendrait le meilleur des styles musicaux dont il réjouirait ensuite la cour de Salzbourg.

Dès le premier tour de roue, Wolfgang, triste et renfermé, songeait à l'envoyé de l'autre monde et à ses recommandations. Aussi se mit-il à la composition d'un quatuor en *ré* majeur [1], achevé le 28 octobre, à la halte de Botzen.

« Encore un quatuor, ronchonna Leopold. Espérons que celui-là plaira aux Milanais. » Souci secondaire en regard de la commande du Teatro Regio ducal qui attendait un coup d'éclat du jeune compositeur allemand.

Par bonheur, Wolfgang avait déjà terminé les récitatifs de *Lucio Silla* [2] sur un livret de Giovanni de Gamerra [3], poète à la cour de Vienne. Restaient les arias et les ensembles, autrement dit un énorme travail !

L'histoire impressionnait Wolfgang, à cause de l'omniprésence de la mort. Tyran haï et cruel, Silla voulait épouser la belle Giunia, amoureuse de Cecilio, un sénateur proscrit. Malgré le danger, elle le repoussait. Un seul amour animait son cœur.

Alors, le tyran décidait de supprimer son rival. Cecilio, revenu à Rome en secret, prenait la tête d'une conspiration en compagnie de sa bien-aimée. Tous deux tueraient Silla et libéreraient le peuple de la tyrannie.

Mais le complot échouait. Silla annonçait son prochain mariage avec Giunia, désespérée au point de clamer que ce monstre projetait d'assassiner Cecilio. La grandeur d'âme et la constance de la jeune femme bouleversaient Silla. Changeant radicalement d'attitude, il pardonnait à ses ennemis et renonçait à régner.

Naguère condamnés à mort à cause de leur fidélité, Giunia et Cecilio se voyaient graciés *in extremis* et connaissaient un parfait bonheur.

---

1. K. 155.
2. K. 135.
3. Il sera l'auteur de la première traduction italienne de *La Flûte enchantée*.

Lors de l'arrivée à Milan, la mauvaise nouvelle assomma Wolfgang : les récitatifs avaient été modifiés sans qu'on lui demande son avis ! Le travail accompli à Salzbourg ne servait donc à rien. Il lui fallait composer un opéra entier avant le 26 décembre.

34.

Milan, le 26 décembre 1772

Wolfgang était épuisé, au point de ne plus savoir ce qu'il écrivait. Les dernières notes de *Lucio Silla* posées sur la partition le 18 décembre, les répétitions avaient débuté dès le lendemain. En cette glaciale soirée du 26, on donnait la première.

Le musicien appréciait certaines parties du livret, comme la dernière aria de l'héroïne, Giunia, composée dans la tonalité tragique d'*ut* mineur. Elle exprimait la douleur devant l'injustice, la passion de vivre mêlée à l'angoisse de la mort, la profondeur d'une âme plus attachée à son idéal qu'à sa propre existence.

Les temps forts de l'œuvre contrastaient avec les passages du texte trop faibles pour intéresser le créateur, qui se servit des voix comme de véritables instruments. Conscient de n'exploiter qu'une infime partie de leurs possibilités, il se promit de pousser plus avant son exploration.

— La musique de mon fils n'est-elle pas remarquable ? demanda Leopold au directeur du théâtre.

— Quelques jolis airs de bravoure, une ornementation fleurie, une incontestable richesse orchestrale... Mais je vous avoue, monsieur Mozart, que les chanteurs, le public et moi-même sommes un peu déconcertés. Votre fils s'est montré trop tragique. Avant tout, un opéra doit plaire et distraire.

La deuxième représentation de *Lucio Silla* frisa la catastrophe : multiples incidents de mise en scène, chanteurs médiocres ou angoissés, assistance houleuse et lassée d'avoir trop attendu le début de la représentation.

Alors que Leopold évoquait un énorme succès dans ses lettres envoyées à Salzbourg, Wolfgang subissait un échec cruel. Son premier opéra ne resterait pas au répertoire du Teatro Regio ducal de Milan et sombrerait vite dans l'oubli.

Le jeune homme composa un poignant adagio en *mi* mineur pour quatuor à cordes, sa forme préférée de méditation et d'approfondissement.

Soudain, sa plume resta suspendue en l'air. Quelqu'un venait d'entrer dans sa chambre.

— Qui est là ?

Wolfgang se leva.

Personne.

Attentif, il ressentit sa présence. Son ami de l'autre monde lui murmurait à l'oreille : « Continue ainsi, oublie la critique, construis-toi toi-même. »

Milan, le 17 janvier 1773

Leopold se demandait si la création d'un motet de Wolfgang, à l'église des Théatins[1], serait appréciée. Pourtant agréables, ses trois derniers quatuors[2] comportaient trop de mouvements lents et de tonalités sombres. Pas de quoi séduire un vaste auditoire !

---

1. Congrégation de clercs fondée à Rome en 1524.
2. K. 156, 157, 158.

La veille, Leopold avait écrit une lettre rassurante à son épouse. Redoutant l'intervention de la censure autrichienne qui ouvrait la plupart des missives, il utilisait un langage codé.

En fait, tout allait mal. Milan devenait un cul-de-sac, sa cour ne s'intéressait pas à Wolfgang, et le style de *Lucio Silla* n'incitait pas le théâtre à lui commander une nouvelle œuvre.

La Toscane se montrerait-elle plus accueillante et les démarches de Leopold porteraient-elles leurs fruits ?

Écrit à l'intention du castrat Rauzzini, «*primo* qui n'était pas *uomo*», le motet *Exsultate, Jubilate*[1] transporta l'auditoire dans un climat d'allégresse au cœur du ciel joyeux des anges. Leopold en oublia ses soucis et se sentit rajeuni. Son fils aurait-il le don d'apaiser les âmes ?

Milan, le 27 février 1773

Alors que Wolfgang composait de nouveaux quatuors acceptables[2], la mauvaise nouvelle arriva.

Plus aucun espoir du côté de Florence et de la Toscane. Cette fois, inutile de se leurrer. En Italie, Wolfgang n'était plus personne. D'autres compositeurs à la mode occupaient le devant de la scène.

— Mon fils, il faut rentrer à Salzbourg. Ici, l'horizon se bouche.

— Accorde-moi deux ou trois jours.

— Pour quel motif ?

— La commande d'un aristocrate qui souhaite un *divertimento*[3] à jouer en plein air.

1. K. 165.
2. K. 159 et 160.
3. K. 186.

— Bien payée ?

— Surtout, une belle occasion d'innover ! Je vais écrire pour un orchestre uniquement formé d'instruments à vent. Passionnant, n'est-ce pas ?

— Si ça t'amuse... Mais fais vite !

En exécutant la commande du comte de Thèbes, Wolfgang formula de manière allègre ses adieux à l'Italie.

Salzbourg, le 13 mars 1773

Heureux de retrouver sa femme, sa fille et une existence tranquille, Leopold ressentait pourtant une profonde amertume. Tant de voyages, tant d'efforts, tant de travail pour revenir au point de départ !

Son fils ne manquait pas de talent, mais les quelques succès obtenus ici et là ne suffisaient pas à l'imposer comme un grand compositeur auquel une cour aurait accordé un poste fixe et bien payé. Ni Munich, ni Londres, ni Paris, ni Vienne n'avaient engagé Wolfgang. Restait Salzbourg, toujours Salzbourg ! Après tout, pourquoi pas ?

Sans s'avouer définitivement vaincu, Leopold commençait à penser qu'on ne forçait pas le destin. L'essentiel ne consistait-il pas à gagner sa vie, à se comporter en honnête homme et à mener une existence convenable sous le regard de Dieu ?

Le rêve de gloire se dissipait. À plusieurs reprises, Wolfgang en avait respiré le parfum. Aujourd'hui, à dix-sept ans, il devenait un homme et devait acquérir le sens des responsabilités en suivant les traces de son père. Quoi de déshonorant à servir un prince-archevêque, une noblesse éclairée et des bourgeois épris de jolie musique ?

Leopold s'inquiétait des accès de gravité de son fils qui transparaissaient dans ses dernières compositions. Crise d'adolescence bien compréhensible, appelée à disparaître au sein d'une famille équilibrée.

— Comment se comporte Colloredo ? demanda Leopold à son épouse.

— En véritable tyran ! Il contrôle tout, exige que ses ordres soient exécutés sans délai et ne supporte pas la moindre insubordination. Notre nouveau prince-archevêque est de plus en plus impopulaire, mais nous sommes ses sujets. Chacun regrette son prédécesseur, si humain et si charitable !

Leopold avait eu raison de rentrer à Salzbourg. Ce Colloredo était capable de licencier son vice-maître de chapelle si, en dépit de son ancienneté, il ne lui donnait pas pleine et entière satisfaction. Quant à Wolfgang, il éviterait toute manifestation d'humeur et satisferait les désirs de son auguste patron.

35.

Salzbourg, fin mars 1773

— À toi de jouer, dit Anton Stadler, tendu.
Si Wolfgang manquait ce coup-là, il perdait la partie et invitait son ami à dîner.

Le jeune homme fixa la cible du tir à carreaux, représentant une jeune femme qui offrait un bâton de pèlerin à un voyageur tenant un chapeau à la main. L'habileté suprême consistait à planter la fléchette dans le chapeau.

Wolfgang plissa les yeux et lança.

— Encore gagné ! déplora Stadler. Quel est ton secret ?

— Je conçois une mélodie, et mon bras se relâche.

— Je vais essayer.

La tentative se solda par un échec sévère, puisque la fléchette de Stadler rata le chapeau et piqua la jambe de la jeune fille.

— Tu deviens dangereux, observa Wolfgang. Retourne à ta clarinette et continue à te perfectionner. Ensuite, nous dînerons quand même ensemble.

Le compositeur s'aperçut qu'il manquait de papier à musique. Se vêtant d'un épais manteau, il courut chez le marchand.

Devant la porte de la boutique, Thamos.
— Habitez-vous près d'ici ?
— Je voyage beaucoup.
— Un jour, me direz-vous votre nom ?
— Ce jour approche. En attendant, tu devrais changer de format de papier et en choisir un plus petit, de forme oblongue. Ta plume courra mieux et ta première œuvre, grâce à ce nouveau matériau, te révélera un nouveau paysage.

L'envoyé de l'autre monde ne se trompait pas.

Un chant impétueux et sombre, aux résonances tragiques, ouvrit sa nouvelle symphonie. La tension se relâcha au fur et à mesure du déroulement de l'œuvre, mais son élan initial marqua profondément le musicien, capable d'exprimer avec précision une pensée bien différente de l'italianisme gracieux de ses *divertimenti*, sonates et autres symphonies composés pour la cour et la bonne société salzbourgeoises[1].

Thamos éveillait en lui un nouvel être musical qu'il apprendrait à nourrir et à faire croître.

Paris, le 7 avril 1773

« Enfin un peu d'ordre dans le fatras maçonnique français ! » pensa Philippe, duc de Chartres, nommé Grand Maître d'une nouvelle structure, le Grand Orient de France, appelé à régner sur la totalité des Loges.

Priorité était accordée à la hiérarchie administrative,

---

1. K. 184. Lors de l'expédition Orénoque-Amazone, Alain Gheerbrant fit entendre cette symphonie aux « sauvages » dont l'hostilité disparut à l'écoute d'une musique qui ne leur parut pas étrangère. Voir *Le Mystère Mozart*, p. 5.

fort peu préoccupée d'initiation et de symbolique. Au pays de Descartes et de Voltaire, il fallait que toute chose fût définie, encadrée et contrôlée. Désormais, la Franc-Maçonnerie française aurait une voix officielle, respectueuse du pouvoir en place et des valeurs qu'il imposait à la société.

Sous le discours officiel se cachaient d'autres propos, confinés au cœur des Loges et encore minoritaires. S'inspirant des Encyclopédistes, de Rousseau, de Voltaire et d'autres penseurs moins célèbres, certains Frères parlaient d'une nécessaire liberté de l'individu, d'une fraternité entre tous les humains et, surtout, d'une égalité qui mettrait fin aux privilèges de la noblesse et du clergé. Excluant religiosité et mysticisme, les rationalistes s'imposaient peu à peu.

L'une des premières mesures de l'administration du Grand Orient consista à supprimer l'élection à vie du Vénérable, le Maître de la Loge, pour la rendre annuelle. Les Frères pratiqueraient dans leurs temples une démocratie qui n'existait pas à l'extérieur. Ne deviendraient-ils pas ainsi l'un des éléments d'une indispensable révolution ?

Salzbourg, juin 1773

Le prince-archevêque Hieronymus Colloredo avait apprécié, quelques semaines auparavant, le joli *concertone* pour deux violons, hautbois et violoncelle [1] de Wolfgang Mozart, l'une de ces productions galantes, vite oubliées, dont le prélat raffolait.

Aujourd'hui, l'épreuve était plus difficile. Très attentif, Colloredo voulait vérifier par lui-même que ses

1. K. 190.

consignes étaient suivies à la lettre. Un musicien ne devait pas oublier qu'il faisait partie de la domesticité.

Le prince-archevêque dressa l'oreille : des timbales et des trompettes, conformément à ses exigences.

Parfait. Puis il regarda sa montre à plusieurs reprises. La messe solennelle de la Trinité [1], dans le ton joyeux d'*ut* majeur, ne dépassait pas les quarante-cinq minutes désormais imposées à ce genre d'œuvre. Cet impératif réduisait l'activité des musiciens salzbourgeois et leurs revenus. À l'exemple de l'empereur Joseph II, Colloredo se souciait d'économies et de rigueur budgétaire. De la musique agréable, oui ; des dépenses inutiles, non. En trois quarts d'heure, une bonne messe était dite.

Ratisbonne, juin 1773

Joseph Anton faisait les cent pas dans un salon surchargé de dorures. Pour la première fois, il tentait de briser de manière autoritaire l'essor de la Franc-Maçonnerie en demandant à la Chambre d'Empire de Ratisbonne de prendre un arrêté qui interdirait les réunions maçonniques, jugées dangereuses et contraires aux lois en vigueur.

Malgré la minceur de son dossier, il espérait que les magistrats, conscients du péril, accepteraient de déclencher la foudre. Ensuite, la tâche d'Anton serait facilitée. À l'interdiction succéderaient la dissolution des Loges et l'emprisonnement des récalcitrants. L'impératrice Marie-Thérèse serait fière de lui.

Le président de la Chambre d'Empire le reçut avec froideur.

— Asseyez-vous, monsieur le comte.

1. K. 167.

Le haut dignitaire prit place en face de son hôte.

— La Chambre et le Sénat de Ratisbonne ont été consultés. Leur réponse est négative.

— Négative ? Vous voulez dire...

— Ratisbonne autorise les Francs-Maçons à se réunir. Leurs « tenues », selon leur terminologie, ne menacent ni la sécurité, ni les autorités, ni les bonnes mœurs.

— Monsieur le président, vous commettez une regrettable erreur.

— Contesteriez-vous notre décision souveraine ?

— Non, bien sûr que non ! Les Francs-Maçons n'auraient-ils pas tenté d'influencer plusieurs notables ?

— Ils se sont mobilisés, en effet. Et plusieurs notables sont eux-mêmes Francs-Maçons. N'est-ce pas la meilleure des garanties ? Aucun d'entre eux ne souhaite perdre son poste et ses avantages. Vous vous souciez trop, mon cher comte. Loin d'être nuisible, la Franc-Maçonnerie contribue à la stabilité de notre société. Les Frères boivent, mangent, chantent, écoutent de la musique, échangent des confidences, se livrent à quelques simagrées rituelles, revêtent des habits plus ou moins exotiques et s'abandonnent parfois à des rêveries mystiques. Un excellent exutoire, à l'image des clubs anglais où l'on reste entre gentlemen.

— Le projet de restauration de l'Ordre du Temple et les expériences alchimiques de la Rose-Croix d'Or ne vous inquiètent-ils pas ?

— Enfantillages, mon cher comte, risibles enfantillages ! Ne perdez plus votre temps et laissez les Francs-Maçons en paix. Croyez-moi, ils ne renverseront aucun trône.

Joseph Anton prit congé.

Cette victoire de la Franc-Maçonnerie démontrait

l'étendue de son influence. La pieuvre avait déployé davantage de tentacules qu'il ne l'avait supposé.

Aussi la guerre s'annonçait-elle longue et rude. Si les voies officielles lui étaient interdites, il devrait redoubler de prudence et de discrétion avant de frapper. À lui de mener un maximum d'enquêtes, de nourrir ses dossiers et d'intervenir dans l'ombre.

36.

Vienne, le 1er juillet 1773

Si Leopold avait décidé d'emmener son fils à Vienne et d'y passer l'été, c'était en raison de deux bonnes nouvelles. D'abord, l'absence de Colloredo pendant cette période ; le chat parti, les souris pouvaient danser. Ensuite, la maladie grave d'un musicien de la cour. Sa fin prochaine libérerait un poste qui irait comme un gant à Wolfgang. Encore fallait-il résider à Vienne au moment du décès et obtenir une audience.

Wolfgang était ravi de quitter Salzbourg et d'échapper à l'atmosphère étouffante de la principauté. Lui qui avait déjà tant voyagé commençait à se sentir à l'étroit dans son costume de domestique.

Ici, il respirait mieux.

Vienne, le 19 juillet 1773

— Cher Wolfgang, comme je suis heureux de vous revoir !
— Moi aussi, docteur Mesmer.
— Votre santé ?
— Un peu de fatigue, mais...

— Nous allons l'effacer. Acceptez-vous que je vous magnétise ?

Franz-Anton Mesmer posa ses larges mains sur la nuque de Wolfgang. Aussitôt, une douce chaleur se diffusa dans tout le corps du patient. Ses tensions disparurent, il se sentit merveilleusement bien.

— Prodigieux, docteur !

— Le magnétisme devrait être la première des thérapeutiques. Il supprime les maux à leur racine et empêche le développement de la majorité des troubles. Rétablir l'harmonie et la circulation de l'énergie dans un organisme perturbé, voici ma première préoccupation. Malheureusement, la plupart des médecins attendent l'apparition des symptômes et raisonnent en fonction d'eux. Souvent, il est trop tard pour guérir le malade.

— Vos confrères vous écoutent-ils ?

— Fort peu. Vienne me considère comme une sorte de mage, et les autorités médicales refusent d'examiner le résultat de mes recherches. Elles ne recueillent même pas le témoignage des patients que je guéris. Les scientifiques manquent parfois de curiosité et cèdent au conformisme, surtout lorsque leur carrière est en jeu. Quand se manifeste un esprit libre et indépendant qui bouscule un tant soit peu les doctrines, les forces obscures s'accordent pour l'éliminer. Mais ne sombrons pas dans le pessimisme, cher Wolfgang ! Si vous me parliez un peu de vos aventures ?

— Elles se terminent à Salzbourg, au service du prince-archevêque Colloredo.

— Méfiez-vous de ce petit tyran, il n'aime que lui-même et le pouvoir. Si on ne lui obéit pas au doigt et à l'œil, il devient féroce.

— Jusqu'à présent, mon père et moi nous en arrangeons.

— Je vais vous faire entendre une curiosité, ma dernière fantaisie musicale.

Au cœur de son merveilleux jardin viennois, par une douce soirée d'été, Mesmer joua d'un nouvel instrument, un harmonica de verre. Attentif à toute nouvelle technique, Wolfgang n'apprécia guère les sonorités aigrelettes mais accepta le fragile objet que lui offrit le thérapeute.

— Peut-être composerez-vous pour cet harmonica dont vous saurez exploiter les possibilités... Combien de temps résiderez-vous à Vienne ?

— Sans doute jusqu'à la fin de l'été. Mon père espère toujours m'obtenir un poste à la cour.

— Il vous reviendrait de droit !

— Vienne m'a oublié, docteur. Et je ne suis même pas sûr d'être reçu par l'impératrice. Aujourd'hui, impossible de sauter sur ses genoux et de solliciter son affection ! Et je n'épouserai jamais la princesse Marie-Antoinette.

— Cette audience, vous l'obtiendrez. Il me reste quelques amis haut placés. Le poste, en revanche, dépend de Sa Majesté.

— Au destin de décider. Cette incertitude ne m'empêche pas de travailler.

— Ma maison et ma table vous sont ouvertes, Wolfgang. Venez quand vous le désirez, même sans prévenir. Bientôt, je vous ferai rencontrer des admirateurs qui vous proposeront un projet intéressant.

Vienne, le 5 août 1773

Après s'être amusé à écrire une sérénade[1] jouée lors des noces d'une lointaine relation, où, au mépris des

---

1. K. 185.

conventions, il avait introduit un concerto pour violon en réduction, Wolfgang s'était attaqué à une entreprise beaucoup plus ardue.

Ce séjour viennois lui permettait de découvrir vraiment la musique de Joseph Haydn, âgé de quarante et un ans et respecté de l'ensemble des professionnels. Sa science de l'écriture, sa liberté d'expression, la variété de ses langages fascinaient Wolfgang. Afin d'assimiler tant de nourritures, il composa une série de quatuors à l'imitation de ceux de Haydn[1]. Se contentant de répéter des formules provenant de son modèle, il eut conscience d'accomplir un exercice scolaire, dépourvu d'originalité. Mais il enrichissait ainsi son style et se donnait de nouveaux moyens d'expression.

Leopold interrompit ce labeur.

— Enfin ! s'exclama-t-il. L'impératrice nous accorde audience !

Vienne, le 12 août 1773

À la lueur des chandelles, Wolfgang travaillait à un quatuor. Leopold, lui, terminait une lettre à l'intention de son épouse. Et sa conclusion était désabusée : « Sa Majesté l'impératrice fut des plus aimable avec nous. Seulement, ce fut tout. »

Marie-Thérèse n'avait offert aucun poste à Wolfgang. Recevoir ces Mozart, qu'elle considérait à présent comme des saltimbanques sans avenir, lui paraissait amplement suffisant. Cédant à certaines suppliques de son entourage, elle leur accordait un grand honneur tout en leur faisant comprendre qu'ils n'avaient rien à espérer.

---

1. Les six quatuors « viennois », K. 168 à 173.

La porte de la cour se refermait définitivement.
— Ne soyez pas si triste, père.
— Comment ne le serais-je pas ? L'impératrice se moque de nous ! À ses yeux, nous n'existons pas.
— Ne nous libère-t-elle pas de nos illusions ?
— Drôle de liberté ! C'est à Vienne, et à Vienne seulement, que l'on mène une brillante carrière. Tu la mérites, Wolfgang !
— Je n'ai que dix-sept ans.
— Tu as déjà dix-sept ans ! L'enfance a disparu, l'adolescence s'éteint. Tu deviens un jeune homme et tu pourrais t'imposer dans cette ville si l'on t'y accordait un poste stable.
— Puisque c'est impossible, pourquoi s'acharner ?
— Impossible... pour le moment. Tu es jeune, l'impératrice est vieille. Après sa disparition, bien des bouleversements se produiront. La porte fermée se rouvrira peut-être. En attendant, il convient de contenter le prince-archevêque.
— Comme prévu, j'aimerais rester à Vienne jusqu'à la fin de l'été.
— Qu'espères-tu ?
— Écouter du Haydn, terminer ma série de quatuors, composer des danses en vue de l'hiver salzbourgeois et revoir le docteur Mesmer.
— Je n'apprécie guère ce médecin bizarre.
— Il m'a déjà commandé *Bastien et Bastienne* et m'annonce une nouvelle proposition, avant la fin du mois d'août. Ne mérite-t-elle pas examen ?
— À condition qu'il ne s'agisse pas d'une fausse promesse !
— J'ai confiance en sa parole.
— Entendu... Nous verrons bien.

37.

Vienne, le 30 août 1773

Lors de cette douce soirée d'été, Wolfgang enchanta les invités du docteur Mesmer avec un divertimento en *ré* majeur[1] qui s'accordait à la luxuriance du grand jardin des faubourgs de la Landstrasse. Le concert terminé, on continua à grignoter, à boire et à bavarder.
Mesmer prit Wolfgang par le bras.
— Comme promis, je voudrais vous présenter un homme important, Tobias Philippe von Gebler, vice-chancelier à Vienne. Sa vraie passion, c'est l'écriture. Il vient d'achever un poème dramatique dont il aimerait vous parler.
Le médecin omit de révéler ses liens maçonniques avec son Frère Gebler qui, en dépit de sa position à la cour, exprimait parfois des idées dangereuses à propos de l'abus de pouvoir et de la nécessaire liberté de conscience.
Âgé de quarante-sept ans, massif et débonnaire, il ne déplut pas au musicien. Mais Wolfgang n'eut d'yeux que pour l'homme qui se tenait à ses côtés : l'habitant du *Rücken*, l'envoyé de l'autre monde, son protecteur,

1. K. 205.

vêtu d'habits somptueux ! Par sa dignité et son rayonnement, il éclipsait von Gebler.

— Mon cher Mozart, dit le poète, je vous présente mon ami Thamos, comte de Thèbes. Je tenais à sa présence, car c'est grâce à lui que j'ai eu l'idée de rédiger un drame philosophique intitulé *Thamos, roi d'Égypte*. Il vient d'être publié, et j'aimerais le voir représenté à Berlin. Le texte ne suffit pas. Une musique appropriée le mettrait en valeur et lui donnerait davantage de force. J'ai consulté Gluck, en vain. Mon ami m'a conseillé de m'adresser à vous. En dépit de votre jeune âge, il vous estime capable de percevoir le sens profond de mon œuvre et de le traduire par des notes. L'entreprise vous intéresse-t-elle ?

Ainsi, il s'appelait Thamos et il était roi d'Égypte ! Comme le *Rücken* de l'enfant Mozart avait dû paraître minuscule à un monarque régnant sur un aussi vaste empire ! De tout son être, Wolfgang perçut l'importance de cet instant.

Il vivait une deuxième naissance.

Tétanisé, il s'entendit répondre d'une voix faible et hésitante :

— Oui, oui... Ce projet m'intéresse.

— Merveilleux ! s'exclama von Gebler. Allons nous asseoir dans un coin tranquille, je vais vous raconter l'histoire.

Mesmer rejoignit ses autres invités, Thamos les accompagna. Wolfgang apprécia la pénombre. Ses mains tremblaient comme si elles hésitaient à saisir un trésor.

— L'action se déroule en Égypte, expliqua von Gebler, le pays des mystères et de l'initiation aux connaissances suprêmes. Le Grand Maître des initiés s'appelle Séthos et vénère le soleil, l'expression la plus visible de la puissance créatrice. Prêtresse de l'astre du jour, sa fille lui a été enlevée. Amoureux d'elle, le prince Thamos devra l'arracher aux démons des ténèbres, décidés à détruire les initiés. Lors du mariage du prince et de la prêtresse, la Lumière triomphera. Ce rapide résumé, où j'omets les multiples ressorts dramatiques, vous séduit-il ?

— Je suis prêt à travailler.

— Vous m'en voyez ravi, mon cher Wolfgang ! Je songe à une belle orchestration et, surtout, à des chœurs majestueux. Mais cela, c'est votre affaire. Bien entendu, vous serez correctement rémunéré. Bientôt, nous assisterons ensemble à la première, et ce sera un triomphe ! Je suis malheureusement obligé de partir. Voici mon poème.

Von Gebler remit le texte à Wolfgang et le laissa en tête à tête avec Thamos.

— Maintenant, je sais qui vous êtes.
— Pas tout à fait.
— Pharaon d'Égypte, grand prêtre du soleil... Notre monde doit vous sembler mesquin et ridicule !

— Notre monde est en grand péril, car il tourne le dos à l'esprit et s'enfonce dans un matérialisme conquérant et agressif. Les ténèbres tentent d'engloutir la Lumière et d'anéantir l'initiation.

— L'initiation... De quoi s'agit-il ?

— De devenir ce que tu es vraiment en accédant à la connaissance des mystères. Mais ce chemin est long et semé d'embûches. Peu d'êtres acceptent d'accomplir de tels efforts, d'autant que vanité et cupidité sont mortelles. Cette voie exige l'offrande et l'acte créateur.

— Me croyez-vous capable de la suivre ?
— À toi de répondre.
— *Thamos, roi d'Égypte*... Un opéra essentiel, n'est-ce pas ?
— Ton premier pas vers l'accomplissement du

Grand Œuvre. Ne t'attends pas à réussir d'emblée. Tu vivras de nombreuses épreuves avant de le réaliser. En auras-tu le courage et sauras-tu persévérer ?

— Vous me connaissez mal ! s'emporta Wolfgang, vexé. Un feu m'habite, je ne sais comment l'exprimer. Mais j'y parviendrai. Je dois d'abord assimiler toutes les techniques et tous les langages pour façonner le mien.

— Il te faudra apprendre à dialoguer avec les dieux et à transmettre leurs paroles sans les trahir.

— La musique en serait-elle capable ?

— Pas la musique, *ta* musique. À condition que tu franchisses en conscience chaque étape et que ton cœur s'emplisse de Lumière.

— Vous... vous m'aiderez ?

— Si tu le désires.

— Seul, j'échouerai !

— En effet.

— Alors, vous m'aiderez.

— Acceptes-tu que je sois à la fois ton guide et ton juge ?

— Et un peu... mon ami ?

Thamos sourit. Il ne pouvait prononcer le nom sacré de « Frère » mais considérait Wolfgang Mozart comme un Franc-Maçon sans tablier.

Le Grand Magicien venait de naître à lui-même.

— J'ai mille questions à vous poser !

— Commence par mettre en musique le drame de von Gebler. Ce premier contact avec l'Égypte élargira ta pensée et t'ouvrira un domaine dont tu ne soupçonnes pas l'immensité.

— Je dois retourner à Salzbourg, composer pour le prince-archevêque et...

— De redoutables épreuves t'attendent, je t'ai prévenu. Peut-être leur poids t'écrasera-t-il.

— Je vous jure bien que non !

L'Égyptien prit le frêle Wolfgang par les épaules.

— Ton destin exigera de toi un courage et une volonté parfois surhumains, car ton chemin ne ressemble pas à celui des autres hommes. Pourtant, ils auront besoin de tes œuvres afin de discerner la Lumière. Tu ne peux encore saisir pleinement le sens de mes paroles, mais tu n'es déjà plus un petit musicien salzbourgeois. En toi naît Mozart l'Égyptien.

38.

Vienne, le 18 septembre 1773

Bien qu'il connût et appréciât les capacités de travail de son fils, Leopold était stupéfait. Wolfgang ne plaisantait plus, ne jouait plus aux fléchettes, ne sortait plus, ne dormait presque plus, mangeait à toute allure et refusait toute discussion. Il se consacrait à la commande de von Gebler, un personnage important.

« Wolfgang est en train de composer quelque chose qui l'occupe beaucoup », écrivit-il à Anna-Maria. Puisque Colloredo confirmait Leopold dans ses fonctions et que la carrière de Wolfgang se déroulerait à Salzbourg, il fallait prévoir un logement plus spacieux où chacun aurait ses aises. Nannerl n'envisageant pas de se marier, il abriterait donc deux grands enfants. Or Anna-Maria venait de trouver l'appartement idéal et organisait le déménagement.

Leopold osa interrompre son fils.

— Auras-tu bientôt terminé ?

— Bientôt, non. La composition des chœurs se révèle ardue.

— Nous devons rentrer à Salzbourg.

— Je rends une dernière visite au docteur Mesmer. Ensuite, nous quitterons Vienne.

Rotmühle, le 22 septembre 1773

Mesmer avait emmené Wolfgang passer la journée dans sa maison de campagne, en lui promettant qu'il serait de retour à Vienne à dix-neuf heures. L'été s'éteignait, les feuilles commençaient à tomber.

Le médecin parla longuement à Wolfgang de ses expériences, le magnétisa pour lui redonner de l'énergie au seuil des froidures et le félicita d'avoir accepté la commande de von Gebler.

Au moment où l'on servait le café, Thamos apparut.

— Venez vous joindre à nous, monsieur le comte ! Je vais vous faire goûter un alcool de prune que vous n'oublierez pas de sitôt.

Les libations achevées, le médecin partit s'occuper de ses rosiers.

— J'ai avancé, révéla Wolfgang, mais je suis encore insatisfait. Ma tête fourmille d'idées nouvelles, et je n'écrirai plus jamais comme auparavant. Hélas ! il faut rentrer à Salzbourg et je crains de perdre cet élan.

— Tu serais le seul responsable de cet échec. À toi de transformer de manière positive ce qui te sera imposé.

— Vous ne connaissez pas Colloredo ! Nous autres, les musiciens, sommes ses domestiques et devons appliquer ses règles rigides.

— Accepte-les comme des épreuves grâce auxquelles tu progresseras, élargis ta palette sonore, amplifie ta pensée musicale.

— Et si le prince-archevêque sanctionne mon travail ?

— Redouterais-tu l'adversité, Wolfgang ?

Le visage de l'adolescent devint farouche.

— Quoi qu'il arrive, *Thamos, roi d'Égypte* sera terminé avant la fin du mois de décembre.

Salzbourg, le 28 septembre 1773

— Que dites-vous de notre nouvelle *Wohnhaus*[1] ? demanda Anna-Maria, guillerette.

Leopold et Wolfgang découvrirent un appartement confortable, aménagé dans un bel immeuble bourgeois de la Hannibalplatz que l'on appelait « la maison du maître de danse » en raison de l'une des distractions favorites de son propriétaire.

Grâce à son salaire, à celui de Wolfgang et aux revenus de Nannerl, professeur de piano, la famille pourrait payer le loyer et mener un train de vie raisonnable, sans se priver.

En se rendant au palais, Leopold apprit que Colloredo avait octroyé un poste de maître de chapelle à un autre Italien, Lolli. Le vice-maître Mozart subirait donc deux supérieurs au lieu d'un et voyait ainsi s'éloigner une promotion. Jamais le prince-archevêque ne mettrait un Allemand à la tête des musiciens de sa cour. Leopold ravala sa déception et continua à se comporter en parfait domestique.

Berlin, le 14 octobre 1773

En raison de son titre et de sa fortune présumée, Thamos, comte de Thèbes, fut reçu au grade de Chevalier dans l'ordre intérieur de la Stricte Observance templière. Deux Frères le revêtirent d'un habit pourpre,

1. Maison d'habitation.

orné de neuf petits nœuds au galon d'or, par-dessus lequel ils passèrent une tunique courte de laine blanche et un manteau décoré sur le côté gauche de la croix rouge du Temple.

En compagnie des autres Chevaliers et des écuyers regroupant les riches bourgeois, il assista au convent qui marquait le triomphe du nouveau Grand Maître, le duc de Brunswick. Son premier bilan plaidait en sa faveur : désormais implanté en Allemagne, en Autriche, en Suisse et dans d'autres pays, l'Ordre bénéficiait de hautes protections et accueillait à la fois des nobles, des négociants et des membres influents de la société civile. Le duc multipliait les actions caritatives et ouvrait, à Dresde, une école gratuite pour les orphelins et les pauvres.

Seule fausse note dans cette symphonie bien orchestrée, la présence de Zinnendorf, tenant du Rite suédois. Brunswick espérait que ce trublion se montrerait discret, mais il parvint à engager le débat sur un point fondamental.

— Appartenons-nous vraiment au même Ordre ? demanda-t-il à l'assistance. Permettez-moi d'en douter ! Le Grand Maître entend régner sur toutes les Loges unies, mais je ne vois pas trace de cette unité. Le Système suédois ne se confond pas, loin de là, avec celui de la Stricte Observance.

— Nous sommes pourtant d'accord à propos des trois premiers grades, Apprenti, Compagnon et Maître, observa Ferdinand de Brunswick. Et le rituel du quatrième, celui de Maître écossais, n'offre guère de divergences.

— Je veux bien l'admettre. En revanche, nos hauts grades sont totalement différents !

— Problème momentané, estima le Grand Maître. Ne souhaitez-vous pas, comme moi-même, rappeler rituellement la tragédie de l'Ordre du Temple et restaurer sa puissance symbolique et matérielle ?

— Le Rite suédois n'accorde aucun intérêt à ces inutiles spéculations et se préoccupe de l'essentiel, la magie divine. Nos rites, que vous ignorez, évoquent les esprits.

— En vous intégrant à la Stricte Observance et en vous soumettant à son Grand Maître, vous donnerez davantage de force au mouvement maçonnique.

— N'y comptez pas, rétorqua Zinnendorf.

Thamos fut consterné. Aucun des deux hommes ne céderait. En dépit de son autorité et de son prestige, le duc de Brunswick ne parviendrait pas à faire plier l'irritable Zinnendorf. Au lieu de travailler à l'approfondissement des rituels et de réapprendre à parler la langue des symboles, la Franc-Maçonnerie se perdait dans des querelles de pouvoir.

L'avenir initiatique de la Stricte Observance s'assombrissait.

39.

Vienne, début novembre 1773

Pour Joseph Anton, les fondations charitables de la Stricte Observance templière étaient un rideau de fumée. S'il avait eu davantage de pouvoirs, il aurait utilisé le fisc afin d'y déceler des malversations financières, ou d'en inventer. Après le malheureux épisode de Ratisbonne, il ne pouvait plus intervenir de manière directe et sans certitude de succès.

Mais rien ne l'arrêterait. La patience aidant, il terrasserait tôt ou tard la Franc-Maçonnerie et ses idéaux dangereux.

Le visage satisfait de Geytrand promettait une bonne nouvelle.

— J'ai acheté un informateur de première qualité, révéla-t-il. Un riche commerçant, à la fois importateur, éditeur, imprimeur et... Chevalier de l'ordre intérieur de la Stricte Observance ! Le bonhomme a payé suffisamment cher sa cape et son épée.

— Comment l'as-tu coincé ?

— Grâce à un autre Frère de rang inférieur, l'un de ses comptables. Son patron ne semble pas tout à fait honnête, et j'ai obtenu les preuves écrites de quelques-unes de ses combines. En échange de mon silence absolu, le Chevalier m'a remis l'ensemble des rituels et promis de m'informer de l'évolution de l'Ordre.

— Tu mérites une prime substantielle, Geytrand !

— Merci, monsieur le comte. Le récent convent de Berlin a vu un affrontement sévère entre Zinnendorf, le champion du Rite suédois, et le Grand Maître de la Franc-Maçonnerie templière, le duc de Brunswick. Ils se sont quittés fâchés. Entre eux, un fossé infranchissable.

— Leur division les affaiblira l'un et l'autre.

— Brunswick ne se décourage pas. Depuis la mise à l'écart du baron de Hund, il tient fermement les rênes de l'Ordre et le fait prospérer. D'après plusieurs chevaliers, une grave difficulté : le manque de substance des rituels. Le Grand Maître cherche à combler ce handicap sans trouver la solution, d'autant plus que l'urgence consiste, d'après lui, à assurer le développement matériel et à enrichir, comme promis, ses principaux dignitaires.

— Surveillons particulièrement les banquiers, les hommes d'affaires et les pourvoyeurs de capitaux. Si Brunswick réussit, bien des trônes seront en péril. Et nous avons un autre souci : la progression de la Rose-Croix d'Or à Vienne. Ces maudits alchimistes se faufilent dans les Loges et disposent de laboratoires clandestins difficiles à repérer.

— À cause du cloisonnement de leurs petits cercles et de l'opacité de leur hiérarchie, déplora Geytrand, je ne parviens pas à mettre la main sur un informateur sérieux.

— C'est pourquoi nous utiliserons une autre méthode, dont j'espère beaucoup. Comme tu le sais, sous la pression des gouvernements de France, d'Espagne et du Portugal, le pape Clément XIV a supprimé, à regret, l'Ordre des Jésuites. Parmi ces braves gens, certains rêvent de revanche, et je vais la leur offrir. En s'infiltrant dans les Loges maçonniques, ils les noyauteront et ramèneront de nombreux Frères vers une vraie et saine croyance. Ainsi, la Rose-Croix d'Or, à cause de ses tendances mystiques, périra étouffée. Si de mauvaises pensées fleurissent, nos amis jésuites nous en informeront.

Salzbourg, décembre 1773

Depuis son retour à Salzbourg, l'œuvre de Wolfgang prenait une autre dimension. Il ne se contentait plus d'imiter ses maîtres et de copier des styles, mais cherchait vraiment son propre langage. En novembre était née une remarquable symphonie en *ut* majeur[1] dont les quatre mouvements atteignaient une ampleur inédite, marquant un tournant dans sa conception même de ce type de morceau.

Bien qu'inspiré de Michael Haydn, le quintette à cordes de décembre[2] tentait précisément de se dégager de cette influence amicale à laquelle, naguère, il se soumettait volontiers.

Surtout, était apparu le premier concerto pour piano[3] ! Non pas une copie d'œuvrettes à la mode, mais une création originale et séduisante : un début allègre et entraînant, un mouvement lent empreint de poésie et un finale à quatre thèmes dont la complexité inquiéta Leopold. Trop de difficultés techniques et d'audaces musicales risquaient de ternir la réputation de Wolfgang. De plus, ce concerto n'était pas une commande.

1. K. 200.
2. K. 174.
3. K. 175 (N° 5).

S'il écrivait pour lui-même, n'oublierait-il pas ses devoirs de domestique musicien ?

Et puis, bien sûr, il y avait *Thamos, roi d'Égypte* ! Deux chœurs ouvraient le premier et le cinquième acte du drame, et cinq entractes musicaux ponctuaient le récit, le dernier prenant la forme d'un orage orchestral, lors de la mort du traître qui tentait, en vain, d'imposer la tyrannie des ténèbres.

Wolfgang était profondément insatisfait. L'ampleur du sujet méritait mieux que ces trop rares interventions. Enfin, un livret le passionnait de bout en bout, même si le texte, souvent médiocre, ne se montrait pas à la hauteur du thème.

Le jour même où il achevait son travail, Wolfgang croisa Thamos dans la rue.

— Je comprends ton attitude. Souviens-toi qu'il ne s'agit que d'une première étape, destinée à te familiariser avec l'accomplissement du Grand Œuvre.

— Séthos, le grand prêtre, Saïs, sa fille, Thamos, le prince qui la libérera des forces obscures... Ces personnages auraient tant à dire !

— Ils le diront, si tu les incorpores à ton âme de créateur au fur et à mesure de ton évolution. À dix-sept ans, il n'est pas facile d'être patient.

— Quand la pièce sera-t-elle jouée ?

— Je vais remettre ta partition au baron Gebler qui l'enverra à son ami Nicolaï, à Berlin. Le projet pourrait déplaire.

— À qui ?

— Nommer les ténèbres et s'attaquer à elles provoque forcément des réactions, soit violentes, soit insidieuses.

— Chacun n'éprouve-t-il pas le désir de lutter aux côtés des prêtres du soleil ?

— Tu es encore naïf, Wolfgang. La plupart des individus se laissent happer par les événements, se bouchent les yeux et les oreilles, et préfèrent ignorer la réalité.

— Tel ne sera pas mon cas ! affirma le jeune homme. Si la Lumière ne triomphait pas, quel sens aurait notre vie ?

— Tu commences un long et éprouvant voyage, révéla l'Égyptien. Puisse-t-il te mener au Grand Œuvre que tu viens d'esquisser.

Thamos s'éloigna.

Wolfgang en oublia de déjeuner. Il composa une nouvelle symphonie[1], pour la première fois entièrement dans une tonalité mineure. Le premier mouvement, qualifié d'un terme nouveau, *allegro con brio*, traduisit les sentiments intenses qui l'habitaient.

Un jour, lui aussi serait prêtre du soleil.

---

1. K. 183 (N° 25).

40.

Salzbourg, le 22 janvier 1774

— Ça ne va pas, Wolfgang, pas du tout ! rugit son père. Ta dernière symphonie en *la* majeur [1] n'a plu à personne. Trop de pathétique à certains moments, trop de sérieux ici et là. Je peux comprendre la crise de l'adolescence, mais tu dois faire ton métier dans les règles de l'art afin de conserver ton poste. Notre employeur, le prince-archevêque Colloredo, fixe le goût à Salzbourg. Il aime la musique galante, légère, distrayante, facile à écouter lors d'un repas officiel ou d'une réception. C'est donc celle-là, et nulle autre, que tu composeras. Ton bonheur et celui de ta famille sont à ce prix. Ne trouble pas ton auditoire avec tes états d'âme !

Wolfgang eut envie de crier, de déchirer son papier à musique et de renverser son encrier, mais à quoi bon ? Son père avait raison.

Il oublierait ses projets trop personnels, ne s'aventurerait pas sur le périlleux chemin d'un nouveau concerto pour piano et produirait de charmantes œuvrettes, bien ficelées, que Salzbourg dégusterait comme des gourmandises.

1. K. 201 (N° 29).

Heureusement, il restait *Thamos, roi d'Égypte* ! Le succès lui ouvrirait les portes des théâtres de Vienne. Mozart prierait von Gebler de le laisser développer l'aspect musical de l'œuvre pour aboutir à un grand opéra décrivant les mystères d'Égypte. Thamos, son protecteur, l'aiderait à percevoir les idées majeures des prêtres du soleil.

En attendant, Wolfgang s'amusait avec Miss Pimperl, un fox-terrier femelle toujours prête à le distraire. Elle jappait d'aise quand il se mettait au piano et l'écoutait attentivement.

Afin de se calmer les nerfs, le musicien jouait aux fléchettes et aux quilles, et rencontrait souvent ses amis dont les conversations frivoles le lassaient vite.

— Mon frère aîné veut devenir abbé, lui confia Anton Stadler. Pas moi, j'aime trop la vie ! Et toi ?

— Je suis au service du prince-archevêque, ma conduite doit demeurer irréprochable. Mon père sanctionnerait le moindre écart.

— Leopold n'est pas drôle, je sais. Mais il a tout de même épousé une jolie femme ! Si tu veux, je te ferai rencontrer des filles sympathiques.

— Je ne recherche pas des « filles », comme tu dis. Je crois à la noblesse de la femme et au sérieux du mariage.

— Le grand amour ? Tu risques d'être déçu !

— Mes parents m'offrent chaque jour l'exemple d'un couple heureux. Chacun aime et respecte l'autre. Voilà ce que je désire.

— À ton âge, n'est-ce pas une vision ennuyeuse ?

— Décidément, chacun tente de me convertir à la galanterie ! Dans le domaine des sentiments, aucune chance.

— Tant pis pour toi. Tu ne sais pas ce que tu manques…

Salzbourg, le 27 janvier 1774

Avant de fêter le dix-huitième anniversaire de son fils, Leopold attendait impatiemment de bonnes nouvelles de Vienne. Dès qu'il avait appris la mort du maître de chapelle Gassmann, il s'était adressé à l'ensemble de ses relations pour proposer, avec discrétion, la candidature de Wolfgang. Il comptait beaucoup sur un bon ami de la famille, Giuseppe Bonno, bien introduit à la cour.

Enfin, le courrier en provenance de Vienne !

En lisant la lettre, Leopold se décomposa.

Ce n'était pas Wolfgang que l'impératrice Marie-Thérèse nommait maître de chapelle mais... Bonno ! Un grand, un très grand ami. Jamais les portes de la cour ne s'ouvriraient.

— À table, ordonna Leopold.

Vienne, le 4 avril 1774

La représentation partielle de *Thamos, roi d'Égypte* fut un échec total. Il n'y aurait pas de deuxième chance.

Déçu, la tête basse, le baron von Gebler se heurta à l'un des rares spectateurs qui n'avaient pas quitté la salle.

— Excusez-moi.

— Pourrions-nous parler un moment, cher baron ? demanda d'une voix douce Joseph Anton.

— Avez-vous aimé ma pièce ?

— C'est précisément le sujet que je désire aborder. Un sujet... dangereux.

— Dangereux ? Expliquez-vous ! Et d'abord, qui êtes-vous ?

— Quelqu'un qui connaît votre appartenance à la

Franc-Maçonnerie, une société secrète peu appréciée de Sa Majesté l'impératrice. Rassurez-vous, je vous veux du bien. Mon nom n'a aucune importance et ne vous dirait rien. En revanche, soyez attentif à mes recommandations.

Von Gebler eut peur. Cette éminence grise à la voix douce n'était pas inoffensive. Si elle agissait au nom de l'impératrice, il valait mieux l'écouter.

— En dépit de votre déception d'auteur, l'échec de cette pièce me paraît salutaire. À l'évidence, les prêtres du soleil, initiés aux mystères, sont les Francs-Maçons chargés de combattre les puissances des ténèbres et l'obscurantisme que soutient la démoniaque Mirza, incarnation de Marie-Thérèse d'Autriche.

— Vous vous trompez, monsieur, et je ne vous permets pas de...

— Votre propos est transparent, baron, et les allégories n'en dissimulent pas le caractère subversif. Soutenir ainsi une organisation pernicieuse et prêcher sa cause en tentant d'y convertir le public viennois sont des démarches inacceptables.

— Telles n'étaient pas mes intentions, je vous le jure !

— La disparition de cette pièce vous évitera de sérieux ennuis, à condition que vous tiriez les leçons de cette déplorable erreur. La Franc-Maçonnerie ne s'imposera pas en Autriche, et ses adeptes connaîtront beaucoup de désagréments. Vous devriez vous en éloigner sans tarder. J'accepte d'oublier cet impair, à condition de ne plus jamais entendre parler de vous.

Von Gebler ne se sentit pas la force de lutter.

— Un détail... Quel est le nom du médiocre musicien qui a illustré certains passages de votre pièce ?

— Wolfgang Mozart.

— L'un de vos Frères maçons ?

— Oh non ! Un adolescent, ex-enfant prodige

employé à la cour de Salzbourg. Pour lui, ce fut une petite commande parmi tant d'autres.

Ce Mozart n'était donc pas complice de von Gebler. Néanmoins, Joseph Anton noterait son nom dans le dossier consacré à cette affaire.

Salzbourg, le 10 avril 1774

Wolfgang était au bord des larmes. L'échec de *Thamos*, que venait de lui apprendre l'Égyptien, le condamnait à la prison salzbourgeoise et au style galant.

— Si Gebler abandonne, moi, je ne renonce pas ! Le sujet de ce futur opéra est extraordinaire. Je veux l'approfondir et le développer. M'aiderez-vous ?

— Assurément.

— Comment atteindrai-je mon but si je ne deviens pas prêtre du soleil ?

Cette question emplit le cœur de l'Égyptien d'une joie indicible. Le Grand Magicien trouvait sa voie et, selon l'expression des Anciens, donnait du chemin à ses pieds.

— En as-tu réellement le désir ?

— L'initiation ne serait-elle pas la clé de la vie ?

— Tel fut l'enseignement de l'Égypte, en effet.

— Alors, je désire cette clé !

— Si tu t'en montres digne, tu l'obtiendras. Mais tu dois encore faire tes preuves.

— Ici, à Salzbourg ?

— Ici même. Peu importe le lieu, seules comptent les épreuves qui formeront ta conscience et ta volonté. Puisque tes dons sont inhabituels, l'existence ne t'épargnera pas, au contraire.

— Me ferez-vous patienter... longtemps ?

— Le temps nécessaire, Wolfgang. Se hâter, c'est le diable.

41.

Salzbourg, mai 1774

De la musique d'église, des symphonies légères, des sérénades, des divertissements... Wolfgang satisfaisait les désirs du prince-archevêque. Çà et là, il se livrait à quelques expériences d'écriture et de combinaisons de timbres.

Le musicien ne se révoltait pas, il se perfectionnait. Une épreuve, certes, mais pas inutile. Il lui faudrait écrire des milliers de notes, explorer des dizaines de formes avant de maîtriser un langage encore embryonnaire. Lui, le jeune prodige, devait apprendre la maturation. Colloredo et son père le croyaient soumis, ils ignoraient le feu naissant.

Wolfgang ne se leurrait pas et n'attribuait guère de valeur à quantité de ses productions obligées qui lui permettaient de se « faire la main » et de pétrir la pâte musicale de plus en plus vite. Ni une fuite en avant ni un travail superficiel, mais un façonnage de l'avenir.

Versailles, le 10 mai 1774

Les impôts venaient encore d'augmenter. Le boulanger, lui, ne pouvait pas vendre son pain plus cher, de peur d'être insulté et agressé. Si ça continuait à cette allure-là, il fermerait boutique !

Son ami le cordonnier lui tapa sur l'épaule.

— Il est mort !

— Le récolteur d'impôts ?

— Non, son chef : le roi Louis XV.

— Pas une grosse perte : un débauché, un menteur et un incompétent ! À cause de lui, la France est ruinée.

— La suite ne vaudra guère mieux. Et voilà que nous avons comme reine Marie-Antoinette, une Autrichienne ! Que comprendra-t-elle à nos problèmes ? Elle se vautrera dans le luxe et les plaisirs, comme toutes les princesses étrangères.

— Le roi, c'est quand même le roi, rappela le boulanger. Il l'obligera à bien se comporter.

— Moi, je n'y crois plus. Il faut tout changer.

— Et comment ?

— En changeant tout, persista le cordonnier.

Prague, le 2 juin 1774

En dépit de sa situation matérielle précaire, Ignaz von Born poursuivait sa quête initiatique. Fouillant les documents à sa disposition, rassemblant les éléments épars de la Tradition, il contactait un maximum de Francs-Maçons dont la plupart ne désiraient pas sortir de la routine et de leur confort intellectuel.

N'envisageant pas un mouvement de masse, le minéralogiste et alchimiste préférait nouer des liens solides avec un petit nombre de Frères.

Ce beau jour de printemps, deux événements heureux. D'abord, son élection comme *Fellow* à la Royal Society de Londres, autrement dit une reconnaissance internationale de ses qualités scientifiques ; ensuite, la visite de Thamos.

— Pardonnez-moi cette question, dit le minéralogiste, mais comment supportez-vous l'exil ?

— En quittant l'Égypte sur l'ordre de l'abbé Hermès, révéla Thamos, j'ai su que je ne reverrais jamais mon monastère. Les barbares l'ont brûlé, ont assassiné mes Frères et tenté de détruire les trésors accumulés au fil des siècles.

— L'abbé ne pressentait-il pas ce désastre ?

— En tant que successeur du Grand voyant, le supérieur des initiés d'Héliopolis, Hermès regardait la réalité en face. Le secret des hiéroglyphes, les paroles des dieux, n'a jamais été perdu, mais transmis de bouche de maître à oreille de disciple. En ces temps cruels, il fallait préserver des textes fondamentaux dont certains remontent à l'âge d'or de la construction des pyramides. Les sables du désert seront leur sanctuaire, jusqu'à ce qu'un regard de fouilleur les ressuscite. En voie d'extinction spirituelle, l'Occident court au désastre. C'est pourquoi j'ai été chargé de lui transmettre le *Livre de Thot*.

— Je me montrerai digne de votre confiance, déclara von Born, ému. Comptez sur ma détermination et ma persévérance.

Malgré ses faibles moyens matériels, sa santé fragile et son isolement, le minéralogiste apparaissait à Thamos comme le Franc-Maçon le plus apte à créer le courant initiatique dont aurait besoin le Grand Magicien. Aussi lui donna-t-il de nouveaux extraits du *Livre de Thot*, sur lesquels il s'était longuement penché avant de comparaître devant l'abbé Hermès, chargé de vérifier ses aptitudes.

Conscient du poids pesant à présent sur ses épaules, Ignaz von Born découvrit le manuel d'alchimie de la ville égyptienne d'Hermontis, le *Livre de la nuit*, retraçant les étapes de la résurrection du soleil à travers le corps immense de la déesse Ciel, et des textes sur l'œil du soleil, principe créateur.

— La Franc-Maçonnerie actuelle me paraît incapable d'accéder à de tels mystères !

— Préparez-la et transformez-la, mon Frère. Tel est votre devoir vital. Sinon, le Grand Magicien ne rayonnera pas.

Salzbourg, juin 1774

Wolfgang s'offrit un moment de franche détente en composant son premier concerto pour instrument à vent, un basson, avec un orchestre réduit à sa plus simple expression[1]. Une œuvrette sans prétention, rustique et juvénile, qui lui procura quelques heures de détente avant d'exécuter les commandes religieuses du prince-archevêque, très attaché à ses « messes brèves[2] ».

Miss Pimperl apprécia beaucoup la sonorité du basson et le caractère campagnard du concerto. En l'emmenant promener, Wolfgang rencontra Thamos.

— Avez-vous des nouvelles de von Gebler ?

— Ne compte plus sur lui, il n'est pas homme à courir le moindre risque. Comme son œuvre a déplu aux autorités, il se cantonnera à des poésies moins osées.

— Ces autorités-là prendraient-elles le parti des ténèbres contre la Lumière ?

— Qui dispose du pouvoir politique se préoccupe d'abord de le conserver, quels que soient les moyens et

1. K. 191.
2. K. 192, 194.

les compromissions. Ce n'est pas une raison pour abandonner *Thamos, roi d'Égypte*, le socle de tes œuvres futures.

— En ce moment, rien d'excitant ! La musique galante devient mon pain quotidien et me bourre l'estomac.

— Oublierais-tu d'améliorer ta connaissance des instruments et des techniques de composition ?

— Certes pas ! C'est ma seule chance de ne pas étouffer.

— Il en existe une autre.

— Laquelle ?

— La lecture. D'abord des dictionnaires de langues. Étant donné tes souvenirs de voyage et tes aptitudes, tu parleras couramment l'italien et le français, sans omettre une bonne pratique de l'anglais. Et puis tu t'évaderas grâce à *L'Âne d'or* d'Apulée et aux *Éthiopiques* d'Héliodore, des romans initiatiques où ces vieux auteurs abordent le thème des épreuves et des nécessaires transformations de l'être avant de pénétrer dans le royaume d'Isis. J'y ajouterai quelques pièces d'un dramaturge anglais, William Shakespeare, qui contribueront à ta formation d'auteur d'opéra.

— Un opéra... Vous m'en croyez vraiment capable ?

— Lis et relis, Wolfgang.

42.

Berlin, le 16 juillet 1774

Le duc Ferdinand de Brunswick se frottait les mains. Ces derniers mois, plusieurs Loges françaises, à Strasbourg, à Lyon, à Bordeaux et à Montpellier, s'étaient ralliées à la Stricte Observance. En ce beau jour d'été, l'empereur Frédéric II autorisait l'existence de la Franc-Maçonnerie dans les États qu'il contrôlait.

Aussi le Grand Maître de l'Ordre templier venait-il à Berlin pour contacter d'influents personnages, désormais décidés à soutenir sa cause. De réceptions en dîners, il nouait un important réseau de relations et s'affirmait comme un véritable chef, reléguant dans l'ombre le baron de Hund.

Ferdinand de Brunswick ne s'intéressait pas qu'au pouvoir et aux honneurs. Il croyait à sa mission et continuait à déplorer la faiblesse des rituels. Les dissensions entre Frères, leur manque de culture initiatique, l'insuffisance de la recherche empêchaient l'Ordre de solidifier ses bases. Conscient des imperfections, le Grand Maître y porterait remède.

Vienne, le 20 juillet 1774

Geytrand était contrarié.

— Mauvaises nouvelles de Berlin. L'empereur Frédéric II accorde sa protection à la Franc-Maçonnerie.

— Détrompe-toi, objecta Joseph Anton. Au contraire, une excellente initiative !

— Je ne comprends pas, monsieur le comte.

— Frédéric veut tout contrôler et tout savoir. Le meilleur moyen de faire sortir les Francs-Maçons au grand jour, donc de les identifier, consistait à leur donner confiance. Aujourd'hui, les naïfs croient avoir l'oreille de l'empereur ! Ils ignorent sa profonde affection pour les Jésuites, dont la pénétration dans les Loges est déjà un réel succès. Non seulement ils nous procurent de précieuses informations, mais encore ramèneront-ils dans le sein de l'Église beaucoup de brebis égarées. Cette brillante vermine infiltre même la Rose-Croix d'Or.

Geytrand ne dissimula pas son étonnement.

— La Rose-Croix d'Or... Auriez-vous percé son cloisonnement ?

— En m'inspirant des leçons données par les Jésuites.

— Ainsi, le ver est dans le fruit !

Le demi-sourire de Joseph Anton exprimait une belle satisfaction.

Salzbourg, le 30 septembre 1774

En ce jour de la Saint-Jérôme, on fêtait le prince-archevêque Hieronymus Colloredo. Après s'être détendu en composant de charmantes variations pour piano[1], Wolfgang se sentait à nouveau nerveux.

Les musiciens de la cour jouaient sa sérénade en *ré majeur*[2] en l'honneur de Colloredo, et l'œuvre ne respectait pas tout à fait les règles imposées. Plus développée qu'à l'ordinaire, elle comprenait un andante qualifié, pour la première fois, de *cantabile*, « chantant ». Enfermé à Salzbourg, prisonnier de son poste de valet-musicien, Wolfgang s'évadait grâce au chant des instruments et à la variété des tonalités.

Colloredo s'en apercevrait-il et adresserait-il des remontrances à son domestique ? Par chance, une sérénade n'était qu'une amusette et s'écoutait d'une oreille distraite. D'autres soucis en tête, ravi de la soumission de ses fidèles sujets et de leurs marques d'estime, le prince-archevêque demeura d'une humeur égale et passa une excellente journée.

Salzbourg, automne 1774

Cinq sonates pour piano[3] : en les composant, Wolfgang revenait vers un genre pratiqué en 1766[4] et abandonné depuis. Il espérait tracer un nouveau chemin, mais sortait fort mécontent de cette expérience. De la virtuosité, un style galant inspiré de Joseph Haydn, un manque de profondeur... Il ne jouerait pas en public ces sonates-là et ne les publierait pas. Comme il s'éloignait de *Thamos, roi d'Égypte* !

---

1. Douze variations sur un thème de Fischer, K. 179, qui seront publiées à Paris en 1778.
2. K. 203.
3. K. 279 à 283.
4. Quatre sonates pour clavecin, perdues.

Lors de ses promenades avec Miss Pimperl, il ne croisait plus l'Égyptien. Sans doute voyageait-il, mais reviendrait-il à Salzbourg ?

— Peut-être une excellente nouvelle ! annonça Leopold. Le prince-électeur de Bavière te commande un opéra bouffe pour le carnaval de Munich.

— Pourquoi « peut-être » ?

— Parce qu'il nous faut l'autorisation de Colloredo.

Wolfgang s'assombrit.

— Le grand mufti ne nous laissera pas partir.

— J'essaierai de le convaincre.

Hautain et distant, le prince-archevêque accepta néanmoins de recevoir son vice-maître de chapelle.

— Des soucis, monsieur Mozart ?

— Oh non, Votre Grâce ! Envisageant un séjour à Munich, je...

— Mes gens travaillent à Salzbourg, pas à Munich.

— Il s'agit d'une commande d'opéra et...

— De la part de qui ?

— De Maximilien III, le prince-électeur de Bavière.

— Ah...

Colloredo tenait à entretenir de cordiales relations avec l'ensemble des têtes couronnées et des chefs de principautés, grandes ou petites.

— En ce cas, reprit-il de sa voix tranchante, la situation mérite examen. Un opéra de style italien, j'espère ?

— Bien entendu, Votre Grâce ! Il s'appellera *La Finta Giardiniera*, *La Fausse Jardinière*. L'auteur du livret est Calzabigi, un disciple de Gluck.

— Des gages de qualité. Que votre fils fasse honneur à la réputation des musiciens de ma cour ! Je vous autorise, tous les deux, à vous rendre à Munich.

Munich, le 8 décembre 1774

Quel bonheur de sortir de Salzbourg ! En chemin, Wolfgang lut le *Werther* de Goethe et n'apprécia guère la débauche de sentiments outrés. Leopold, lui, remâcha la nouvelle de la nomination de Gluck comme compositeur de la cour impériale et royale de Vienne, avec un salaire de 2 000 florins par an. Pour son fils, la route de la capitale de l'Autriche semblait définitivement coupée.

À leur arrivée, les Mozart furent accueillis par le chanoine Pernat et le comte Seeau, intendant de la musique et des spectacles à la cour de Bavière. « Parfait hypocrite », pensa aussitôt Wolfgang.

— Le travail est-il terminé ? demanda le comte.

— Très avancé, répondit Leopold. Wolfgang le mènera rapidement à terme.

— Tant mieux, car le prince-électeur attend beaucoup de cet opéra. Distraire nos chers Munichois lui paraît primordial. Installez-vous, nous nous reverrons bientôt.

Le logement était acceptable.

— Ce comte nous causera des ennuis, prédit Wolfgang.

— Ne nous fâchons surtout pas avec lui ! Si tu obtiens un premier succès, d'autres commandes suivront.

Malgré une rage de dents provoquée par sa troisième molaire qu'il fallut soigner d'urgence, le 16 décembre, Wolfgang acheva les trois actes de *La Finta Giardiniera*[1] dont le livret l'intéressait peu, à l'exception du personnage de l'héroïne, belle, amoureuse et fidèle. Traduire en musique les sentiments d'une femme au cœur pur et à l'âme noble le passionnait.

1. K. 196.

Quand le comte Seeau annonça aux Mozart le report de la première, Wolfgang ne fut pas surpris. Cette tête de faux-cul avait le mensonge inné.

L'arrivée de Nannerl, le 5 janvier 1775, fut l'occasion de goûter à quelques réjouissances locales. Bien que la sœur aînée de Wolfgang fût logée chez une grenouille de bénitier, le trio familial fréquenta les bals de Munich en attendant le bon vouloir des autorités artistiques.

43.

Munich, le 13 janvier 1775

Le Salvatortheater était plein pour assister à la première représentation de *La Finta Giardiniera*. L'opéra bouffe du jeune Mozart serait-il assez distrayant ?

Le début n'avait pourtant rien de réjouissant. Amoureux de la marquise Violante, le comte Belfiore était, à tort, fou de jalousie. Tellement jaloux qu'il préférait la tuer plutôt que de la voir céder à un rival ! De retour chez lui, l'assassin se fiançait à la séduisante Arminda. Ni son amour dévorant ni son deuil n'avaient duré bien longtemps.

Mais Violante survivait ! Rétablie, elle partait, en compagnie de son serviteur Roberto, à la recherche du criminel. Dès son arrivée sur les terres de Belfiore, elle se dissimulait sous l'identité de la jardinière Sandrina, au service de don Anchise, l'oncle d'Arminda, épouse du meurtrier. Et Roberto devenait le domestique du notable.

À ce stade, le public se détendit enfin. À force de déguisements et de faux noms, on punirait forcément le méchant dans un accès de franche gaieté !

Attiré par sa servante, la mignonne Serpetta, don Anchise convoitait la noble et digne Sandrina, la fausse jardinière. Serpetta, elle, repoussait les avances du domestique Roberto.

Enfin, Sandrina dévoilait sa véritable identité à Belfiore, son assassin, qui se jetait à ses pieds. Hélas ! vraiment pas de quoi rire, car la jeune femme, au lieu de se venger ou de pardonner, persuadait l'infâme qu'elle l'avait effectivement trompé ! Et les deux amants maudits devenaient fous.

Complètement désorienté, le public munichois se rassura en assistant à une fin heureuse marquée par trois mariages : celui de Violante, *alias* Sandrina, avec Belfiore ; celui de l'épouse délaissée, Arminda, avec un nouvel amoureux ; et celui des deux domestiques, Roberto et Serpetta.

Un seul laissé-pour-compte, don Anchise, qui n'obtenait les faveurs d'aucune belle. Chacun espérait une scène franchement comique, mais le malheureux ne pouvait aimer que le double de l'héroïne et sombrait dans une sorte de démence.

— Drôle d'opéra bouffe, conclut un auditeur attentif. Ce jeune Mozart sait raconter une histoire en musique, mais il y a trop de notes et de passages tragiques en mineur. Le prince-électeur semble-t-il satisfait ?

— Il a applaudi, constata son voisin.

— Et le comte Seeau ?

— Il semble peu enthousiaste. À mon avis, l'auteur hésite sans cesse entre tragique et comique. Et ce livret si compliqué, quel ennui !

Intrigué, le critique Schubart écrivit dans la *Deutsche Chronik* : « Si Mozart n'est pas une plante de serre, il deviendra l'un des plus grands compositeurs qui aient jamais vécu. »

Munich, février 1775

À sa mère, inquiète, Wolfgang écrivit que son opéra avait plu au prince-électeur et à la noblesse munichoise. Et il conclut sa lettre en affirmant : « Nous reviendrons toujours assez tôt. »

— Ne t'enflamme pas, lui conseilla son père. Je viens de recevoir une commande du prince-archevêque. Il exige une messe brève et plaisante.

Irrité, le jeune homme composa très vite une œuvrette[1] dans laquelle les traits des violons imitaient les pépiements des moineaux. C'était presque stupide, mais distrayant. Et Wolfgang accentua le mot *descendit* du Credo que lui seul comprendrait : « Pourvu que Colloredo s'effondre et me laisse en paix ! » Pouvait-il rêver mieux pour sa dix-neuvième année ?

En pleine période de carnaval, Leopold et ses deux enfants se joignirent aux fêtards. Oubliant leurs soucis, ils fréquentèrent les bals et se réjouirent à la vision des rites païens annonçant la fin de l'hiver et le retour de la lumière.

Leopold attendait la commande d'un nouvel opéra qui lancerait la carrière de son fils à Munich. Quand le comte Seeau lui annoncerait-il enfin la bonne nouvelle ? Impatient, le chef de famille força la porte de l'intendant de la musique et des spectacles.

— Des soucis, monsieur Mozart ?

— *La Finta Giardiniera* ne fut-elle pas un beau succès ?

— Les avis divergent.

— Le vôtre, monsieur le comte ?

— Votre fils ne manque pas de talent. Certains pas-

---

[1]. La messe dite « des moineaux », K. 220.

sages m'ont paru un peu trop sérieux pour un opéra bouffe. C'est le carnaval, les Munichois ont envie de s'amuser. Alors, ces histoires de fous où l'on ne sait plus très bien qui est qui...

— Wolfgang n'est pas responsable du livret !
— J'entends bien, monsieur Mozart. Le prince Maximilien souhaite un motet destiné à l'offertoire d'une messe. Votre fils peut-il le composer rapidement ?
— Comptez sur lui.

En totale opposition avec la musique légère jouée à Salzbourg, Wolfgang façonna un morceau fort austère, d'un style archaïsant[1]. Fier de cet hommage aux maîtres anciens, il envoya la partition au Padre Martini et fut cruellement déçu de la réponse : « Une réussite dans le goût... moderne ! »

Rancœur de courte durée, car Wolfgang fut contraint de gagner sa vie en écrivant une charmante sonate, marquée au sceau de la virtuosité[2], commandée par le riche baron Dürnitz. Puis il livra un duel, au clavecin, au capitaine von Boecké devant un public d'amateurs de sensationnel. Aussi véloce que Wolfgang, le militaire était dépourvu de tout sens poétique. Vainqueurs de la joute : vin et bière, en l'honneur des valeureux musiciens !

Munich, mars 1775

Au début du mois, Leopold retourna voir le comte Seeau.
— Je suis fort occupé, monsieur Mozart, et n'ai guère de temps à vous accorder.

---

1. *Misericordias Domini*, en *ré* mineur, K. 222.
2. K. 284. Les variations finales sont admirables.

— Le prince Maximilien a-t-il été satisfait du motet ?
— Il n'a émis aucune critique.
— Pas de compliment ?
— Non plus.
— Envisagez-vous la commande d'un nouvel opéra ?
— Je dois y réfléchir.
— En disposant de suffisamment de temps, mon fils composera un ouvrage beaucoup plus attrayant que *La Finta Giardiniera*...
— Justement, cet opéra manquait de gaieté. Sans doute les capacités de votre fils sont-elles limitées. Puisqu'il donne satisfaction au prince-archevêque de Salzbourg, pourquoi aller chercher fortune ailleurs ? Restez donc chez vous, monsieur Mozart, et goûtez le privilège de votre condition.

Le séjour munichois se terminait par un désastre. À Wolfgang, Leopold ne parla que de l'indécision du comte Seeau, aux goûts artistiques incertains.

Le constat était cruel. Pas de commande d'un nouvel opéra pour le prochain carême, ni de partitions quelconques pour la cour de Bavière, ni de musique religieuse.

Le 6 mars 1775, les Mozart reprirent la route de Salzbourg.

44.

Salzbourg, le 23 avril 1775

Assis à côté de l'archiduc Maximilien-Franz, quatrième et dernier fils de l'impératrice Marie-Thérèse, le prince-archevêque Colloredo était fier d'offrir à cet hôte illustre, de passage dans sa ville, un petit opéra en deux actes et quatorze numéros, *Le Roi pasteur*[1], dû à la plume alerte du jeune Mozart, sur un livret de Métastase.

Alexandre le Grand en personne voulait accorder à un couple mal assorti le trône de Sidon. Prenant conscience de son erreur, il choisissait de meilleurs candidats, dont un berger pourtant désireux de rester avec son troupeau. Et tout se terminait au mieux, grâce à la clairvoyance d'Alexandre qu'égalait, à l'évidence, celle de Colloredo.

Après un premier concerto pour violon impersonnel et léger[2], Wolfgang avait dû composer à la hâte cette longue sérénade qui ne ressemblait nullement au grand opéra dont il rêvait.

Colloredo était ravi. Satisfait de cet accueil chaleu-

1. K. 208.
2. K. 207.

reux, l'archiduc ferait l'éloge du prince-archevêque à la cour de Vienne où se décidait l'avenir de la région. Si Joseph II parvenait à imposer ses réformes, il maintiendrait la prospérité.

Brunswick, le 26 mai 1775

Les habitants de la bonne ville de Brunswick assistèrent à un étrange spectacle. Guidé par le Grand Maître provincial Charles de Hund, les Chevaliers de la Stricte Observance templière arpentèrent les rues principales pour gagner la Maison de l'Ordre où les attendait le Grand Maître, le duc de Brunswick.

Prévu jusqu'au 6 juillet, le convent maçonnique rassemblait tous les dignitaires et promettait de belles empoignades. Trois commissions assureraient le développement de l'Ordre : la première traiterait d'économie, la deuxième de politique et la troisième des cérémonies. De leurs travaux émaneraient des rapports dont la teneur permettrait au Grand Maître de prendre des décisions.

Cette première grande manifestation officielle sur ses terres connaissait un beau succès populaire. À la fois intrigués et admiratifs, les badauds appréciaient la présence de ces Chevaliers superbement vêtus.

Pendant que ses adjoints réglaient les problèmes d'intendance, le Grand Maître reçut en privé Charles de Hund, amaigri et souffrant.

— Asseyez-vous, mon cher Frère. Désirez-vous de l'eau, une tisane ou bien une boisson plus forte ?

— Un peu d'eau, s'il vous plaît.

Le duc servit lui-même son hôte.

— Votre santé m'inquiète.

— Je suis très malade, avoua de Hund, et mes jours sont comptés.

— Vous m'en voyez désolé. Les meilleurs médecins de Brunswick tenteront de vous guérir.

— Trop tard.

— Ne soyez pas si pessimiste !

— Si la Stricte Observance me survit, n'aurai-je pas réussi ?

Le duc fut embarrassé.

— Mon cher Frère, vous avez malheureusement beaucoup d'ennemis. De petits esprits vous reprochent un manque de précision sur les origines de l'Ordre et la légitimité de votre pouvoir spirituel.

— J'ai déjà tout dit à ce propos !

— Vos explications manquent de consistance. En toute sincérité, vous vous défendez très mal. Et je crains que vos plus fidèles soutiens ne vous abandonnent.

— Seul et discrédité...

— Étant donné mes responsabilités, n'ai-je pas le devoir de me montrer lucide, même si je déplore la cruauté de cette attitude ?

Charles de Hund ne se sentait plus capable de se battre.

— Qu'attendez-vous de moi ?

— D'abord, que vous cautionniez ma décision de transférer de Dresde à Brunswick le siège du gouvernement de l'Ordre ; ensuite, que vous approuviez la nomination de mes proches aux postes de responsabilité ; enfin, que vous vous retiriez pour me laisser exercer la totalité du pouvoir. En échange de votre appui, je vous protégerai. Quelles que soient vos erreurs et vos insuffisances, je les assumerai. Et vous vous soignerez en toute tranquillité.

Charles de Hund se cala dans son fauteuil et ferma les yeux, tant la fatigue l'accablait.

Vienne, juillet 1775

En matant une révolte paysanne en Bohême, Joseph II avait prouvé sa fermeté. Décidé à maintenir la grandeur de l'empire en affirmant son autorité, il savait aussi prendre des mesures populaires, comme l'ouverture au public des jardins de l'Augarten.

Joseph Anton redoutait un excès de libéralisme qui affaiblirait la police et réduirait la sécurité. Cette tendance-là, bien des Francs-Maçons l'encourageaient, au moins en paroles.

De retour du duché de Brunswick, Geytrand se présenta au rapport.

— Les convents maçonniques sont de véritables mines d'information, déclara-t-il, réjoui. Certains participants sont si contents d'être invités qu'ils bavardent volontiers. J'en ai trouvé un, si vaniteux qu'il m'a tout raconté. Le baron de Hund est très malade, le duc de Brunswick en pleine forme ! Le malheureux fondateur de l'Ordre vient d'être renvoyé chez lui où il mourra délaissé et méprisé.

— Autrement dit, Ferdinand de Brunswick prend les pleins pouvoirs.

— De Hund écarté, il a nommé des fidèles aux principaux postes. Ainsi contrôlera-t-il les finances et orientera-t-il la politique de l'Ordre selon sa propre vision.

— Que veut-il précisément ?

— Restaurer l'Ordre du Temple et lui redonner sa splendeur d'antan. Et ce Grand Maître-là possède davantage d'envergure que le baron de Hund ! Ne pas le prendre au sérieux serait une erreur.

— Le contenu des rituels ?

— Sur ce point, le convent s'est soldé par un échec. Le duc de Brunswick espérait convaincre les clercs d'offrir leurs connaissances ésotériques aux Chevaliers. Peine perdue ! Les érudits persistent à garder leurs secrets. Pas très fraternel... Au Grand Maître d'apaiser les tensions et d'imposer une meilleure discipline. Le duc de Brunswick parviendra-t-il à maintenir une coexistence pacifique entre les diverses branches de l'Ordre ?

— Un homme dangereux, estima Joseph Anton. Dangereux, mais intouchable.

45.

Salzbourg, août 1775

Souffrant de la chaleur, Miss Pimperl passait la journée à dormir dans le grand appartement de la famille Mozart. Wolfgang promenait le fox-terrier tôt le matin et tard le soir, sans oublier de jouer avec une balle en chiffon que la chienne finissait toujours par lui chiper.

Anton Stadler courait les filles, Wolfgang composait. Un deuxième concerto pour violon [1], né le 14 juin, dans le goût français, donc superficiel et raffiné. Puis une sonate d'église [2], une sérénade [3] et un divertimento [4] destiné à égayer un repas du prince-archevêque organisé au château de Mirabell, son petit Versailles.

Autrement dit, rien de profond. Déprimé, le musicien reprit sa cantate funèbre de 1767 et lui ajouta un chœur final. Ce dialogue entre l'Âme et l'Ange, cette évocation de la mort et de l'au-delà lui permirent d'échapper

1. K. 211.
2. K. 212.
3. K. 204.
4. K. 213.

quelques heures à la galanterie et aux fadaises qu'imposait Colloredo.

Et Thamos réapparut, lors de la promenade du soir. Miss Pimperl lui fit la fête.

— Je me croyais abandonné !

— Tu t'abandonnais toi-même.

— On me confie un travail précis, et je l'accomplis. Le prince-archevêque n'apprécie qu'un seul type de musique, auquel aucun de ses domestiques musiciens ne peut échapper.

— Pas même toi ?

— Les barreaux de la prison sont trop solides !

— Oublies-tu de composer pour toi-même, hors du carcan de tes commandes ?

— Presque... J'ai quand même complété une vieille cantate qui n'avait rien de léger !

— Aussi nous rencontrons-nous à nouveau. Pourquoi m'intéresserais-je à un médiocre incapable de lutter contre l'adversité ?

— Moi, médiocre ? J'ai fait mes preuves, il me semble !

— En es-tu certain ?

Wolfgang vacilla, mais résista.

— J'ai donné le meilleur de moi-même, j'ai...

— Pas encore. Et tu ne suis pas le bon chemin en te laissant prendre à tes propres facilités.

— Le prince-archevêque exige...

— Toi, tu composes. Surtout, ne t'endors pas.

— Si l'opéra sur les mystères égyptiens avait réussi, je n'en serais pas là.

— Oublie les « si », forge ta volonté et ton art. Eux seuls t'ouvriront la porte de la connaissance.

Salzbourg, le 12 septembre 1775

En lisant la partition du troisième concerto pour violon[1] de son fils, Leopold fut surpris et inquiet. Certes, il respectait à peu près le style galant, et le rondo final à la française réjouirait forcément le prince-archevêque. Le mouvement lent, un adagio, avait une allure un peu mélancolique mais n'ennuierait pas l'auditoire. En revanche, l'allegro initial détonnait. Puissant, développant des thèmes en mineur, il offrait au soliste de surprenants dialogues avec l'orchestre.

— Ce début ne serait-il pas trop imposant ? Tu pourrais atténuer...

— Le mouvement ne progresse-t-il pas avec naturel ?

— Les oreilles de Colloredo ne sont pas habituées à tant de complexité ! On dirait une sorte... d'explosion.

— Elle réveillera peut-être l'âme du grand mufti !

Contrairement aux craintes de Leopold, l'œuvre ne choqua pas.

L'oreille distraite, le prince-archevêque ne se souciait que de son nouveau programme d'économies.

Les domestiques musiciens en feraient-ils les frais ?

Lyon, septembre 1775

Âgé de quarante-cinq ans, le négociant en tissus Jean-Baptiste Willermoz avait une tête de bon vivant, des sourcils épais, des lèvres sensuelles et de grands yeux un peu naïfs. Cordial, sympathique, charitable, il s'occupait d'œuvres de bienfaisance et semblait mener l'existence tranquille d'un grand bourgeois lyonnais.

1. K. 216.

Pourtant, son véritable idéal ne consistait pas à amasser une immense fortune. Franc-Maçon dès l'âge de vingt ans et Vénérable Maître inamovible de la Loge qu'il avait créée [1], il se montrait d'une activité débordante afin de répandre l'idéal maçonnique.

Willermoz était devenu l'un des chefs de la branche française de la Stricte Observance templière. Ne représentait-elle pas l'avenir de la Franc-Maçonnerie, à condition de développer une authentique spiritualité qui manquait cruellement à la plupart des Loges ?

Non content de présider et d'animer les Loges lyonnaises, Jean-Baptiste Willermoz échangeait une volumineuse correspondance avec de nombreux mystiques et Francs-Maçons afin de propager ses idées. La Stricte Observance lui permettrait sans doute de presser le mouvement et de conquérir la France entière.

La plus grande prudence s'imposait. Willermoz ne devait pas dévoiler trop tôt ses véritables intentions, car il connaissait mal le nouveau Grand Maître, le duc de Brunswick. Serait-il intransigeant et fermé, ou bien ouvert aux visions mystiques ? Autre inquiétude : l'ancrage allemand de l'Ordre templier déplaisait à certains patriotes français. Willermoz devait donc procéder par petites touches et attendre des circonstances favorables avant de s'imposer comme un incontestable chef de file, d'abord à la manière d'une éminence grise puis en pleine lumière.

---

1. La Parfaite Amitié. En 1758, il avait fondé la Loge Les Vrais Amis et, en 1760, celle des Maîtres réguliers de Lyon. Willermoz était l'héritier de l'œuvre de Martines de Pasqually, féru de gnose, de Kabbale et de magie, mort en 1774 à Saint-Domingue.

Salzbourg, le 15 novembre 1775

Leopold ne décolérait pas. Le 30 septembre, Colloredo avait fermé le théâtre princier par mesure d'économie ! Une très mauvaise nouvelle pour les musiciens de la cour, désormais privés d'un précieux instrument de travail.

Face à de nombreuses pressions plus ou moins feutrées, le prince-archevêque acceptait d'ouvrir un nouveau théâtre au parc Mirabell, proche de son palais. Mais il reviendrait à un imprésario d'y accueillir les troupes ambulantes, sans accorder une place privilégiée aux musiciens salzbourgeois.

L'espace de création diminuait donc de manière sensible.

Épargnés, les Mozart père et fils gardaient leur poste. Dans le rondo final de son quatrième concerto pour violon[1], inspiré de Boccherini, Wolfgang s'était amusé à inclure un thème folklorique alsacien qui valut à l'œuvre, agréable aux oreilles du grand mufti, le nom de « concerto de Strasbourg ». Satisfait de voir son fils revenu à la raison, Leopold apprécia moins, le 20 décembre, le cinquième concerto en *la* majeur[2], en raison d'un mouvement lent aux profondeurs inquiétantes et de l'intensité rythmique du finale.

— Trop étoffé et trop dense, jugea-t-il. Tu devrais remplacer cet adagio.

— À votre guise, père. Sachez que je n'écrirai plus de concerto pour violon et orchestre. Je me heurte aux limites d'un genre étouffant.

En promenant Miss Pimperl qui adorait gambader dans la neige, Wolfgang rencontra Thamos.

1. K. 218.
2. K. 219.

— J'ai apprécié ta réaction, Wolfgang.

— Ce n'est pas le cas de mon père ! Il sanctionne tout excès, de manière à ne pas mécontenter Colloredo.

— Le prince-archevêque appréciera peut-être le prochain opéra monté dans son nouveau théâtre...

— Style italien ou français, j'espère ? Sinon, échec assuré !

— Style mozartien en formation.

— Que voulez-vous dire ?

— Ne devines-tu pas ? Grâce à quelques relations influentes, je suis parvenu à obtenir une représentation de *Thamos, roi d'Égypte*.

46.

Salzbourg, le 3 janvier 1776

En dépit du mauvais temps, la représentation de *Thamos, roi d'Égypte* fut un rayon de soleil pour Wolfgang. Quant au jugement du prince-archevêque Colloredo, il tomba comme un couperet.

La pièce de von Gebler ne lui déplut pas, car il l'interpréta en fonction de la philosophie des Lumières et n'y vit pas d'allusion politique contre le gouvernement autrichien ; en revanche, il jugea inutiles les chœurs du jeune Mozart. En fin de compte, une œuvre mineure à oublier.

À la sortie du théâtre, l'Égyptien réconforta Wolfgang.

— Oublie la critique et continue à travailler sur ce thème, même sans écrire une note. Lentement, très lentement, les mystères nourriront ta pensée.

— Le grand mufti déteste ma musique !

— Pas celle qui te permet de recevoir un salaire et d'approfondir ta connaissance des styles et des instruments. Cette représentation nous offre un enseignement précieux : Colloredo n'a été ni choqué ni indigné. Il n'a vu qu'une sorte de conte naïf évoquant une Antiquité révolue. Peu à peu, tu apprendras à créer des formes qui, sans trahir le message, plairont à tous les auditoires, du plus savant au plus populaire. Certains apprécieront la féerie, d'autres le style, la plupart se laisseront charmer, et un tout petit nombre percevra l'essentiel.

— Cet essentiel, n'est-ce pas l'enseignement des prêtres du soleil ?

— Continue à séduire Salzbourg et prouve-moi que tu es capable de l'apprivoiser sans perdre ton âme.

Salzbourg, le 27 janvier 1776

Wolfgang méritait bien un pantagruélique repas d'anniversaire à l'occasion de ses vingt ans ! Pris d'une fièvre créatrice, il venait de composer un délicieux concerto pour piano[1], une amusante « sérénade nocturne[2] », un divertimento[3] dont le grave trio en *sol* mineur faisait oublier que l'œuvre était destinée à égayer un repas de Colloredo, une sonate d'église[4] et un concerto pour trois pianos[5] adapté aux possibilités techniques d'une jeune virtuose, la comtesse Josepha.

— Le prince-archevêque, la cour et l'aristocratie apprécient la qualité et la quantité de ton travail, reconnut Leopold. À l'église et dans les salons, tu es reconnu comme un vrai professionnel. Et j'ai une excellente nouvelle à t'annoncer : plusieurs dames fortunées désirent que tu leur donnes des leçons de piano.

---

1. K. 238.
2. K. 239.
3. K. 240. Le thème du finale de la *Symphonie Jupiter* y est esquissé.
4. K. 241.
5. K. 242.

— Enseigner ne m'intéresse guère.
— C'est indispensable, Wolfgang. D'une part, on ne peut opposer un refus à des personnes de haut rang ; d'autre part, les rentrées financières ne seront pas négligeables. Serais-tu honteux de suivre les traces de ton père et de devenir un bon pédagogue ?
— Non, bien entendu !
— Alors, ne discutaillons pas ! Ton avenir est tout tracé : sérénades et divertissements pour la cour et les riches amateurs de musique, litanies et messes pour l'Église, enseignement destiné aux personnes de qualité ! À vingt ans, une belle réussite !
— Très belle, approuva Anna-Maria. Et qui n'aimerait pas couler des jours heureux à Salzbourg ?

Berlin, avril 1776

L'ex-pasteur Wöllner, Franc-Maçon de la Stricte Observance templière depuis 1768, obtenait enfin le poste tant convoité : Vénérable Maître de la célèbre Loge les Trois Globes. Avec son Frère et ami Bischoffswerder, un officier, il contrôlait aussi la Loge Frédéric au Lion d'or.

À partir de ces deux entités, les deux complices, encouragés par le pouvoir, implanteraient à Berlin la Rose-Croix d'Or d'ancien système dont ils étaient les missionnaires occultes. Des missionnaires également agents doubles, puisqu'ils lançaient leur offensive avec l'accord et l'appui des Jésuites.

L'un et l'autre ignoraient que ces derniers agissaient sous l'influence de Joseph Anton, dont le travail de sape commençait à donner des résultats. Puisqu'il ne pouvait attaquer la Franc-Maçonnerie de front, il lui instillerait du poison à jets continus afin de la ronger de l'intérieur.

Joseph Anton ne se contentait pas d'observer et d'alimenter ses dossiers. À présent, il agissait.

Salzbourg, avril 1776

— Ravissant, délicieux, merveilleux ! Ce concerto[1] est si distingué... Il m'enchante ! Monsieur Mozart, vous êtes un magicien.

Wolfgang s'inclina.

La comtesse Antonia von Lützow était visiblement fascinée par la musique fluide du jeune compositeur tant apprécié de la bonne société salzbourgeoise. En lui dédiant ce concerto en *ut* majeur, Wolfgang ferait de nombreuses jalouses.

— J'aimerais prendre davantage de leçons, supplia la comtesse, afin d'interpréter cette partition sans commettre d'impairs.

— Mon emploi du temps est très chargé et...

— Je vous en prie, monsieur Mozart !

— Mettez-vous au piano.

Wolfgang rectifia quelques-unes des nombreuses erreurs de son élève et lui promit une autre répétition. Puis il se rendit chez Anton Stadler afin de le défier aux fléchettes et de libérer ainsi ses nerfs. Dieu, que l'enseignement l'exaspérait !

Satisfaire ses parents en leur prouvant ses capacités ne suffisait pas à son bonheur. Si l'avenir consistait à vieillir lentement sous l'habit d'un valet musicien, soumis aux exigences d'un petit tyran, à quoi bon le bâtir ? Grâce à Thamos, Wolfgang gardait espoir. Et il ne décevrait pas son ami venu d'ailleurs.

---

1. K. 246.

Ingolstadt, le 1ᵉʳ mai 1776

Âgé de vingt-huit ans, professeur de droit et bientôt doyen de l'université de la petite ville d'Ingolstadt, en Bavière, Adam Weishaupt vivait un moment exceptionnel. Né dans cette ancienne place forte des Jésuites dont l'Ordre, aujourd'hui dissous, continuait à sévir de manière occulte, il avait décidé de combattre l'Église, le catholicisme et ses séides. Athée, Weishaupt constatait leur effroyable influence sur l'éducation et l'enseignement supérieur. Cette religion stupide embrigadait les âmes et empêchait les individus de penser librement.

Comment lutter contre l'obscurantisme, sinon en rassemblant des esprits forts, décidés à lui porter des coups décisifs ? En créant, ce 1ᵉʳ mai, la société secrète des Illuminés de Bavière, Weishaupt se donnait l'instrument indispensable pour réaliser son rêve.

Ses fidèles n'étaient encore qu'un petit nombre, mais ils se comportaient en éclaireurs et en propagateurs de la Lumière. La majorité souhaitait établir un compromis entre la raison et une religion moins sectaire, sans adhérer aux idées révolutionnaires de certains philosophes français. Les premiers Illuminés critiquaient néanmoins les privilèges des rois et des princes, surtout quand ils exerçaient leurs pouvoirs sans discernement ni compétence. Position d'ailleurs peu originale, car largement répandue dans le théâtre et la littérature.

Encore fallait-il passer de la théorie à la pratique, en évitant la violence. Conscients que le catholicisme temporel avait dénaturé la spiritualité, les Illuminés ne dédaignaient pas l'enseignement des Anciens, notamment des Égyptiens.

Lors de la réunion des fondateurs, plusieurs décisions furent prises : le secret absolu, le cloisonnement, un travail intellectuel intense, une stricte discipline, une éducation laïque, la publication de brochures, l'examen attentif de toute candidature en exigeant un curriculum vitae détaillé du postulant. De plus, les noms des adhérents et leurs lieux de rencontre seraient codés [1].

Le succès passait par la conquête de la Franc-Maçonnerie, support idéal pour propager une nouvelle philosophie.

---

1. Ainsi Athènes désignait-elle Munich, Éleusis Ingolstadt, Héliopolis Weimar et l'Égypte l'Autriche. Weishaupt s'appelait Spartacus et Sonnenfels, Franc-Maçon et professeur de sciences politiques à Vienne, Fabius.

47.

Salzbourg, mai 1776

Aucun des auditeurs de la Grande Messe en *ut* majeur[1] de Wolfgang Mozart ne s'ennuya, tant cette musique-là était éclatante. Plutôt éloignée du cadre religieux habituel, elle n'incitait guère au recueillement ! Ne parvenant plus à se plier aux exigences de Colloredo, le jeune homme avait enfin composé une *Missa longa*, une « messe longue » qui, en raison de sa durée excessive, ne pourrait être donnée à la cathédrale. L'église Saint-Pierre l'accueillit, pour le plus grand plaisir des fidèles.

— Je me suis régalé, reconnut Anton Stadler. Ne risques-tu pas de mécontenter les gens d'Église ?

— S'ils sont tristes et déprimés, je leur redonnerai de l'allant !

— Nos chers religieux n'ont pas un sens de l'humour très développé.

— Il fallait que je sorte d'un carcan. Minuter chaque messe selon les règles de Colloredo devenait insupportable.

1. K. 262.

Vienne, le 20 mai 1776

— Rencontre au sommet! annonça Geytrand à Joseph Anton. Grâce à l'un des valets du duc de Brunswick, j'ai appris que le Grand Maître de l'Ordre templier vient de recevoir celui du Rite suédois, le duc de Saxe-Gotha. Un succulent déjeuner, paraît-il, arrosé de vins exceptionnels.

— À part ces ripailles diplomatiques, quoi d'important?

— Ces deux grands seigneurs ont tenté de mettre fin aux hostilités entre leurs deux mouvements maçonniques. L'un et l'autre visent la conquête de l'Europe, et la discussion fut épineuse.

— Union sacrée ou affrontement majeur?

— Ni l'une ni l'autre, semble-t-il. Le duc de Saxe-Gotha ne veut pas de vagues, mais refusera de dissoudre sa confrérie dans la Stricte Observance. Quant au duc de Brunswick, il ne limitera pas ses ambitions. Seules concessions apparentes : l'Ordre templier ne s'implantera pas en Suède, et le Rite suédois fera taire ses membres trop virulents. Mais cette fausse paix est déjà brisée!

— De quelle manière?

— Zinnendorf se trouve à Vienne pour rallier quatre Loges au Système suédois.

— Bien entendu, il est filé en permanence?

— Bien entendu, monsieur le comte, de même que son émissaire officiel, von Sudthausen.

— Il demande audience à l'empereur Joseph II, révéla Joseph Anton.

Geytrand blêmit.

— Le Rite suédois compte-t-il obtenir une reconnaissance officielle?

— Sans nul doute.
— Ce serait une catastrophe !
— Pas d'inquiétude, j'ai fait remettre à Sa Majesté un dossier très instructif.

Vienne, le 26 mai 1776

Von Sudthausen était fort déçu. Le projet de fusion entre l'Ordre templier et le Système suédois échouait lamentablement. Les rêveries de son ami Zinnendorf volaient en éclats, à moins que l'audience accordée par Joseph II ne débouchât sur un résultat positif.

Le monarque fut d'une extrême froideur.

— Majesté, je vous prie d'être le protecteur des Loges maçonniques appartenant au Rite suédois. Les Frères sont parfaitement respectueux de votre autorité suprême et des lois que vous promulguez. Seuls des hommes de qualité sont admis dans nos assemblées où nul propos subversif ne saurait être admis. Vous pouvez compter sur l'absolue et sincère fidélité des Francs-Maçons.

— Fort bien, mais vous disposez déjà d'une Loge adhérant au Rite suédois, ce qui me paraît amplement suffisant. J'autorise son existence, sous réserve du strict respect de notre législation.

— Soyez-en remercié, Majesté. Votre haut patronage serait...

— N'y comptez pas. Un esprit libéral ne doit être ni faible ni partisan. Favoriser la Franc-Maçonnerie heurterait beaucoup de hautes personnalités, à commencer par l'impératrice Marie-Thérèse.

— Je ne l'ignore pas, Majesté, mais...
— L'entretien est terminé.

Von Sudthausen se retira. Jamais le Rite suédois ne s'implanterait à Vienne.

Salzbourg, le 10 juin 1776

Le jour de la Saint-Antoine de Padoue, la comtesse Antonia Lodron organisa une grande fête en son honneur. Les réjouissances devaient s'accompagner d'une musique légère et soignée, donc d'un divertimento[1] du jeune Mozart. Le prince-archevêque ne savourait-il pas ses mélodies lors de chacun de ses repas mondains ?

Parmi les invités, le comte de Thèbes, un dignitaire étranger aussi fortuné que discret. Grand voyageur, il offrait des sommes importantes aux asiles et aux écoles rassemblant orphelins et déshérités.

Wolfgang se demanda pourquoi l'Égyptien participait à ces mondanités. Impassible, Thamos ne laissa rien paraître de son émotion quand, dans le début du finale, d'une solennité inattendue, il perçut les prémices du Grand Œuvre[2].

Dès la fin de l'œuvre, l'assistance se mit à bavarder. Profitant du brouhaha, Thamos s'éclipsa. Wolfgang ressentit une profonde angoisse : ce départ marquait-il une désapprobation définitive ?

---

1. K. 247.
2. À savoir des passages du chœur des prêtres de *La Flûte enchantée*.

48.

Vienne, le 20 juillet 1776

Âgé de quarante-trois ans, professeur de sciences politiques à l'université de Vienne, Joseph von Sonnenfels avait été le premier juriste autrichien à défendre les idées de la philosophie des Lumières dans son périodique *L'Homme sans préjugés*. Apprécié de Joseph II, il venait d'obtenir une grande victoire : l'abolition de la torture.

L'empereur connaissait son appartenance à la Loge maçonnique la Vraie Concorde mais ignorait que le brillant universitaire était aussi l'un des Illuminés de Bavière, enthousiasmé par les grands projets de Weishaupt. Une excellente nouvelle le confortait dans cette voie : la création des États-Unis d'Amérique, sous l'impulsion du Franc-Maçon George Washington, premier président de ce nouveau pays dont la liberté de conscience serait l'un des aspects majeurs.

Convoqué au palais, Joseph von Sonnenfels ne reculerait pas. S'attendant à d'éventuelles remontrances de l'empereur, le juriste tenterait d'expliquer le bien-fondé de ses positions. Joseph II semblait moins buté que Marie-Thérèse et croyait à la nécessité d'adopter des réformes libérales, mais jusqu'où ?

— Monsieur le professeur, déclara le souverain, j'ai une tâche urgente à vous confier. Certains la jugeront mineure, je l'estime importante. Vous n'êtes pas indifférent à la politique culturelle, me semble-t-il ?

— Au contraire, Majesté !

— Je veux un théâtre national allemand à Vienne, sous administration de la cour. Que proposez-vous ?

Par bonheur, von Sonnenfels avait l'esprit de repartie.

— Le Burgtheater. J'en écarterai les farces déplorables qui abêtissent le grand public, et cette belle institution produira des œuvres musicales allemandes, en alternance avec des italiennes.

— Je vous donne mon accord. Mettez-vous au travail.

Salzbourg, été 1776

Le 20 juillet, une longue et joyeuse sérénade [1] de Wolfgang, jouée par un grand orchestre, avait illuminé le mariage d'Élisabeth Haffner, fille d'un riche négociant et bourgmestre de Salzbourg. Même gaieté dans le divertimento [2] en *ré* majeur, agrémenté de danses françaises, joué lors du vingt-cinquième anniversaire de Nannerl.

Et puis cette allégresse un peu forcée s'était brisée à l'occasion d'un autre divertimento [3] pour piano, violon et violoncelle dont le mouvement lent traduisait une inquiétante tristesse.

Continuer à composer de la musique galante et superficielle ne conduisait-il pas à une impasse ? La disparition de Thamos n'équivalait-elle pas à une condamnation ?

1. Sérénade *Haffner*, K. 250.
2. K. 251.
3. K. 254.

Impossible de se confier à son père, à sa mère ou à sa sœur. La seule à le comprendre était Miss Pimperl, toujours prête à jouer et à dissiper la grisaille.

— Ton travail n'a rien de honteux, affirma la voix qu'il espérait.

— Thamos ! Vous ne me méprisez pas ?

— Au contraire, Wolfgang. Tu prouves chaque jour ton sérieux en remplissant correctement tes fonctions. Çà et là commence à percer ton véritable avenir. Mais il faudra noircir encore beaucoup de papier à musique...

— Je n'ai que vingt ans et je suis déjà un petit fonctionnaire au service d'un médiocre tyran dont le goût musical se veut absolu !

— Tu apprends ton métier et tu façonnes des armes en prévision des combats futurs. L'un des aspects de l'intelligence ne consiste-t-il pas à s'adapter ?

— Par moments, j'ai envie de piétiner les instruments et d'en jeter les débris au visage du prince-archevêque pour savoir s'il a un peu de sensibilité !

— N'étouffe pas cette envie.

— Vous... vous m'encouragez à la révolte ?

— Ce serait prématuré. Accomplir l'acte juste au moment juste est la faculté principale d'un bon magicien. Il te faudra franchir de nombreuses étapes avant de l'exercer. Avoir été enfant prodige ne te facilite pas la tâche.

— Je ne le suis plus !

— Tant mieux, Wolfgang. Alors, travaille.

Wiesbaden, le 15 août 1776

Le convent maçonnique rassemblait les délégués de nombreuses Loges et plusieurs visiteurs de marque. Assis à côté de Johann Joachim Christoph Bode, Thamos trouvait son voisin bien turbulent. Ce Frère sanguin et nerveux ne cessait de pester contre les orateurs qu'il jugeait tièdes et ennuyeux.

— Tu n'as pas encore entendu le pire, confia-t-il à Thamos. On nous annonce le Messie, le sauveur de la Franc-Maçonnerie !

— Comment s'appelle-t-il ?

— Gottlieb, baron de Gugomos, conseiller du gouvernement de Rastatt. Ah, le voilà !

Le nouveau prophète prit la parole et entra aussitôt dans le vif du sujet.

— J'ai été initié à Rome et je connais les grands secrets. Totalement rempli de l'esprit supérieur, je suis venu vous arracher aux ténèbres et vous enseigner la vérité. Si les Loges m'obéissent et renoncent à leurs erreurs, elles quitteront le chemin du diable et avanceront sur celui de Dieu.

— Nous n'en voulons pas, de ton Dieu ! explosa Bode. Un Franc-Maçon doit échapper à l'emprise de l'Église et penser librement.

Gugomos contempla son contradicteur avec commisération.

— Calme-toi, mon Frère, et ne deviens pas un persécuteur de la vérité que j'incarne. Sinon...

— Sinon, quoi ?

— J'ai la maîtrise des poisons, notamment de l'*aqua toffana* qui laisse peu de traces et foudroie les parjures et les traîtres ! Mes fidèles chanteront au cimetière des psaumes de deuil sur la tombe du Frère qu'ils auront justement occis.

— Cet imposteur est complètement fou ! rugit Bode. Qu'on l'expulse de cette assemblée !

Le président de séance mit fin à la réunion. À l'évidence, Gugomos n'avait pas toute sa raison.

— La Franc-Maçonnerie se déshonore en accueillant de tels malades mentaux, dit Bode à Thamos.

— Que préconises-tu, mon Frère ?
— Un changement radical d'orientation. D'abord, éradiquer les Jésuites et leurs espions, cachés sous les tabliers maçonniques. Ensuite, orienter notre société pervertie vers la justice et l'égalité.
— Ne crains-tu pas une réaction violente de la part des autorités ?
— En Loge, nous pouvons parler librement. Et les idées seront plus puissantes qu'une immense armée. Foi de Bode l'incroyant, les trônes s'effondreront et de nouvelles valeurs s'imposeront.

En quittant Wiesbaden le 4 septembre, au terme d'un inutile convent, Thamos songea à l'abbé Hermès et le pria de l'aider. Il avait besoin de toute la sagesse de son Maître, issue de l'Orient éternel, pour se persuader que la Franc-Maçonnerie serait le cadre de l'épanouissement du Grand Magicien.

Vienne, le 7 septembre 1776

— Le convent de Wiesbaden s'est terminé dans la confusion, annonça Geytrand à Joseph Anton. Un fou furieux, le faux baron de Gugomos, a même menacé d'empoisonner les Frères qui refuseraient de lui obéir aveuglément !
— Fanfaronnade ou réelle menace ?
— Le provocateur a été expulsé, mais il prétendait maîtriser une substance redoutable, l'*aqua toffana*. J'ai vérifié, ce poison existe bel et bien. Administré à petites doses sur une longue période, il ne laisse guère de traces.
— Intéressant, jugea Anton en notant le détail. Tâche de t'en procurer, avec la plus extrême discrétion.
— Cela va sans dire, monsieur le comte.

49.

Salzbourg, le 7 septembre 1776

Wolfgang s'était bien amusé en écrivant un air comique pour ténor[1] qui mettait en scène un bavard ridicule exigeant toutes les qualités de sa future épouse. Il faisait suite à une autre composition pour la même voix[2], évoquant les adieux déchirants du prince Énée à la belle Didon, dont l'amour n'avait d'autre issue que la mort.

Le jeune homme balançait entre tristesse et gaieté, ne sachant plus comment exprimer ce qu'il ressentait au plus profond de lui-même. Thamos pouvait l'aider, certes, mais lui seul décidait de leurs rencontres ! Et son père, Leopold, ne comprenait rien à la gravité de ses états d'âme.

Un homme, un seul, lui dicterait la voie à suivre : le Padre Martini.

Wolfgang ne devait surtout pas lui parler de ses œuvrettes galantes destinées à distraire son employeur et la bonne société salzbourgeoise. Le Padre Martini n'appréciait que les compositions sérieuses et la

1. K. 256.
2. K. 255.

musique religieuse. En lui adressant une sorte d'appel au secours, le jeune homme obtiendrait certainement une réponse favorable. Le Padre l'inviterait à Bologne et lui procurerait du travail.

Aussi Wolfgang prit-il sa plus belle plume et pesa-t-il chacun des mots dont dépendait son destin :

Très Révérend Père et Maître, Mon très estimé maître, la vénération, l'estime et le respect que je porte à votre personne m'incitent à oser vous importuner par la présente lettre, et à envoyer ci-joint un faible échantillon de ma musique, en la soumettant à votre souverain jugement. J'ai écrit, l'an dernier, un opéra bouffe, La Finta Giardiniera, *à Munich, en Bavière. Peu de jours avant mon départ de cette ville, Son Altesse le prince-électeur a désiré entendre aussi quelque chose de ma musique de contrepoint. J'ai donc été obligé d'écrire ce motet en grande hâte, afin qu'on eût le temps d'en copier la partition pour Son Altesse, et d'en transcrire les parties de manière à pouvoir exécuter le morceau le dimanche suivant, à l'offertoire de la grand-messe.*

Mon très cher et estimé Père et Maître, je vous prie instamment de me donner votre opinion, avec une totale franchise et sans arrière-pensée. Nous sommes en ce monde afin d'apprendre en permanence, et afin de nous éclairer les uns les autres en échangeant nos pensées, et pour tenter de faire progresser les sciences et les arts. Combien de fois, ô combien de fois j'ai éprouvé le désir de vivre plus près de vous et de m'entretenir avec vous !

Mon père occupe la fonction de maître de chapelle à la cathédrale, ce qui me donne la possibilité d'écrire pour celle-ci autant que je le souhaite. Malheureusement, le prince-archevêque n'apprécie guère les styles anciens. Notre musique religieuse est fort différente de celle qui se joue en Italie, d'autant plus qu'une messe ne doit pas durer plus de trois quarts d'heure. Aussi ce genre de composition requiert-il une pratique particulière, sans compter que la messe, en dépit de sa brièveté, doit comporter l'ensemble des instruments, y compris des trompettes militaires ! Eh oui, mon bien cher Père, c'est ainsi !

Combien cela serait bon de pouvoir vous raconter encore bien d'autres choses. Je prie humblement tous les membres de la Société philharmonique de m'accorder leur faveur, et ne cesse point de regretter d'être ainsi si éloigné de l'homme que je vénère le plus au monde, et dont je reste le très humble et très dévoué serviteur.

Paris, octobre 1776

— Votre requête m'a intrigué, monsieur Mauvillon, dit Mirabeau[1] de sa voix autoritaire. Pourquoi me contacter en grand secret ?

— Parce que je suis l'ambassadeur d'une jeune confrérie, les Illuminés de Bavière, dont les idées devraient vous intéresser.

— Quelles sont-elles ?

— Voici un mémoire rédigé par mes soins à l'issue de longues séances de travail avec les Illuminés. Nous y prônons la suppression du servage, de la corvée, des lettres de cachet et des corporations. À notre sens, il est urgent de lutter contre le despotisme et l'intolérance.

— Superbe programme, Mauvillon, mais très dangereux !

— C'est pourquoi le secret est nécessaire.

1. Né en 1749, Mirabeau sera président de l'Assemblée nationale en 1791, peu de temps avant sa mort.

— Les Illuminés de Bavière, dites-vous... La police vous a-t-elle repérés ?

— Pas encore. Nous ne sommes qu'un petit nombre, mais rassemblons des intellectuels de renom. Leur pensée déferlera bientôt sur l'Europe. La France nous apparaît comme le pays le plus ouvert à un changement profond des mentalités.

— De graves crises s'annoncent, Mauvillon.

— Et vous, Mirabeau, y jouerez un rôle déterminant !

— J'y compte bien, mais en toute légalité. Il ne faut aller ni trop loin ni trop vite.

— Tel est également notre point de vue. Accepteriez-vous d'entrer dans notre cénacle ?

— J'y songerai.

Mauvillon n'en douta pas : il venait de recruter un nouvel Illuminé dont l'influence serait considérable.

Meinigen, le 28 octobre 1776

Le baron de Hund n'eut pas la force de se rendre à la Tenue maçonnique que des Frères, ravis de son passage, organisaient en son honneur. Déprimé, usé, sentant son œuvre lui échapper, il cessa de lutter.

Le baron s'alita et manda un Chevalier templier en lequel il avait pleine confiance.

— Je vais m'endormir de mon dernier sommeil, lui annonça-t-il. Je veux être inhumé dans la chapelle de mon domaine de Lipse, au pied de l'autel. Qu'on me revête du costume d'apparat de Grand Maître provincial de la Stricte Observance templière et qu'on grave sur ma pierre tombale mes titres, mes armoiries et celles de l'Ordre.

Serrant sur son cœur un petit livre rouge relié en cuir de Cordoue et contenant les rituels templiers, le baron Charles de Hund ferma les yeux.

50.

Vienne, novembre 1776

— Le fondateur de la Stricte Observance templière, Charles de Hund, est mort et enterré, dit Geytrand à Joseph Anton. Le Grand Maître, Ferdinand de Brunswick, ne le pleurera pas longtemps ! Maintenant, il a les mains tout à fait libres.

— Encore lui faut-il trouver un successeur pour diriger la très importante septième province de l'Ordre templier. De Hund n'exerçait plus guère d'influence, mais il gardait le prestige du fondateur.

— Brunswick désignera un homme de paille qu'il manipulera à loisir.

— Je n'en suis pas si sûr, objecta Anton. La septième province est le fer de lance de l'Ordre, et des candidatures musclées ne manqueront pas de se manifester. Brisé et malade, de Hund avait accepté la suprématie du Grand Maître. Il n'en sera peut-être pas de même de ses concurrents.

— En ce cas, de beaux affrontements en perspective et l'affaiblissement de la Franc-Maçonnerie !

— Ne nous réjouissons pas trop tôt et attendons la nomination du nouveau patron de cette fameuse province à laquelle appartient l'Autriche.

— Mon réseau d'indicateurs nous permettra d'être bien informés, promit Geytrand.

Salzbourg, début décembre 1776

— Tu n'as vraiment pas l'air gai, dit Anton Stadler à Wolfgang qui caressait le ventre de Miss Pimperl, couchée sur le dos et les pattes en l'air. À vingt ans, tu devrais quand même penser à autre chose qu'à écrire des messes !

Lassé des œuvrettes superficielles, dépité de ne pas recevoir une réponse rapide du Padre Martini, Wolfgang, au grand étonnement de son père, n'avait rien composé en octobre. Renfermé, solitaire, il mûrissait sa décision de devenir un auteur sérieux et de se consacrer désormais à la musique d'église.

Cette fois, Thamos ne lui reprocherait pas de se perdre dans les méandres de la frivolité ! En novembre, sa messe en *ut* majeur, mettant particulièrement en valeur le Credo [1], avait été jouée à la cathédrale de Salzbourg. Respectant la durée imposée par le prince-archevêque, moins de trois quarts d'heure, elle témoignait d'une réelle ferveur. Le Dieu des chrétiens offrirait-il au jeune homme l'apaisement et la réponse à ses innombrables questions sur lui-même, son art et son avenir ?

Une messe brève [2] pour l'ordination du comte von Spaur, futur doyen du chapitre de la cathédrale, une autre messe brève comportant un solo d'orgue [3], une messe longue parsemée d'accents intenses [4], une sonate

---

1. K. 257.
2. K. 258.
3. K. 259.
4. K. 262.

d'église [1]... Wolfgang traçait son sillon, mais Thamos ne réapparaissait pas.

— Ce soir, indiqua Anton Stadler, j'organise une petite soirée avec des amies sympathiques qui aimeraient beaucoup te rencontrer. Un garçon si pieux et si sérieux, ça les intrigue ! Ne manque surtout pas ça.

— Désolé, j'ai du travail.

Vienne, décembre 1776

En déposant ses maigres bagages dans son modeste logement de fonction de l'université de Vienne, Ignaz von Born admit enfin qu'il ne s'agissait pas d'un rêve éveillé.

Sensible à sa réputation internationale et soucieuse de ne pas tenir à l'écart un savant d'une telle envergure, l'impératrice Marie-Thérèse lui avait attribué un poste de minéralogiste.

Elle, l'adversaire farouche de la Franc-Maçonnerie, ignorait donc tout de l'engagement et de l'idéal de von Born. Mais elle les découvrirait tôt ou tard, d'autant qu'il comptait fréquenter les Loges viennoises et y repérer les Frères désireux de vivre une véritable initiation. Aussi lui faudrait-il se montrer extrêmement prudent et passer pour l'un de ces Francs-Maçons inoffensifs, occupant leurs réunions à boire et à manger.

On frappa à sa porte.

Son premier visiteur, sans doute un administrateur ou un collègue.

— Thamos...

— Heureux de vous voir habiter Vienne, mon Frère. Grâce à ce poste, qui vous ôtera tout souci matériel,

---

1. K. 263.

vous pourrez vous consacrer à la construction d'une Franc-Maçonnerie initiatique.

— C'est à vous que je dois cet emploi, n'est-ce pas ?

— N'exagérons rien. J'ai transmis à des personnalités influentes de la cour des informations vous concernant. Puisque personne ne mettait en lumière vos compétences, il fallait bien que quelqu'un s'en chargeât. Simple coup de pouce, car c'est votre travail acharné et sa reconnaissance par plusieurs institutions scientifiques qui ont contraint l'Empire à ne plus vous ignorer.

— Je ne sais comment...

— Pour fêter votre installation, j'ai apporté une bouteille de vin vieux.

Les deux Frères trinquèrent.

— Déplorez-vous la disparition du baron de Hund ? interrogea Ignaz von Born.

— La mort d'un fondateur est toujours un événement grave. En dépit de ses défauts, il croyait à la résurgence d'un Ordre capable d'empêcher le matérialisme de déferler sur l'Europe. Il n'a pas compris que trop de structures administratives briseraient l'essor spirituel et que la faiblesse des rituels rendait aveugle.

— Le duc de Brunswick, lui, le comprendra-t-il ?

— Espérons-le, mais il devra d'abord garder le contrôle de la septième province. Si l'un de ses adversaires s'en empare, la Stricte Observance risque l'éclatement.

— Les conséquences pour l'avenir de la Franc-Maçonnerie seraient considérables, jugea von Born. Mais je n'ai nullement l'intention de prendre part à cette bataille-là.

— Vous avez mieux à faire, en effet. Hélas ! Vienne n'est sans doute pas le cadre idéal.

— Je garderai des liens étroits et secrets avec

Prague, une position de repli en cas de danger. Nul ne saurait prévoir les fluctuations des autorités et leur attitude à l'égard des Loges.

— Plus grave encore, révéla Thamos, leur état actuel. Beaucoup de bavardage, de travaux de bouche, des cérémonies conventionnelles et fort peu de recherches initiatiques. Les Loges naviguent entre divers rites sans se diriger vers l'Orient. Voici un nouveau chapitre du *Livre de Thot* qui vous aidera à percer une partie des ténèbres.

La Tradition, que tous croyaient à jamais muette, s'offrait à l'alchimiste. Malgré l'ampleur de la tâche, il se promit d'explorer le plus minime aspect de ce trésor et de le faire revivre, avec l'aide de l'Égyptien.

— Méfiez-vous des mouchards et des faux Frères, recommanda Thamos. C'est parmi eux que la police impériale recrute ses indicateurs. La Franc-Maçonnerie reste tolérée dans la mesure où le pouvoir sait très exactement ce qui s'y passe.

— Le respect du secret sera l'une des premières valeurs à reconquérir, approuva von Born. Y parvenir me paraît ardu, car il faudra d'abord rassembler des hommes de parole, à la recherche de la connaissance et de l'initiation.

— Les immenses temples de l'ancienne Égypte ne comptaient qu'un petit nombre d'initiés, révéla Thamos. Autour d'eux, des centaines d'êtres vivaient de leur Lumière. Point n'est besoin d'espérer pour entreprendre, mon Frère, ni de réussir pour persévérer.

51.

Salzbourg, le 18 décembre 1776

Wolfgang n'osait pas lire la lettre du Padre Martini. Enfin, cette réponse tant attendue, cette invitation à retourner en Italie auprès de l'illustre maître pour y composer de la musique d'église et des œuvres rigoureuses !

Le jeune homme s'enferma dans sa chambre et prit connaissance des paroles qui allaient le libérer de Salzbourg.

« Mon jeune ami, en même temps que votre bonne lettre, j'ai reçu les motets. Je les ai examinés avec plaisir, d'un bout à l'autre, et je dois vous dire en toute franchise qu'ils m'ont beaucoup plu, car j'y ai trouvé tout ce qui distingue la musique moderne, c'est-à-dire une bonne harmonie, des modulations bien mûries, un mouvement des violons excellemment approprié, une coulée naturelle des voix, et une élaboration remarquable. Je me réjouis tout particulièrement de constater que, depuis le jour où j'ai eu l'agrément, à Bologne, de vous entendre sur le clavecin, vous avez fait d'aussi grands progrès dans la composition. Mais il faut que vous continuiez infatigablement à vous exercer. En effet, la nature de la musique exige un exercice et une étude approfondis, aussi longtemps que l'on vit[1]. »

Quelle terrible déception !

Nulle invitation, nulle proposition de poste, nulle commande d'œuvre religieuse ne suivaient ces propos d'une parfaite platitude.

Le Padre Martini se moquait de l'avenir d'un Mozart et ne s'attachait qu'à ses travaux d'érudition, sans vouloir être importuné par quiconque.

Wolfgang n'accuserait pas réception de cette lettre et ne lui écrirait plus jamais. Abandonné, trahi, il ne s'humilierait pas.

Quand il sortit de sa chambre, sa mère s'inquiéta.

— Tu es tout pâle ! Serais-tu souffrant ?

— Au contraire, me voici libéré d'un poids inutile. Perdre ses illusions vous allège.

— Le Padre Martini t'invite-t-il à Bologne ? demanda Leopold.

— Il est beaucoup trop occupé.

Salzbourg, le 31 décembre 1776

Le prince-archevêque et ses sujets célébrèrent gaiement le Nouvel An en sacrifiant aux plaisirs de la table. Réunis autour d'un festin, la famille Mozart et ses amis ne s'attendaient pas à la surprise que leur réservait Wolfgang. Puisqu'il ne composait plus que des messes, ne terminerait-il pas confit en dévotions, passant son temps à célébrer les louanges du Seigneur ?

— À cette digne assemblée, déclara le jeune homme, j'offre une sérénade nocturne[2] afin de réjouir les cœurs à l'orée de l'an nouveau.

1. Seul passage conservé de la lettre du Padre Martini.
2. K. 286.

Quatre petites formations, comprenant chacune un quatuor à cordes et deux cors, entamèrent une partition divertissante, véritable parodie du style galant tant prisé de l'aristocratie et de la bourgeoisie salzbourgeoises. Lorsqu'un des petits orchestres énonçait une phrase, les trois autres la reprenaient en écho. Cet humour enchanta les fêtards.

À l'issue de cette plaisanterie musicale coïncidant avec la dernière seconde de l'année défunte et la première de 1777, on s'embrassa en se souhaitant une excellente santé.

Wolfgang s'éclipsa et fit quelques pas dans la neige. Il avait besoin d'être seul.

— Rire de soi-même donne de la force, déclara la voix grave de Thamos. Après tant de ferveur religieuse, un peu de détente s'avérait nécessaire.

— Avez-vous entendu mes messes ?

— Je m'étais joint aux fidèles.

— Qu'en avez-vous pensé ?

— Une étape obligée, quelques beaux élans, une tentative honorable de dialoguer avec Dieu.

— Honorable... J'ai donc échoué ?

— Tu as eu raison d'explorer cette voie et de corriger la trajectoire qui t'emmenait vers un excès de légèreté, mais tu ne seras jamais un bon croyant, moutonnier et soumis.

— Je crois en Dieu tout-puissant, je...

Wolfgang s'interrompit. Réciter une litanie l'ennuyait.

— Qu'y a-t-il au-delà de la croyance ?

— La connaissance, répondit Thamos.

— Comment l'obtenir ?

— Continue à te construire par la musique. Bonne année, Wolfgang.

Brunswick, le 5 janvier 1777

Grand Maître de toutes les Loges de la Stricte Observance templière, Ferdinand de Brunswick n'appréciait guère ce début d'année. La mort du fondateur de l'Ordre, Charles de Hund, lui procurait davantage de désagréments que de bénéfices. Et le pire restait à venir, car la direction de la septième province faisait déjà l'objet de multiples convoitises.

Elles ne tarderaient pas à s'éteindre, en raison de l'irruption sur le devant de la scène d'un grand seigneur auquel personne n'oserait se mesurer : Charles, duc de Sudermanie, frère puîné du roi Gustave III de Suède. D'aucuns promettaient le trône [1] à cet amateur d'occultisme et de mysticisme, successeur du duc de Saxe-Gotha à la tête du Rite suédois mais aussi Frère de la Stricte Observance et membre honoraire de la Loge La Concorde, à Brunswick, sur le territoire privilégié de Ferdinand !

Tout à fait méprisant à l'égard des trois premiers degrés de la Franc-Maçonnerie, Charles de Sudermanie ne s'intéressait qu'aux hauts grades. Et le Suédois ne se contenterait pas de la septième province. Il tenterait de s'emparer de l'Ordre templier, puis de toute la Franc-Maçonnerie allemande avant, peut-être, de conquérir l'Europe.

Le Grand Maître de la Stricte Observance empêcherait ce dangereux rival de prendre son essor et sèmerait d'embûches son parcours. S'il rencontrait trop d'obstacles, le duc de Sudermanie ne battrait-il pas en retraite ?

— Le comte de Thèbes vient d'arriver, déclara le secrétaire particulier de Ferdinand de Brunswick.

---

1. Il régnera de 1809 à 1818 sous le nom de Charles XIII.

Le duc attendait fébrilement ce Supérieur inconnu qui l'aiderait certainement à préserver l'Ordre des assauts extérieurs et des querelles intestines. Aucun Frère ne connaissait ce contact privilégié, car tout bavardage risquait de briser à jamais ces liens ténus.

Une nouvelle fois, Thamos l'impressionna. La lumière de son regard ne semblait pas de ce monde, et son élégance innée de grand seigneur s'imposait de manière presque surnaturelle.

— Le décès du baron de Hund ne vous cause-t-il pas de graves soucis ? demanda l'Égyptien, mettant aussitôt le doigt sur la plaie.

— Je défendrai l'Ordre jusqu'à mon dernier souffle et ne laisserai aucun intrigant me le dérober.

— Les visées du Rite suédois ne sont pas négligeables, estima Thamos, mais un autre danger vous menace.

Le Supérieur inconnu n'ignorait donc rien des plans de l'adversaire, et le Grand Maître avait hâte d'entendre ses révélations.

— Berlin a changé de camp. Bien que Frères de la Stricte Observance, l'ex-pasteur Wöllner et son ami Bischoffswerder, un militaire, ont mis la main sur deux Loges influentes [1]. Avec l'assentiment tacite de l'empereur, ils imposent les rituels des Rose-Croix d'Or, au détriment de l'Ordre templier. Sortant de l'ombre où ils se terraient jusqu'à présent, les Rose-Croix souhaitent emporter l'adhésion d'un maximum de Francs-Maçons, voire de profanes. Des textes circulent déjà, à l'intérieur des Loges comme à l'extérieur.

— Ces aventuriers ne possèdent aucune légitimité !

— Leur tradition rejoint la vôtre, rappela Thamos. L'initiation provient d'Égypte, où elle fut accordée à

1. Les Trois Globes et Frédéric au Lion d'or.

Moïse. Salomon, les prophètes, les esséniens, les adeptes d'Éleusis et les pythagoriciens formèrent une chaîne ininterrompue, destinée à préserver la sagesse de l'origine. Grâce à un prêtre égyptien d'Alexandrie, les premiers chrétiens y furent initiés. Et cette science secrète, recueillie par les mages et les alchimistes, continue d'être enseignée.

— Aucun initié ne doit ignorer le rôle essentiel de l'Ordre du Temple ! affirma Ferdinand de Brunswick.

— Démontrez-le.

Le Grand Maître resta muet de stupéfaction.

— De... de quelle façon ?

— En devenant vous-même Rose-Croix d'Or. Ainsi, vous éviterez une déchirure et des conflits entre deux mouvements maçonniques. De plus, ce que vous apprendrez vous servira à nourrir vos propres rituels. L'avenir de la Stricte Observance ne dépend-il pas de votre démarche ?

52.

Salzbourg, le 27 janvier 1777

À l'occasion du vingt et unième anniversaire de Wolfgang, Miss Pimperl eut droit à une deuxième part de tarte et à du tabac espagnol qu'elle huma avec délices. À l'issue du repas, Leopold entraîna son fils à l'écart, près d'une fenêtre du grand appartement.

La neige tombait à gros flocons, Salzbourg grelottait.

— L'Europe orientale devient de plus en plus dangereuse. Ta mère et ta sœur ne comprennent rien à la politique et se contentent de gérer au mieux notre vie familiale. Nous devons aborder ce sujet entre hommes. Même si tu donnes toute satisfaction au prince-archevêque Colloredo, il faut prévoir l'avenir. Notre ville ne jouira pas éternellement de son actuelle prospérité, surtout si la guerre éclate.

— Envisageriez-vous un nouveau voyage ?

— Je songe à Paris. Les Français ne s'engageront pas dans un nouveau conflit, et tu as connu là-bas un grand succès. Versailles, une cour brillante et fortunée, l'appui de notre ami Grimm, des salons huppés, des concerts renommés... Je prépare notre séjour en écrivant à nos relations.

— Colloredo nous laissera-t-il partir ?

— Problème délicat. À moi de le convaincre.
— À quelle date ferons-nous nos bagages ?
— Je l'ignore, Wolfgang. Tout dépend de l'écho de mes correspondants.

Cette perspective enchanta le jeune homme. Dans le thème final du divertimento en *si* bémol majeur[1] destiné à distraire le grand mufti lors d'un repas officiel, il glissa un thème à la fois gracieux et profond[2] qui lui ouvrit un horizon dont il sut, à l'instant où il le façonnait, qu'il illuminerait des paysages insoupçonnés. Puis il se hâta de terminer une autre pièce de circonstance, le dernier divertimento[3] d'une série de six, ensemble conventionnel et vite expédié dont la principale vertu consistait à faciliter la digestion du prince-archevêque.

— Si tu cessais de travailler et si tu rencontrais une charmante personne ? lui suggéra Anton Stadler.
— Chacun sa vie, rétorqua Wolfgang, irrité.
— Précision utile : il s'agit d'une pianiste parisienne.

Mlle Jeunehomme n'était ni belle ni laide, mais avait beaucoup de conversation.

— C'est bien vous, l'enfant prodige ?
— J'ai grandi.
— D'ordinaire, les petits monstres perdent leur talent en vieillissant. Vous, vous êtes resté compositeur !
— Peut-être parce que je l'ai toujours été.
— Cela m'amuse de découvrir une petite principauté comme Salzbourg qui ne manque pas d'activités musicales.

---

1. K. 270.
2. Préfiguration du duo des *Noces de Figaro*, *Sull'aria*, unissant la comtesse et Suzanne.
3. K. 289 (N° 16), authenticité discutée.

— Rien à voir avec Paris, je suppose ?
— La plus belle ville du monde demeure le centre des arts et des lettres. Qui n'y brille pas ne saurait aspirer à la gloire universelle.
— Le baron Grimm continue-t-il à régner sur la culture parisienne ?
— Sans un avis favorable de sa part, impossible de faire carrière. Il trie le bon grain de l'ivraie et arbitre les querelles.
— On peut n'être l'esclave de personne, ne songer à aucun public, n'envisager aucun succès et, pourtant, exprimer la liberté de créer.
— Je ne vous comprends pas...

Avec fièvre, Wolfgang composa un surprenant concerto pour piano[1]. Jamais Salzbourg n'en avait entendu de semblable. Un dialogue dramatique entre la soliste et l'orchestre, une profusion de thèmes, un mouvement lent où la solitude refusait le désespoir et un allegro d'une joie débordante, affirmant la volonté de rompre des chaînes et de partir à l'aventure.

Le séjour de la Parisienne n'était pas le fruit du hasard, mais un signe du destin qui offrait au créateur la possibilité de déployer une énergie insoupçonnée.

— Ton véritable premier concerto pour piano, jugea Thamos en caressant le cou de Miss Pimperl, ravie de sa promenade dans la neige.
— Je l'ai écrit en oubliant les exigences de la galanterie et le goût salzbourgeois. Une autre musique commence à me parler, encore si lointaine et pourtant si présente !
— Quand pars-tu pour Paris avec ton père ?
— Il continue à correspondre, de manière cryptée, avec ses diverses relations afin d'organiser ce long

---

1. *Concerto N° 9 en mi bémol*, K. 271, dit « Jeunehomme ».

voyage. L'accord du grand mufti sera indispensable, et il n'est pas certain de l'obtenir. Connaissant l'obstination de mon père, peut-être le vaincra-t-il à l'usure. Il est vraiment temps de quitter Salzbourg ! Ici, je risque de tout gâcher.

— Renoncerais-tu à partir si l'on te prédisait de redoutables épreuves tout au long de ton chemin ?

— Ne sont-elles pas nécessaires et inévitables ? Entre une mort lente à Salzbourg et les risques de l'aventure, je choisis la deuxième solution. Et je vous prouverai que je suis digne de votre estime.

Vienne, le 20 mars 1777

Joseph Anton achevait la lecture d'une bonne dizaine de rapports d'indicateurs bien cotés. Tous adoptaient la même conclusion : la lutte entre Ferdinand de Brunswick et Charles de Sudermanie s'annonçait féroce. Impossible de prédire, à ce stade d'un affrontement encore feutré, lequel terrasserait l'autre et contrôlerait la Franc-Maçonnerie, d'autant que leurs manœuvres réciproques se révélaient plutôt tortueuses.

À la tête de son propre rite, le duc suédois appartenait aussi à la Stricte Observance templière dont le Grand Maître allemand était menacé par la soudaine volonté d'expansion de la très secrète Rose-Croix d'Or à laquelle il venait d'adhérer, sans doute afin de mieux la briser.

Berlin inquiétait Joseph Anton. Un ex-religieux devenu alchimiste, dom Pernety, s'alliait, lui aussi, à cette Rose-Croix d'Or qui plaisait tant aux autorités, inconscientes du danger caché sous les oripeaux occultistes et les apparences mystiques. Par bonheur, les espions jésuites renseignaient Anton et poursuivaient un beau travail de sape en orientant les dirigeants vers un christianisme inoffensif.

Si la Franc-Maçonnerie se réduisait à une association plus ou moins discrète de fêtards respectueux du pouvoir et si les dédales de la Rose-Croix d'Or débouchaient sur la croyance traditionnelle en Jésus-Christ, Joseph Anton dormirait à nouveau tranquille.

Mais le comte ne croyait pas aux miracles. Certains Francs-Maçons ne se laisseraient pas circonvenir si aisément et continueraient à fomenter des complots contre l'ordre établi. Les débusquer serait difficile et prendrait beaucoup de temps.

53.

Salzbourg, le 20 mars 1777

L'intendant du prince-archevêque Colloredo s'inclina avec déférence devant son auguste patron.

— Puis-je informer votre seigneurie d'une situation quelque peu... scandaleuse ?
— Je t'écoute.
— Un musicien proche de la famille Mozart a surpris une conversation entre le père et le fils, pendant une pause entre deux parties d'un concert. Ils projettent de partir pour l'étranger.
— Une destination précise ?
— Paris.

Colloredo congédia le mouchard qui recevrait une petite récompense. Ainsi, les Mozart rêvaient à nouveau de voyage ! Le nouveau maître de Salzbourg n'aurait pas les faiblesses de son prédécesseur. Ses musiciens-valets lui devaient une totale obéissance.

Salzbourg, le 30 mars 1777

Bien que la comtesse Lodron eût beaucoup apprécié le ravissant divertimento [1] que Wolfgang avait composé à son intention en évoquant les bouffonneries et les masques du carnaval, le jeune homme, lui, ne se sentait pas le cœur à l'ouvrage. Une tentative de trio pour deux violons et violoncelle [2] s'était brutalement interrompue, faute d'inspiration.

Une seule interrogation obsédait Wolfgang : quand Colloredo répondrait-il à la supplique de son père lui demandant un congé de plusieurs mois ? Pesant chaque terme, témoignant de la plus humble soumission, Leopold espérait que son tout-puissant patron se montrerait compréhensif. Les succès de Wolfgang à l'étranger ne rejailliraient-ils pas sur la cour de Salzbourg ?

En jouant aux fléchettes avec Anton Stadler, Wolfgang visa la tête d'un personnage coiffé d'un grand chapeau, dont le profil ressemblait vaguement à celui de Colloredo.

— Tu es drôlement précis, aujourd'hui !
— La colère est parfois bonne conseillère.
— Pas à l'encontre de notre cher archevêque ! À côté de la sienne, une poigne de fer semblerait un peu molle. Ne t'attaque surtout pas à lui, il te briserait. Nous autres musiciens ne sommes que des valets et devons donc apprendre à nous taire.
— Toi peut-être, moi pas ! Je suis au service de la musique et non d'un tyran.

1. K. 287.
2. K. 266.

— Lui seul te permet de continuer à la composer et de la faire jouer.

Irrité, Wolfgang rata la cible.

Vienne, le 25 juin 1777

Geytrand jubilait.

— Les Francs-Maçons du Rite suédois sont furieux, apprit-il à Joseph Anton. Les délibérations officielles qui devaient se terminer par l'élection triomphale de leur patron, Charles de Sudermanie, n'ont donné aucun résultat.

— Le duc de Brunswick osera-t-il rejeter la candidature d'un si haut personnage ?

— Pas de manière abrupte ! Il évoque la nécessité de consulter chaque dignitaire et de convaincre sans blesser quiconque. De telles démarches prendront beaucoup de temps. En réalité, Allemands et Danois détestent le duc suédois et ne l'accepteront jamais comme Grand Maître provincial.

— Autrement dit, Brunswick joue un double jeu.

— À mon avis, jugea Geytrand, il soupçonne Charles de Sudermanie de vouloir prendre sa place et conquérir toute la Franc-Maçonnerie.

Joseph Anton souriait rarement. Ces excellentes nouvelles le réjouirent au point de laisser transparaître un semblant de gaieté.

— Nous voici donc à la veille d'une confrontation majeure entre deux guerriers d'envergure, décidés à s'exterminer. À l'issue de ce duel fratricide, la Franc-Maçonnerie pourrait être exsangue, les Frères découragés et leurs idéaux oubliés.

— Superbes perspectives, monsieur le comte.

— Ne demeurons pas inactifs. Manipule tes informateurs et répands un maximum de rumeurs afin d'alimenter la querelle et d'accroître les suspicions réciproques. Il serait bon d'atteindre un point de non-retour en annihilant toute possibilité de compromis.

— Je noircirai à loisir les intentions des deux ducs, promit Geytrand.

Quelle magnifique occasion de détruire l'édifice maçonnique en construction ! Miser sur la vanité et la volonté de puissance des deux adversaires donnerait d'excellents résultats. Seule inquiétude : l'émergence d'un vainqueur.

Il valait mieux que tous deux fussent blessés à mort et la Franc-Maçonnerie discréditée.

54.

Salzbourg, fin juin 1777

— Vous désiriez me voir, monsieur Mozart ? sembla s'étonner le prince-archevêque Colloredo, narquois.

— C'est à propos de ma requête, Éminence. Votre emploi du temps surchargé vous a empêché d'y répondre, mais mon fils et moi-même aimerions tant obtenir votre accord !

— Rappelez-moi cette requête.

— Nous souhaitons quitter Salzbourg quelques mois afin de donner des concerts à l'étranger et...

— Impossible, trancha Colloredo. L'empereur Joseph II séjournera bientôt dans notre bonne ville, et j'aurai besoin de tous mes musiciens pour lui offrir quelques beaux morceaux de style italien.

— Ensuite, notre départ sera-t-il envisageable ?

Colloredo maltraita sa plume d'oie.

— Votre fils pourra partir. Pas vous.

*

Après avoir écrit deux sonates d'église, des divertissements et des contredanses en échange de son salaire,

Wolfgang composa un concerto pour hautbois[1] à l'intention de Giuseppe Ferlendis, un soliste de la chapelle de Salzbourg.

À l'écoute du mouvement lent, le visage du prince-archevêque se crispa. Cette musique lui déplaisait. Dès que les dernières notes s'évanouirent, il convoqua Leopold.

— J'ai changé d'avis. Ni vous ni votre fils ne quitterez Salzbourg. Vous êtes mes domestiques et devez donc rester à ma disposition en permanence.

— Éminence...

— Ma décision est sans appel.

Chez les Mozart, le dîner fut sinistre. L'appétit coupé, ni Leopold ni Wolfgang ne touchèrent au délicieux civet de la cuisinière. Même Miss Pimperl, ressentant la désillusion de ses maîtres, ne mangea que du bout des dents.

— Ne vous rongez pas les sangs, recommanda Anna-Maria. Notre famille est heureuse, nous sommes tous en bonne santé, nous habitons un magnifique logement et nous ne manquons de rien. Puisque le Seigneur nous protège, pourquoi en demander davantage ?

— La tyrannie du grand mufti devient insupportable, affirma Wolfgang.

— Ne te révolte pas ainsi, mon fils. À ton père et à toi-même, notre archevêque verse des salaires corrects. N'es-tu pas libre de composer la musique que tu aimes ?

— Justement pas !

L'arrivée du joyeux Anton Stadler, qui parvenait même à dérider Nannerl, détendit l'atmosphère.

— Pardonnez-moi, mais je vous enlève Wolfgang. Une jeune cantatrice à la voix sublime, Josepha Duschek, arrive de Prague et désire faire sa connaissance.

---

1. K. 271k = K. 314.

Leopold donna son accord. Un peu de distraction apaiserait son fils.

Salzbourg, fin juillet 1777

Wolfgang revoyait pour la troisième fois la pimpante Josepha, qui ne tarderait pas à regagner sa ville natale.

— Je vous laisse, dit Anton Stadler en refermant soigneusement la porte du salon de musique.

Timide, Wolfgang parvint cependant à s'exprimer de manière directe.

— Vous avez la plus belle voix que j'aie jamais entendue et vous vous jouez des pires difficultés techniques.

— Beau compliment, apprécia la jeune femme de vingt-quatre ans, sensible au charme étrange du Salzbourgeois.

— Accepteriez-vous de chanter un air [1] que j'ai prévu pour vous ?

— Pour moi, rien que pour moi ?

— Rien que pour vous. Un air dramatique, une histoire complète bâtie à partir d'un texte du poète Cignasanti.

— Racontez-la-moi, pria Josepha Duschek, émoustillée.

— L'amant de la belle Andromède, follement éprise, est mortellement blessé. D'abord, elle crie sa révolte, exprime son insupportable souffrance ; puis elle se résigne en acceptant la fatalité ; enfin, elle atteint la sérénité en se promettant de rejoindre son amant au-delà de la mort.

1. *Ah ! lo previdi*, K. 272.

Impressionnée, la Praguoise déchiffra mentalement la partition de Wolfgang.

— Un opéra complet en si peu de notes, mais si difficiles à chanter!

— Je vous demande de devenir Andromède, Josepha, de vivre pleinement son horrible épreuve, de plonger dans le désespoir, de retrouver une forme d'espérance et de voir au-delà du visible.

La jeune femme tressaillit.

— Vous m'en demandez beaucoup!

— Vous en êtes capable, j'en suis sûr. Acceptez-vous d'essayer?

Elle ne lui résista pas.

Au terme de plusieurs répétitions marquées par les interventions précises du compositeur, Josepha Duschek était devenue Andromède.

Anton Stadler brisa le charme.

— Il est tard, les amoureux, et tous nos amis meurent de faim! Vite, à table!

Salzbourg, le 1ᵉʳ août 1777

— Ne va pas jusque-là, recommanda Leopold à son fils.

— Colloredo ne me laisse pas le choix.

— Je tenterai de le convaincre de se montrer moins rigoureux. Peut-être nous accordera-t-il quelques semaines...

— Insuffisant, vous le savez bien. Un si long voyage durera plusieurs mois, et la date du retour variera en fonction des circonstances. Par conséquent, je remets aujourd'hui ma démission au prince-archevêque.

Leopold se mordilla les lèvres. La réaction de Colloredo risquait d'être brutale.

— As-tu bien réfléchi, Wolfgang ?
— Tellement que je deviens incapable de composer ! Cette démission me libérera.
— Ne faudrait-il pas patienter ?
— Je dois quitter Salzbourg avant la mauvaise saison. Si je tarde trop, les routes deviendront effroyables.

À court d'arguments, Leopold s'inclina.

Son fils allait soit briser sa carrière, soit prendre un nouvel envol.

Salzbourg, le 28 août 1777

Leopold décacheta nerveusement la lettre du prince-archevêque et lut à haute voix la phrase essentielle : « Le père et le fils sont autorisés, selon l'Évangile, à chercher fortune ailleurs. »

— Merveilleux ! s'exclama Wolfgang. Père chéri, nous partons ensemble !

Leopold faisait grise mine.

— Toi et moi sommes mis à pied, ajouta-t-il, et plus aucun salaire ne nous sera versé. Les leçons données par Nannerl ne suffiront pas à assurer notre train de maison. J'aurai cinquante-huit ans en novembre, Wolfgang, et je n'accepte pas d'être ainsi renvoyé après tant d'années de bons et loyaux services. Tu es jeune et tu peux prendre des risques, moi pas.

Leopold fit le siège du bureau de Colloredo et sut adopter l'attitude convenable. Quelques jours plus tard fut promulgué un nouveau décret : Leopold était maintenu à son poste et restait au service du prince-archevêque. Quant à son fils, congédié, il s'en irait au vent mauvais.

Ravi de cette liberté, Wolfgang songea à en remercier le ciel par l'intermédiaire de la Vierge Marie pour laquelle il composa une messe brève[1] et un offertoire[2] joués à l'église Saint-Pierre et non à la cathédrale, fief de Colloredo. Il adopta un style populaire, parfois proche de l'opéra bouffe et loin de toute religiosité compassée. Dans un graduel[3] dédié à « Sainte Marie, Mère de Dieu », il insista sur la prière « Protégez-moi pendant la vie, défendez-moi au moment décisif de la mort ».

En mettant en musique ces paroles, le jeune homme eut le pressentiment que ce voyage à Paris bouleverserait son existence si tranquille et lui ferait subir de redoutables épreuves.

Mais il s'était juré de ne pas reculer.

1. K. 275.
2. K. 277.
3. K. 273.

55.

Berlin, septembre 1777

Bien qu'il fût déçu par la paresse et le manque d'enthousiasme de la plupart des Frères de l'Ordre des Architectes africains, Friedrich von Köppen, avec l'aide de von Hymnen, avait mis à profit les révélations de Thamos et ses propres recherches pour publier un ouvrage intitulé *Crata Repoa ou Initiation aux anciens mystères des prêtres égyptiens*.

Ce coup de tonnerre réveillerait les Loges endormies et leur rappellerait les véritables origines de l'initiation dont il faudrait désormais s'inspirer. *Crata Repoa*, le clergé secret des initiés fondé par Ménès, n'avait-il pas érigé le premier sanctuaire d'où dérivaient les temples maçonniques ?

Quand Thamos pénétra dans son vaste bureau, Friedrich von Köppen se leva aussitôt.

— Avez-vous aimé mon livre ?

— Il marque une nouvelle étape sur le chemin de la Tradition, mais il en reste beaucoup à franchir.

— L'ensemble des Frères ne sera-t-il pas bouleversé ?

— Peut-être pas.

— Pourtant, la référence à l'Égypte est essentielle !

— À cet instant, précisa Thamos, les grands seigneurs se disputent le pouvoir maçonnique et ne se préoccupent guère de symbolique.

Von Köppen se rassit, brutalement vieilli de plusieurs années.

— Mes propres Frères ne fréquentent guère la bibliothèque, avoua-t-il. Le laboratoire d'alchimie n'accueille que des amateurs et le cabinet d'histoire naturelle s'endort. Et tant de recherches à entreprendre ! Nous sommes à l'orée de grandes découvertes qui pourraient transformer la Franc-Maçonnerie, mais la plupart préfèrent la routine et les doctrines toutes faites.

— Ne vous découragez pas. Comme toujours, seul un petit nombre d'êtres modifiera le cours des événements.

Salzbourg, le 23 septembre 1777

— Est-ce vraiment raisonnable, mon cher époux ? demanda Anna-Maria.

— Je n'ai pas trouvé de meilleure solution. Malgré ses vingt et un ans, Wolfgang se comporte encore comme un enfant. Il faut donc veiller sur lui et l'empêcher de commettre des erreurs fatales. Moi, je dois rester à Salzbourg ; toi, tu pars avec ton fils.

— Je n'apprécie guère les voyages.

— Je le sais, ma chère épouse, et je suis conscient de l'épreuve que je t'impose. Mais abandonner Wolfgang à lui-même serait une faute grave.

Comme d'habitude, Anna-Maria s'inclina. Quitter Salzbourg et ses habitudes lui déchirait le cœur.

— Rendez-vous au plus vite à Paris, recommanda Leopold. Wolfgang y connaîtra un beau succès de pianiste et de compositeur. Fortune faite, vous reviendrez.

— Ce sera long ? s'inquiéta Anna-Maria.
— Certainement pas. Grâce au baron Grimm et à ses relations influentes, notre fils s'imposera sans difficultés. Quant au prince-archevêque, il sera obligé de reconnaître son talent et appréciera une renommée qui rejaillira sur Salzbourg. Surtout, empêche Wolfgang de dépenser à tort et à travers et de se lancer dans des projets insensés.

Grâce au trésor de guerre accumulé par Leopold et à des emprunts, les frais de voyage étaient assurés. Ensuite, les recettes provenant des concerts prendraient le relais. Gloire et richesse ne manqueraient pas de couronner cette nouvelle aventure.

Au moment où Wolfgang et sa mère montaient dans la voiture tirée par deux chevaux, Nannerl vomit et Miss Pimperl poussa des gémissements si intenses que le jeune homme fut obligé de la consoler en lui faisant humer sa gourmandise préférée, du tabac espagnol.

Leopold écrasa une larme.

Jamais départ n'avait été aussi triste.

Le soir même de cette affreuse journée, Wolfgang écrivit à son père :

Il ne nous manque rien, si ce n'est papa. Maman et moi le prions d'être gai et toujours joyeux en pensant que si le mufti H.C.[1] n'est qu'un corniaud, Dieu, du moins, est compatissant, miséricordieux et charitable.

Munich, le 30 septembre 1777

Un temps clément, une ville agréable et l'auberge accueillante d'un mélomane, Albert, surnommé « le savant », ravi de recevoir Wolfgang et sa mère : le long voyage débutait plutôt bien.

1. Hieronymus Colloredo.

— Salzbourg n'est pas un endroit pour moi, c'est certain ! confia-t-il à sa mère.

— Pourquoi n'aimes-tu pas notre belle cité ?

— Atmosphère étouffante, un tyran borné, des musiciens médiocres... Comment s'épanouir dans un cadre aussi étroit ?

— Ne sois pas si critique, mon fils. Surtout, souviens-toi des conseils de ton père et respecte ses avertissements.

Wolfgang relut le passage essentiel de la première lettre de Leopold parvenue à Munich : « N'écris plus rien d'aussi méchant à propos du mufti. Pense que je suis ici et qu'une lettre semblable pourrait se perdre ou tomber en d'autres mains. »

— Te rends-tu compte, mon fils ? Ton pauvre père risque d'être arrêté et incarcéré !

— Ne sois pas si angoissée.

— Traiter de corniaud le prince-archevêque est une faute grave ! À l'avenir, modère tes propos.

D'humeur badine, le jeune homme entonna une chanson dont les paroles improvisées n'étaient pas à la gloire de Colloredo.

— Je meurs de faim ! Après le déjeuner, j'irai voir le comte Seeau. Peut-être me confiera-t-il un travail intéressant ?

Wolfgang se demandait à quel moment Thamos réapparaîtrait. Hélas ! il ne figurait pas parmi les clients de l'aubergiste.

Vienne, le 30 septembre 1777

À trente-cinq ans, sans le vouloir, Ignaz von Born devenait l'une des figures scientifiques de la capitale autrichienne. L'impératrice Marie-Thérèse était fort satisfaite de la diligence et du professionnalisme avec lesquels le brillant spécialiste réorganisait la section minéralogique du Musée impérial. Grâce à ce poste qui le passionnait, von Born n'avait plus de soucis matériels et pouvait fréquenter, de manière discrète, les Francs-Maçons viennois.

Il fut heureux de revoir Thamos, qu'il reçut dans son bureau encombré d'échantillons de pierres rares.

— Je vous apporte le résultat des travaux de l'Ordre des Architectes africains, une étude consacrée aux mystères célébrés par les prêtres de l'ancienne Égypte.

— Je vais dévorer ce texte !

— Ne vous attendez pas à de grandes révélations, car vous connaissez déjà un maximum de données. En voici d'autres.

Thamos remit à Ignaz von Born un nouveau chapitre du *Livre de Thot*. Craignant que l'Égyptien ne disparaisse à jamais, le minéralogiste ne lui demanda pas combien cet ouvrage fondamental en comportait.

— Cet Ordre a-t-il un avenir ?

— Son fondateur, Friedrich von Köppen, semble plutôt pessimiste. Néanmoins, il ne renonce pas encore. Avez-vous rencontré des Frères de valeur ?

— Mes premières explorations sont assez décevantes, et je dois progresser pas à pas en raison de la surveillance policière dont les Loges font l'objet.

— Existe-t-il une tête pensante qui coordonne l'ensemble des informations ?

— Je l'ignore.

— Demeurez très prudent, recommanda Thamos. Tant que nous n'aurons pas identifié l'ennemi et mesuré son pouvoir, il pourra frapper à n'importe quel moment.

56.

Munich, le 30 septembre 1777

L'accueil du comte Seeau, responsable de la musique à Munich, avait été plutôt aimable. Grâce à lui, Wolfgang était convié à rencontrer le prince-électeur Maximilien III, qui aborda le compositeur avec un large sourire.

— À ce qu'on murmure, vous auriez définitivement quitté Salzbourg ?

— Définitivement, Altesse.

— Pourquoi cette grave décision ? Vous seriez-vous heurté au prince-archevêque Colloredo ?

— Je lui ai demandé l'autorisation de partir en voyage, il me l'a refusée. Aussi fus-je contraint de lui remettre ma démission. Salzbourg n'est pas un endroit pour moi, et je ferai honneur à Munich.

— Je n'en doute pas, Mozart, mais cela n'avance à rien ! Il n'y a aucun poste vacant à la cour. Voyez si le comte Seeau peut vous organiser un concert. Heureux de vous avoir revu, et bonne chance.

Maximilien III ne froisserait pas Colloredo en engageant un musicien indocile que le prince-archevêque venait de renvoyer. Entre grands de ce monde, on respectait certaines règles. Et puis les ambitions politiques du prince-électeur l'obligeaient à rester en excellents termes avec les potentats des principautés voisines.

Ce jeune Mozart devenait un personnage fort encombrant. Heureusement, le comte Seeau saurait le congédier en douceur.

Munich, le 10 octobre 1777

Comme il l'écrivait à son père, Wolfgang n'était vraiment heureux qu'en composant, sa passion et son unique joie. Aujourd'hui, il affrontait la dure réalité d'un monde extérieur dont il ignorait les lois.

Repartir pour l'Italie, y créer un nouvel opéra ? Dépourvu de relations efficaces, déjà oublié, Wolfgang risquait d'y perdre son temps. Rester à Munich, donner des concerts chez Albert l'aubergiste et vivoter grâce à une modeste rente ? Guère enthousiasmant ! Beaucoup mieux : écrire quatre opéras allemands chaque année, les uns bouffes, les autres sérieux, et s'implanter à la cour.

Mais Maximilien III venait de l'éconduire brutalement, et le comte Seeau évitait de répondre à ses questions. Quant aux lettres de son père, elles le pressaient de quitter Munich au plus vite et de poursuivre son voyage vers Paris.

Furieux d'échouer de manière aussi lamentable, Wolfgang voulut revoir une dernière fois le comte Seeau, onctueux et distant.

— Mes opéras allemands plairaient aux Munichois, j'en suis sûr !

— Le programme des prochaines années est déjà arrêté. Bien des voix s'élèvent d'ailleurs contre ce style d'opéra qui risque de heurter les oreilles habituées au goût italien. Je le déplore, mais Munich ne peut rien pour vous.

Wolfgang sortit du palais à pas pressés. L'appétit coupé, il n'apprécia pas les mets servis par l'aubergiste.

— Les seigneurs croient toujours tout le monde et n'examinent rien par eux-mêmes, confia-t-il à sa mère. Nous reprenons la route.

Augsbourg, le 11 octobre 1777

Partis de Munich tôt matin, Wolfgang et sa mère arrivèrent à Augsbourg le soir même et s'installèrent à l'auberge de l'Agneau. Dès le lendemain, le jeune homme se rendit chez Johann Andreas Stein, facteur de pianoforte.

C'était à cause de lui que le musicien faisait halte dans cette bourgade où les arts tenaient peu de place. Là résidait une cousine, Maria-Anna Thekla, dite la Bäsle, gamine amusante et délurée avec laquelle Wolfgang plaisantait sur tout et n'importe quoi, inventant des mots et des phrases absurdes allant jusqu'à la scatologie. Même sa mère, pourtant très pieuse, riait de ces niaiseries qu'elle reprenait parfois à son compte.

En pénétrant dans l'atelier de Stein, Wolfgang repéra immédiatement un superbe piano-forte qui lui mit l'eau à la bouche.

L'œil soupçonneux, le facteur lui barra le chemin.

— Que désirez-vous ?
— J'aimerais essayer cet instrument.
— Amateur ou professionnel ?
— Plutôt... professionnel.
— Votre nom ?
— Trazom[1].

Stein fronça les sourcils. Un inconnu.

---

1. L'inverse de Mozart qui se présentait parfois ainsi.

— Je viens de terminer ce piano qui m'a coûté un nombre considérable d'heures de travail. Si vous n'êtes pas un virtuose, vous n'en apprécierez pas la sonorité.

— Permettez-moi de jouer quelques notes.

Impressionné par le magnétisme se dégageant de ce jeune homme à l'allure pourtant banale, le facteur accepta.

Wolfgang improvisa. D'abord une mélodie toute simple, puis quelques ornements et un envol d'une telle virtuosité que Stein en demeura bouche bée. Il serait resté des heures à écouter ce pianiste génial qui tirait de l'instrument des ressources insoupçonnées.

Quand ses mains cessèrent de courir sur le clavier, l'artisan était ému aux larmes.

— Quel nom avez-vous prononcé ?p

— Trazom.

— J'ai entendu parler d'un enfant prodige devenu musicien à la cour de Salzbourg, Wolfgang Mozart, dont certains mélomanes prétendent qu'il a gardé ses dons... C'est vous, n'est-ce pas ? Ai-je bien l'honneur d'avoir devant moi M. Mozart ?

— Quand je frappe fort, je peux laisser le doigt sur la touche ou le relever : le son cesse au moment même où je le fais entendre. Je puis attaquer les touches comme je veux : le son est toujours égal. Il ne tinte pas désagréablement, il n'est ni trop fort ni trop faible, ni ne se perd tout à fait ; en un mot, tout est parfaitement équilibré. Votre piano est fabuleux, monsieur Stein !

— Vous n'en trouverez pas de plus solide ! Jamais sa table d'harmonie ne se brisera. Et vous savez pourquoi ? Parce que je l'ai exposée au soleil, à la pluie, à la neige et à tous les diables ! Les précédentes avaient éclaté, celle-là a triomphé de ces multiples épreuves. Certain de sa robustesse, je lui ai collé de petits morceaux de bois afin de la rendre encore plus résistante.

Et voici le résultat ! Vous obtenez une clarté inégalable, notamment avec les octaves graves. Je n'ai d'ailleurs pas fini de perfectionner cette merveille, à laquelle je compte ajouter une sorte de pédale que l'on pressera du genou. Voulez-vous essayer le prototype ?

Wolfgang n'hésita pas un instant.

Stein était une sorte de mage qui créait des instruments incomparables au service de la musique. Quelle qualité d'expression, quelles possibilités de nuances par rapport à l'antique clavecin et aux pianos-forte ordinaires ! L'oreille de Wolfgang perçut soudain une infinité de mélodies que sauraient faire chanter ces claviers.

— Combien vendez-vous vos chefs-d'œuvre ?
— Au moins trois cents florins.
— Je n'ai malheureusement pas les moyens d'acheter. Un jour, peut-être...
— En attendant, monsieur Mozart, j'en mets un à votre disposition dès ce soir, si vous acceptez de donner un concert.

57.

Augsbourg, le 12 octobre 1777

Wolfgang sentit que les notables de la petite ville l'écoutaient d'une oreille distraite. Mal à l'aise, il écourta sa prestation.

À l'instant où il quittait son piano, le fils du bourgmestre l'apostropha.

— Vous portez une belle décoration, monsieur Mozart ! À quoi correspond-elle et qui vous l'a offerte ?

— Sa Sainteté le pape m'a remis cette croix de Chevalier de l'Éperon d'or. D'ordinaire, j'évite de l'exhiber.

— Combien coûte-t-elle ?

— Aucune idée.

— Pourriez-vous me la prêter afin que j'en fasse une copie ?

— Certainement pas.

— Vous êtes bien désagréable, se plaignit une vieille bourgeoise poudrée à l'extrême. Le fils de notre bourgmestre porterait cette croix mieux que vous.

— Allons, insista l'insolent, prêtez-moi ce bijou. Rassurez-vous, je vous le rendrai !

L'assistance commençait à rire de Mozart.

— Curieux, constata-t-il. Il m'est plus facile, à moi,

d'obtenir des décorations qu'à vous de devenir ce que je suis, même si vous mouriez deux fois et naissiez à nouveau. Maintenant, prenez donc une prise de bon tabac.

Abandonnant la niaise vieille dame et le médiocre bouffi de vanité, le pianiste quitta la salle, les nerfs à vif.

Augsbourg, le 22 octobre 1777

En dépit de sa déception initiale, Wolfgang donna d'autres concerts chez Stein où il ne récolta qu'un maigre pécule. Entre ses apparitions publiques, il prit plaisir à faire sonner les orgues et se détendit en compagnie de sa jeune cousine de dix-neuf ans qui se moquait des notables d'Augsbourg avec une ironie mordante.

— J'en ai soupé à un tel degré qu'il m'est impossible de le dire ! lui confia Wolfgang. Je serais bien content de me retrouver dans un lieu où il y ait une véritable cour. Ce soir, je jouerai ici pour la dernière fois. Rester plus longtemps me serait insupportable ! Ta maudite ville est aussi étouffante que Salzbourg.

L'ultime prestation à Augsbourg n'attira qu'un public restreint et ne rapporta que quatre-vingt-dix florins.

— Vous nous quittez ? s'inquiéta Stein.
— Je me rends à Paris.
— Un grand critique parisien logeait ici, ce soir.
— Connaissez-vous son nom ?
— Grimm, je crois.

Grimm, le protecteur des Mozart, était passé par Augsbourg sans venir voir Wolfgang ! Stein devait se tromper de nom. Le baron ne se serait pas comporté de manière aussi grossière.

Le musicien ne trouva pas le sommeil. Une mise en garde de Leopold le hantait : « Tu me connais, je ne suis ni pédant ni bigot, et encore moins tartuffe. Mais tu ne refuseras pas une prière de ton père : veille au salut de ton âme. »

Irrité, Wolfgang répondit fermement :

Que papa vive sans souci. J'ai constamment Dieu devant les yeux. Je reconnais sa toute-puissance et redoute sa colère ; mais je reconnais aussi son amour, sa compassion et sa miséricorde pour ses créatures : il n'abandonnera jamais ceux qui le servent. Si tout va selon sa volonté, ainsi en va-t-il selon la mienne. Ainsi ne puis-je manquer d'être heureux et content.

Content, Wolfgang le fut vraiment en quittant l'inhospitalière Augsbourg dont il garderait un pénible souvenir.

Vienne, octobre 1777

Parmi les fleurons de la capitale autrichienne, la Bibliothèque impériale et royale forçait l'admiration de tous ceux qui avaient la chance d'y travailler. Elle préservait des milliers de volumes, formant de véritables murailles que rythmaient des colonnes de porphyre. L'atmosphère recueillie, presque solennelle, était propice à l'étude. Venant de l'Europe entière, les chercheurs y recueillaient de multiples aspects du savoir. Et le poste de préfet de l'illustre bibliothèque comptait au nombre des plus enviés. Aussi la cour attendait-elle impatiemment le nom du nouveau titulaire, appelé à régner sur la prestigieuse institution.

La désignation du baron Gottfried Van Swieten,

brillant diplomate de quarante-quatre ans, fit l'unanimité. Cultivé, intelligent, le fils du médecin personnel de l'impératrice Marie-Thérèse se fixait donc à Vienne après sept années passées à Berlin. Il bénéficiait d'un grand appartement de fonction, à l'intérieur même de la bibliothèque, de plain-pied avec la galerie principale et donnant sur la Josephplatz.

C'est là qu'il reçut Thamos, l'un de ses premiers visiteurs. L'Égyptien apprécia l'esthétique du cabinet de travail, décoré d'arabesques sur fond vert. Gottfried Van Swieten avait grossi et semblait soucieux.

— Superbe promotion, baron...

— Je ne pouvais rêver mieux ! Un poste d'observation idéal et suffisamment dans l'ombre pour me permettre de poursuivre l'ensemble de mes activités.

— Garderez-vous des contacts avec les Loges de Berlin ?

— De Berlin et d'ailleurs. Aujourd'hui, notre principal souci est l'avenir de la Stricte Observance templière. Quelques Francs-Maçons viennois travaillent à ce Rite dont la progression risque d'être stoppée, à la fois en raison de ses dissensions internes et des attaques extérieures. Un climat peu favorable à la naissance d'une Loge capable d'accueillir le Grand Magicien !

— Malgré ces difficultés bien réelles, indiqua Thamos, un Frère d'une exceptionnelle valeur s'est installé à Vienne. Il tentera d'y rassembler les Francs-Maçons désireux de bâtir une authentique initiation, à partir de la tradition égyptienne.

— Son nom ?

Le regard de Thamos se fit encore plus perçant que d'ordinaire.

— Si je vous le confie, nous serons liés à jamais par le secret.

— Ne le sommes-nous pas déjà, comte de Thèbes ?

— Il s'agit d'Ignaz von Born.

— Le fameux minéralogiste, appelé à Vienne par l'impératrice elle-même ! Il devra agir en toute discrétion. Nous nous croiserons lors de rencontres officielles, mais vous seul connaîtrez nos véritables liens.

— Une force négative pourrait les réduire à néant.

— À quoi songez-vous ?

— À la police secrète. Les Francs-Maçons ne sont-ils pas fichés et espionnés ?

— Fichés, sans doute en partie. Espionnés, je ne crois pas. La méfiance de l'impératrice ne va pas jusque-là.

— Ne seriez-vous pas trop optimiste ?

— Disposeriez-vous d'indices sérieux ?

— Je me demande s'il n'existe pas une tête pensante, tapie dans les ténèbres et décidée à détruire la Franc-Maçonnerie.

Gottfried Van Swieten ne cacha pas son scepticisme.

— Une éminence grise dirigeant un service secret... Impossible sans l'accord de l'impératrice !

— Pourquoi le refuserait-elle ?

— Qu'aucune indiscrétion n'eût été commise me paraît invraisemblable, mais je suis loin d'avoir percé tous les secrets de la cour. Aussi ne négligerai-je pas votre hypothèse. La vérifier me prendra probablement beaucoup de temps, car je devrai éviter de nombreux pièges. À supposer que vous ayez raison, ce service secret disposerait d'un réseau d'informateurs dont il faudra mesurer l'étendue. Une pareille menace... Serons-nous de taille à l'écarter ?

— Commençons par l'identifier avec précision. Ensuite, nous tâcherons de trouver les armes pour la combattre.

— Quel que soit le danger, mon Frère, comptez sur moi.

58.

Mannheim, le 4 novembre 1777

Après le sombre séjour d'Augsbourg, Wolfgang revivait. Mannheim, la ville du prince-électeur du Palatinat, Karl Theodor, personnage autoritaire et influent, abritait un orchestre exceptionnel, formé de musiciens remarquables. Dès le lendemain de son arrivée, le 30 octobre, le jeune homme avait rencontré la plupart d'entre eux, fermement décidé à les convaincre de son propre talent. *Ils s'imaginent donc, parce que je suis petit et jeune, qu'il ne peut rien exister en moi de grand et de mûr !* écrivit-il à son père. *Eh bien, ils vont s'en rendre compte bientôt !*

Âgé de quarante-six ans, le joyeux Christian Cannabich prit Wolfgang sous son aile et lui facilita la tâche. Les rapports professionnels se transformèrent en amitié, et le compositeur éprouva un plaisir fou à jouer avec les meilleurs interprètes d'Allemagne et peut-être d'Europe.

Au comble du bonheur, il écrivit à la Bäsle, sa petite cousine d'Augsbourg, une lettre remplie de plaisanteries salaces et scatologiques, en utilisant une sorte de code que la coquine saurait déchiffrer pour mieux surenchérir. Être loin de Salzbourg, rire et faire de la musique en liberté, quel bonheur !

Christian Cannabich rappela Wolfgang à la réalité.

— Mets tes plus beaux habits. Tu es attendu à la cour.

Deux dignitaires reçurent le Salzbourgeois : le comte Savioli, intendant en charge de la musique, et le confesseur officiel, le père Vogler, jésuite et vice-maître de chapelle. Aussi rébarbatifs l'un que l'autre, ils l'accueillirent de manière glaciale.

— Salzbourg est une ville magnifique, déclara le comte Savioli. Pourquoi l'avoir quittée ?

— Voyager m'apprend énormément. L'orchestre de Mannheim n'est-il pas incomparable ?

— On le dit, on le dit... Mais tous les postes sont pourvus. Même s'il s'en libérait un, seul serait engagé un exécutant de grande qualité.

— Mes collègues répondent de mes compétences, monsieur le comte. Je suis aussi compositeur et j'aimerais présenter à la cour de Mannheim des œuvres qui sauront la séduire.

— Méfiez-vous de la séduction, recommanda le père Vogler. C'est une ruse qu'utilise le diable pour égarer les âmes. Avez-vous écrit de la musique religieuse ?

— Pour la cathédrale Saint-Étienne de Salzbourg et l'église Saint-Pierre, en effet.

— J'espère que vous n'imitez pas des compositeurs légers, voire licencieux et condamnables comme Jean-Chrétien Bach ?

— Désolé de vous décevoir, mon père, mais je l'estime et je l'admire. À Londres, il m'a beaucoup aidé.

Le regard du jésuite devint franchement hostile.

— Qu'attendez-vous exactement ? demanda le comte Savioli, cassant.

— Jouer après-demain en présence du prince-électeur Karl Theodor que j'ai eu le bonheur de rencontrer il y a quinze ans.

— Son Altesse est très occupée, nous aussi. Vous pouvez vous retirer.

Dès la première seconde, le comte Savioli et le père Vogler avaient détesté ce Mozart. Ils le regardèrent partir avec soulagement.

— Il ne faut surtout pas qu'il s'incruste à Mannheim, estima le jésuite.

— J'en conviens, mais il ne manque pas de talent, et les musiciens de l'orchestre se répandent en louanges qui parviennent aux oreilles du prince-électeur. Connaissant son amour des arts, il assistera au concert.

— Ce Mozart est un saltimbanque ! Pourquoi a-t-il été exclu de la cour de Colloredo ?

— Désir de voyager et refus du prince-archevêque de salarier un musicien absent, semble-t-il.

— Et s'il existait des motifs plus graves ? Un aventurier qui apprécie la musique de Bach ne saurait être un bon chrétien ! Nous devons, vous et moi, mettre en garde le prince-électeur. Surtout, qu'il ne se laisse pas séduire !

Vienne, le 4 novembre 1777

Les Frères de la Loge templière[1] étaient consternés. Sachant leur local surveillé par la police, ils se réunissaient chez l'un de leurs dirigeants, en présence d'un Frère visiteur, Ignaz von Born, dont le sérieux et l'autorité naturelle les impressionnaient.

— Sommes-nous en sécurité ? demanda le Maître de Loge.

1. La Loge Les Trois Aigles.

— Un Couvreur[1] extérieur nous avertira en cas de danger, répondit le doyen.

— Serions-nous menacés à ce point ? s'inquiéta un Frère Maître.

— Menacés, non, mais tout à fait discrédités ! Un faux Templier a volé nos rituels et en vend des copies sous le manteau. Les profanes en prendront connaissance, sans oublier la police !

— Que contiennent-ils de compromettant ? demanda le doyen. Nous ne portons atteinte ni au pouvoir ni aux bonnes mœurs !

— Bien des aspects pourraient être mal interprétés, estima le Maître de Loge. La nécessaire vengeance des Templiers, par exemple. Les autorités n'y verront-elles pas un appel à la révolte contre l'Église et les rois ? Je considère cette divulgation comme un véritable viol. Malheureusement, le scandale ne s'arrête pas là ! Cet imposteur a détourné à son profit les cotisations de plusieurs Frères, fondés à porter plainte contre l'Ordre en l'accusant d'incurie et d'incompétence !

Les uns tentèrent de minimiser la portée de ces événements, les autres parlèrent de catastrophe irrémédiable. Quant à Ignaz von Born, silencieux, il comprit que cette Loge ne serait pas un milieu favorable à l'initiation du Grand Magicien. Sa quête devait se poursuivre.

Vienne, le 5 novembre 1777

— Bien joué, dit Joseph Anton à son bras droit, Geytrand.

---

1. Dans les anciennes Loges, deux Maîtres Maçons remplissaient les fonction de Couvreur intérieur et de Couvreur extérieur, chargés de protéger la Loge de toute atteinte.

— Merci, monsieur le comte. J'avoue ne pas être mécontent de cette modeste manipulation dont les résultats dépassent mes espérances. En Autriche, la Stricte Observance vient de subir des coups très rudes dont elle aura du mal à se remettre.

— Nos dossiers, eux, s'enrichissent ! Certaines phrases de ses rituels prouvent le caractère menaçant de l'Ordre templier et sa volonté de bouleverser notre société. Malheureusement, nous ne disposons pas d'un manifeste ou d'une déclaration de guerre en bonne et due forme. Aussi m'en faudra-t-il davantage pour obtenir des descentes de police et la fermeture définitive de toutes les Loges.

— Nous sommes sur le bon chemin, estima Geytrand.

— Comment ton agent a-t-il réussi à s'introduire dans plusieurs Loges, à dérober les rituels et à détourner des cotisations ?

— Sans grande difficulté, car les Francs-Maçons sont plus naïfs que nous ne l'imaginions ! Beaucoup sont bavards et ne respectent pas la loi du secret.

— Accorde-lui une bonne prime, et qu'il disparaisse.

— Rassurez-vous, monsieur le comte. Il est déjà reparti pour Paris et vous n'entendrez plus parler de lui. Quant aux Loges de la Stricte Observance à Vienne, elles ne tarderont pas à se disloquer.

59.

Mannheim, le 6 novembre 1777

À l'issue du concert très réussi où le talent du jeune musicien venu de Salzbourg avait ébloui l'auditoire, le prince-électeur Karl Theodor salua Wolfgang Mozart.

Le maître de la ville était particulièrement fier d'avoir créé un petit Versailles où fleurissaient des Académies des sciences et des beaux-arts, sans oublier une superbe bibliothèque. Protecteur des artistes, Karl Theodor se montra chaleureux.

— Quinze années ont passé, Mozart ! Vous n'êtes plus un enfant prodige, mais un excellent musicien.

— Votre orchestre est une pure merveille. Quel bonheur de jouer avec de tels interprètes !

— Comptez-vous rester longtemps à Mannheim ?

— Puis-je faire une confidence à Votre Seigneurie ?

— Faites, Mozart, faites !

— J'aimerais composer un opéra allemand et le voir représenté ici.

— Beau projet, mais difficile à réaliser ! En attendant, vous participerez bien à d'autres concerts ?

— Avec joie !

— Je vous présenterai à des proches qui me sont particulièrement chers et auraient besoin d'un bon professeur. Accepteriez-vous d'être celui-là ?

— Ce serait un honneur, Votre Altesse.

— Parfait, parfait ! Profitez de Mannheim, amusez-vous et régalez-nous de votre talent. Nous nous reverrons bientôt.

Wolfgang détestait enseigner. En donnant des leçons à des amateurs plus ou moins doués, il perdait son temps. Mais puisqu'il fallait en passer par là... Heureux de ce contact encourageant, il écrivit une brillante sonate pour piano[1] nourrie des progrès techniques offerts par le nouveau piano-forte de Stein, et une ariette galante à la française[2] qui déplairait fort au père jésuite.

Mannheim, le 10 novembre 1777

— As-tu reçu une somme suffisante pour tes concerts ? demanda Anna-Maria à son fils.

— Seulement cinq montres, comme si je passais mon existence à regarder l'heure ! On m'écoute, on m'applaudit, mais on ne me paie pas. Le petit Salzbourgeois doit-il se contenter de petits cadeaux ?

— Comment allons-nous subsister ? s'inquiéta Anna-Maria qui, loin de chez elle, se languissait.

— J'ai beaucoup d'amis, à Mannheim. Ils nous aideront.

— Ensuite, il faudra rembourser ! Ne devrions-nous pas obéir à ton père et prendre la route de Paris ?

— Ne t'inquiète pas, nous irons en France. Auparavant, je veux exploiter toutes les ressources que m'offre

---

1. K. 309.
2. *Oiseaux, si tous les ans...*, K. 307.

Mannheim. Un opéra allemand, tu t'imagines ? Le prince-électeur m'apprécie. Avec son aide, je réussirai.

Anna-Maria renonça à contredire son fils, qui se détendit en écrivant une lettre à sa cousine d'Augsbourg : *Les Romains, supports de mon cul, sont toujours, ont toujours été et resteront toujours sans le sou.* Cela ne voulait rien dire, mais c'était dit.

En se rendant chez Christian Cannabich, Wolfgang rencontra enfin son guide.

— M'aviez-vous oublié, Thamos ?

— Mannheim te réussit, tu composes des œuvres brillantes et gaies.

— L'orchestre est fabuleux ! Il me permet d'entendre des sons que je croyais impossibles. Quels pays inconnus à découvrir ! Je ne peux écrire poétiquement, je ne suis pas poète. Je ne saurais manier les formes assez artistiquement pour qu'elles fassent jouer les ombres et les lumières, je ne suis pas peintre. Je ne peux non plus exprimer mes sentiments et mes pensées par des gestes et par la pantomime, je ne suis pas danseur. Mais je le peux grâce aux sons, je suis musicien.

— Qu'espères-tu de Mannheim ?

— Un poste de compositeur à la cour.

— Tu ne manques pas d'ennemis...

— Le comte et le curé, je sais. Ils aimeraient me voir partir au plus vite ! Mais leur patron, Karl Theodor, m'apprécie. En échange de sa protection, je devrai donner des leçons de piano à ses... « proches », maîtresses et enfants illégitimes ! Le prince-électeur est un joyeux luron qui s'arrange avec la morale chrétienne. Je n'apprécie guère, mais à chacun son mode de vie. Moi, je souhaite simplement avoir de quoi subsister et composer avec un minimum de contraintes. *Thamos, roi d'Égypte...* je ne l'oublie pas ! Si Mannheim accueille un opéra allemand, ne vous donnerai-je pas satisfaction ?

— Puisse cette ville te comprendre.

Mannheim, le 11 novembre 1777

Pour s'amuser, Wolfgang joua de l'orgue à la chapelle de la cour. Arrivé pendant le kyrie, il en exécuta la fin de manière tout à fait classique. Après que le prêtre eut entonné le gloria, il se lança dans une cadence si surprenante que les fidèles se retournèrent.

Puisqu'ils sortaient enfin de leur torpeur dévote, l'organiste fit claquer les notes, à la stupéfaction de l'assistance. Sans attendre la réaction du père Vogler, Wolfgang abandonna le clavier et alla déjeuner chez les Cannabich.

Lorsqu'il rentra, fort tard, sa mère l'attendait, le visage fermé.

— Ton père m'a demandé de veiller sur toi, Wolfgang, et je crains que ton comportement ne soit pas celui d'un honnête et pieux garçon.

— Rassure-toi, maman, je rimaille et plaisante avec des jeunes gens et des jeunes filles, nous commettons toutes sortes de farces et de gaudrioles plus ou moins propres, mais seulement en pensées et non en actions !

— Ne frises-tu pas le péché ?

— Ce n'est qu'un jeu auquel je prends un plaisir extrême.

— Tout de même...

Wolfgang embrassa sa mère.

— Je demeure un pieux et honnête garçon qui vénère Dieu et ses parents.

Mannheim, le 22 novembre 1777

Les fêtes musicales en l'honneur de la fête du prince-électeur Karl Theodor s'achevaient, et Wolfgang n'y avait joué aucun rôle. Le jésuite et son complice, le comte Savioli, étaient plus redoutables qu'il ne le supposait. Sans doute persuadaient-ils leur patron de tenir à l'écart le musicien salzbourgeois.

Réduit à donner des leçons, Wolfgang ne désespérait pas de parvenir à ses fins, d'autant que Cannabich recueillait une rumeur persistante : Karl Theodor songeait à nommer Mozart précepteur de ses enfants naturels. Il aurait alors un pied ferme à la cour et du temps pour composer.

Avec un peu de chance, son voyage s'arrêterait à Mannheim. Il rêvait d'entendre son merveilleux orchestre interpréter ses symphonies, ses concertos et l'opéra qui prolongerait le message de *Thamos, roi d'Égypte*.

60.

Mannheim, le 29 novembre 1777

« Tu n'as pas encore compris qu'il faut avoir en tête d'autres pensées que des farces de fou, écrivait Leopold. Sinon, on tombe dans la crotte sans argent. Et sans argent, aucun ami. Le but du voyage, le but nécessaire était, est et doit être de trouver une situation, ou au moins de ramasser de l'argent. »

Ne supportant pas ces injustes remontrances, Wolfgang osa répondre à son père selon son cœur :

Je ne suis pas insouciant. Je suis seulement préparé à tout événement, ce qui me permet d'attendre et de supporter tout avec patience, pourvu que mon honneur et mon nom sans tache de Mozart n'en souffrent pas. Je vous supplie de ne pas vous réjouir avant le temps, ni de vous affliger non plus : qu'il arrive ce qu'il voudra, tout est bien. Car la félicité consiste uniquement dans l'idée qu'on s'en fait.

Triste et solitaire, ne sortant presque jamais, Anna-Maria s'ennuyait à mourir. Son fils l'abandonnait souvent, préférant dîner et plaisanter avec ses amis. Il faisait si froid, en cette fin d'automne, qu'elle ne parvenait pas à tenir sa plume, presque gelée, pour écrire à son mari. Tout en laissant percer quelques inquiétudes, elle tentait de le rassurer. Wolfgang ayant entrepris des démarches sérieuses, il fallait bien attendre la réponse du prince-électeur Karl Theodor.

Mannheim, le 9 décembre 1777

Invité à l'académie[1] de la cour princière, Wolfgang ne s'intéressait pas à la musique et fixait le comte Savioli. Dès la fin de cette interminable soirée, il aborda l'aristocrate qui ne s'était pas abaissé à saluer le Salzbourgeois.
— Puis-je vous parler, monsieur le comte ?
— Je suis fatigué. Mon secrétariat vous donnera un rendez-vous.
— Il m'a répondu que vous ne seriez pas libre avant plusieurs semaines, et je n'en peux plus d'attendre !
— Attendre quoi, Mozart ?
— La réponse du prince-électeur ! M'engagera-t-il à sa cour, d'une manière ou d'une autre ?
La réponse du comte Savioli fut cinglante.
— Je vous demande pardon, malheureusement, c'est non.
Délaissant le musicien éconduit, l'aristocrate rejoignit le père Vogler, témoin de la scène, un sourire au coin des lèvres. L'un et l'autre obéissaient aux ordres de leur seigneur qui ne souhaitait pas se brouiller avec le prince-archevêque Colloredo.
Wolfgang Mozart n'avait aucun avenir à Mannheim.

---

1. Le concert.

Mannheim, le 10 décembre 1777

— Te refuser un poste, à toi ? s'étonna Christian Cannabich. Même pas la place de précepteur des bâtards ?
— Même pas, répondit Wolfgang en vidant un verre de vin. Une si longue attente pour un résultat si décevant !
— Ne te laisse pas abattre, tes amis musiciens t'aideront. Tu mangeras chez l'un ou chez l'autre, et tes leçons paieront ton logement. En plein hiver, il serait imprudent de reprendre la route.

Malgré cet échec, Wolfgang ne se décourageait pas. Faire de la musique en compagnie des virtuoses de Mannheim l'enchantait.

— Laissons aller les choses comme elles vont et comme elles doivent aller ! s'exclama-t-il. À quoi servent les spéculations superflues ? Ce qui doit arriver, nous l'ignorons, n'est-ce pas ? Et pourtant, non, nous le savons : c'est ce que Dieu veut ! Allons, un joyeux allegro !

Rassuré, Cannabich remplit le verre de son ami. Ensemble, ils entonnèrent un joyeux canon où ils se moquèrent de la bêtise et de l'injustice.

Munich, décembre 1777

En dépit de la progression de leurs idées chez les intellectuels, les Illuminés de Bavière ne comptaient toujours qu'un trop petit nombre d'adhérents pour entreprendre une réforme profonde de la société.

Seule solution, d'après le chef du mouvement, Adam Weishaupt : utiliser le canal de la Franc-Maçonnerie, et plus particulièrement celui de la Stricte Observance templière, dont l'aspect conquérant le séduisait.

À vingt-neuf ans, le brillant juriste de l'université d'Ingolstadt possédait un dynamisme et une force de conviction plutôt rares. Sa notoriété lui ouvrit les portes d'une Loge templière de Munich, ravie d'accueillir un esprit d'une telle envergure.

À peine initié, Weishaupt entama un travail de sape. Beaucoup de Francs-Maçons, sinon la totalité, croyaient en Dieu, mais fort peu appréciaient les Jésuites. Et leur croyance n'était peut-être pas aussi solide qu'ils le supposaient.

Puisqu'on recevait la Lumière en devenant Franc-Maçon, ne devait-on pas la propager au-dehors en luttant contre l'obscurantisme d'une religion dévoyée dont le seul but consistait à embrumer les cerveaux ? La Franc-Maçonnerie pouvait devenir le fer de lance d'une philosophie nouvelle, insistant sur la primauté de la raison, la nécessité du progrès et l'accès de l'éducation à tous.

Le discours de Weishaupt ne choqua que quelques Frères trop réactionnaires pour envisager le moindre changement. La plupart tendirent l'oreille et entamèrent de fructueuses discussions.

Quant à Weishaupt, il ne fut pas indifférent au rituel. Malgré ses naïvetés et ses imperfections criantes, s'en dégageait une certaine magie que la logique ne parvenait pas à disséquer. Les Illuminés de Bavière avaient besoin de la Franc-Maçonnerie, la Franc-Maçonnerie des Illuminés. En s'interpénétrant, les deux organismes se renforceraient jusqu'au moment où les idées de Weishaupt s'imposeraient.

Mannheim, le 25 décembre 1777

Wolfgang pestait contre le Hollandais de Jean qui payait mal et lentement le quatuor pour flûte, violon, alto et violoncelle[1] que le jeune compositeur venait de terminer. Mais il oublia vite ces désagréments en se rendant chez un notable de Mannheim, Theobald Marchand.

Quelle surprise de découvrir chez lui le comte de Thèbes, en grande discussion avec un jeune homme de vingt-deux ans au visage d'une étonnante gravité !

Appartenant au collège des fondateurs de la principale Loge de Mannheim, Theobald Marchand invita Mozart à boire un excellent vin blanc et à déguster les friandises du buffet. Puis il s'occupa d'autres invités pendant que Thamos s'approchait.

— Monsieur Mozart, je vous présente un brillant diplomate, le baron Otto von Gemmingen, avec lequel j'ai beaucoup parlé de votre *Thamos, roi d'Égypte*. Comme vous et moi, il s'intéresse à l'ésotérisme de la civilisation pharaonique et aux anciennes initiations. C'est pourquoi il poursuit des études approfondies dans ces domaines si complexes.

De la part de l'Égyptien, une telle recommandation valait son pesant d'or ! Wolfgang éprouva un respect immédiat envers Otto von Gemmingen dont le sérieux l'impressionna.

— Je travaille à un drame symbolique qui s'intitulera *Sémiramis*, révéla le jeune homme. Accepteriez-vous de le mettre en musique ?

— J'ai hâte de lire votre texte et je ferai de mon mieux.

1. K. 285.

Un nouveau projet, grandiose, passionnant ! Décidément, Mannheim réussissait à Wolfgang.

— Resterez-vous longtemps parmi nous ? demanda von Gemmingen.

— Mon père désire que j'obtienne du succès à Paris, mais je me plais beaucoup ici et n'ai guère envie de partir.

Franc-Maçon reconnu par Thamos apte à construire le temple, Otto von Gemmingen avertirait un Frère en poste dans la capitale française de l'éventuelle arrivée de Mozart.

61.

Mannheim, le 30 décembre 1777

Christian Cannabich réveilla Wolfgang.
— Karl Theodor vient de partir !
Le musicien se frotta les yeux.
— Partir, partir... Où ça ?
— Maximilien III est mort. En tant qu'héritier présomptif du trône de Bavière, Karl Theodor espère conquérir Munich. De graves problèmes en vue !
— Lesquels ?
— L'Autriche et la Prusse risquent de se déchirer à propos de la succession. Si notre prince-électeur échoue et s'il s'obstine, un conflit se déclenchera.

Wolfgang ne regrettait pas Maximilien III, allié de Colloredo.

— Pour Mannheim, reprit Cannabich, ce départ équivaut à une catastrophe. La vie artistique va s'arrêter, la ville se ratatinera sur elle-même. Plus de concerts, plus de festivités. L'avenir immédiat s'annonce morose.

Kirchheim-Boland, le 23 janvier 1778

Wolfgang se rendait chez la princesse d'Orange afin d'y donner un concert, mais il ne voyageait pas seul. Une jolie cantatrice âgée de dix-huit ans, Aloysia Weber, et son père, Franz Fridolin, l'accompagnaient.

Après avoir perdu son poste de secrétaire de magistrature, ce dernier s'était installé à Mannheim où il remplissait les fonctions de copiste pour le théâtre de la cour, de souffleur et parfois de chanteur, avec une petite voix de basse. À quarante-cinq ans, il semblait usé mais élevait courageusement ses trois filles.

— Naguère, ma famille a été anoblie, rappela Fridolin. À cause de multiples malheurs, ma chère épouse, mes enfants et moi-même ne sommes plus que de pauvres gens qui luttons contre l'adversité. Mais nous restons de bons et honnêtes Allemands.

— Vous pouvez être fier de vous, monsieur Weber.

— Quel âge avez-vous, jeune homme ?

— J'aurai vingt-deux ans le 27 janvier.

— Merveilleux, toute une vie devant vous ! Grâce à votre talent, vous irez loin.

— Celui de votre fille Aloysia me sera d'une aide précieuse. Sa voix est si pure, si expressive qu'elle m'inspirera plusieurs grands airs de mon futur opéra.

— Quand sera-t-il terminé ?

— Si j'évite de me rendre à Paris, je le composerai à Vienne et il me rapportera au moins mille florins.

— Mille florins ! Belle somme...

— Aloysia deviendra la plus célèbre et la mieux payée des cantatrices viennoises.

Distante et réservée, la jeune fille se contentait de sourire à Wolfgang qui la dévorait des yeux.

Vienne, l'opéra, la fortune... Il voulait y croire ! Sans la gloire et l'argent, comment réussirait-il à conquérir le cœur d'Aloysia dont il était tombé follement amoureux dès qu'il l'avait entendue chanter ?

Envahi par des sentiments nouveaux qu'il ne maîtrisait pas, Wolfgang ne cessait de penser à la fille aînée de Fridolin Weber. La sévérité et la rigueur morale de son père lui plaisaient. Il n'autorisait pas Aloysia à sortir seule et la surveillait en permanence.

Le concert du 24 janvier ne procura qu'une modeste somme. Wolfgang en céda la majeure partie à Fridolin Weber. Il y aurait d'autres prestations plus lucratives, et le compositeur continuerait à se montrer généreux.

Oubliant sa mère, restée seule à Mannheim, Wolfgang passa des heures délicieuses en compagnie d'Aloysia et de son père. Une seule fois, Fridolin accorda aux jeunes gens l'autorisation de se promener dans la campagne enneigée pendant qu'il fumait une pipe à l'auberge.

Wolfgang parla de ses projets, Aloysia de ses espoirs, et ils rirent ensemble en évoquant les travers et les manies de certains musiciens. Au sommet d'un ciel d'un bleu très pur brillait un doux soleil d'hiver.

— Aloysia...

— Rentrons à l'auberge, monsieur Mozart. Mon père et moi retournons à Mannheim.

— Acceptez-vous de me revoir ?

— J'aimerais beaucoup chanter l'une de vos compositions.

— Vous me faites trop d'honneur ! Moi, je ne me lasse pas de vous entendre. Une voix aussi expressive que la vôtre est un véritable miracle.

— Vous me flattez, mais je dois encore beaucoup travailler avant de monter sur scène.

— Eh bien, nous travaillerons ensemble !

Mannheim, le 4 février 1778

Wolfgang retrouva sa mère chez le conseiller aulique[1] Serrarius qui leur accordait l'hospitalité en échange de leçons de piano à sa belle-fille Thérèse, surnommée « la nymphe ».

— Tu n'as pas écrit à ton père depuis le 17 janvier, lui reprocha Anna-Maria. C'est la première fois que tu le laisses aussi longtemps sans nouvelles.
— Tu m'as remplacé, maman.
— Où étais-tu parti, ces jours derniers ?
— J'ai donné un concert chez une noble dame.
— Seul ?
— Non, avec une cantatrice.
— Jeune ?
— Plutôt jeune.
— Mon fils, je...
— Rassure-toi, maman, jamais je ne voyagerai en compagnie de personnes licencieuses et libertines dont je n'approuve ni la conduite ni les opinions.
— Comment s'appelle-t-elle ?
— Aloysia est la fille d'un très honnête homme, Fridolin Weber, copiste au théâtre de Mannheim. Leur famille a subi des revers de fortune mais se comporte avec une dignité exemplaire. Quelle chance de les avoir rencontrés ! J'avertis immédiatement papa, car nous concevons un magnifique projet : une tournée de concerts en Italie ! Aloysia y deviendra *prima donna*, et j'y redorerai mon blason.
— Ne t'enthousiasmes-tu pas trop vite ?
— Si tu connaissais la voix d'Aloysia, tu ne doute-

---

1. Qui appartient à la cour d'un souverain.

rais pas un instant de son triomphe ! Jamais je n'ai entendu une telle splendeur.

Au comble de l'exaltation, Wolfgang coucha ses rêves par écrit.

Atterrée et inquiète, Anna-Maria ajouta un post-scriptum en cachette, avant de remettre la lettre aux services postaux : « Il prend feu et flamme pour ces gens. » Et ces gens-là, d'après son intuition, n'étaient pas aussi honnêtes qu'ils le prétendaient.

62.

Schleswig, février 1778

Le duc de Brunswick n'était plus seul à diriger l'Ordre templier. À ses côtés se tenait désormais Charles de Hesse, gouverneur des duchés de Schleswig-Holstein. Initié en 1775 [1], il se targuait d'avoir étudié plusieurs rites maçonniques avant de se rallier au projet templier, seul capable de donner à la Franc-Maçonnerie la place qu'elle méritait.

Expert en sciences occultes, Charles de Hesse avait rassemblé, dans l'un de ses châteaux, une pléiade d'alchimistes avec l'espoir d'assister à la réalisation du Grand Œuvre. Nullement découragé par l'échec de ces médiocres, il continuait à rechercher le secret des secrets et fréquentait les personnages les plus extravagants, se demandant si un vrai sage ne se dissimulait pas parmi les charlatans.

Entre Ferdinand de Brunswick et Charles de Hesse s'était rapidement forgée une amitié inébranlable. Le second ne désirait pas la place du premier, qu'il jugeait digne de l'occuper, le premier écoutait les conseils du second, curieux infatigable.

---

1. Son nom de Chevalier était *Carolus a Leone Resurgente*.

— Nous gouvernerons cet Ordre ensemble, promit le duc. Mais soyons conscients qu'au-dessus de nous règnent des Supérieurs inconnus.

— En auriez-vous rencontré un ? demanda Charles de Hesse, fasciné.

— J'ai eu cette chance, en effet. Grâce à lui, la Stricte Observance poursuit son chemin sans crainte d'être détruite par des attaques extérieures. Reste à renforcer l'Ordre proprement dit.

— Nous vivons les derniers temps de l'Histoire, affirma Charles de Hesse. Seul le Christ nous sauvera du néant. J'ai la grâce de recevoir des signes lumineux du Seigneur, et tout ce que j'accomplis est dicté par Lui ou les esprits qu'Il dirige. Partons ensemble en quête du vrai secret maçonnique, mon Frère, oublions la gloriole et la nostalgie du passé. Oui, les Supérieurs inconnus nous ouvriront le chemin et nous permettront de construire un Ordre spiritualiste au service de Dieu.

L'enthousiasme de son nouveau bras droit séduisit Ferdinand de Brunswick. Assisté d'un homme aussi engagé et dont les convictions rejoignaient les siennes, il réussirait.

Un détail devenait peut-être gênant : la filiation templière de la Stricte Observance et sa volonté affichée de restaurer la puissance temporelle de ce vieil Ordre chevaleresque. Beaucoup d'initiés croyaient-ils encore à cet avenir-là ?

Mannheim, le 7 février 1778

À Leopold, certain que son fils ne l'aimait pas seulement comme un père mais aussi comme son meilleur et plus sûr ami, Wolfgang tenta d'expliquer sa passion naissante, sans trahir l'ampleur de ses sentiments.

Nous ne sommes pas nobles, écrivit-il, *ni de haute naissance et gentilshommes riches, mais de basse extraction, vilains et pauvres, et dès lors nous n'avons pas besoin d'une femme riche. Notre richesse s'éteint avec nous, car nous l'avons dans la tête. Et celle-là, personne ne peut nous la prendre, à moins qu'on nous coupe la tête, après quoi nous n'avons plus besoin de rien ! Je veux rendre une femme heureuse et non pas faire mon bonheur à ses dépens.*

Pour Wolfgang, l'amour devait être vrai et raisonnable, dépourvu de frivolité et d'excès qui empêchaient un bonheur serein. À l'épouse, égale de son mari, celui-ci vouait respect et fidélité, car la parole donnée ne se reprenait pas.

Bien des amis salzbourgeois du musicien, fêtards et cyniques, ne partageaient pas ses convictions, et leur attitude de jeunes coqs lui déplaisait au plus haut point. Jamais il ne s'abaisserait à considérer une femme comme un objet à conquérir.

Mannheim, le 19 février 1778

Au Hollandais de Jean, qui finissait par payer en se faisant tirer l'oreille, Wolfgang livrait des œuvres courtes et légères, tels deux quatuors pour flûte, violon, alto et violoncelle [1] et un concerto pour flûte en *sol* majeur [2], comportant un adagio plein de tendresse qu'Aloysia saurait apprécier. Son kyrie en *mi* bémol majeur [3] resta la seule partie d'une messe destinée à Karl Theodor, avec l'espoir d'obtenir un poste à la chapelle

1. K. 285a et b.
2. K. 313.
3. K. 322.

de la cour. Mais le prince demeurait à Munich afin d'y démêler les fils des intrigues politiques qui s'opposaient à l'extension de ses pouvoirs.

La lettre de Leopold ressembla à un coup de massue : « Si tu continues à bâtir des châteaux en Espagne et si tu n'as en tête que des projets futurs, alors tu négligeras toutes les affaires présentes et indispensables. Ta tête est pleine de choses qui te rendent inapte au présent. En toutes choses, tu te montres emporté et impétueux, ton bon cœur fait que tu ne vois plus de défauts à ceux qui t'encensent. Il dépend de ta sagesse que tu sois un vulgaire musicien oublié du monde ou un célèbre maître de chapelle dont le nom demeurera écrit dans le livre de la postérité. Ton projet m'a presque rendu fou ! Va à Paris, recherche l'appui des grands. Ou César, ou rien ! »

Bouleversé, Wolfgang répondit le jour même. Bien sûr, il reconnaissait l'ampleur des sacrifices de son père en vue de favoriser sa carrière. Ne s'était-il pas lourdement endetté afin de lui permettre d'aller à Paris et d'y connaître un succès retentissant ?

Paris, et non l'Italie. Paris avec sa mère, pas l'Italie avec Aloysia. Wolfgang se rendit aux raisons de Leopold et renonça à son projet de tournée.

Sa missive terminée, il fut victime d'une forte fièvre et s'alita sans dîner.

Vienne, le 21 février 1778

— J'ai parlé de votre rôle au baron Gottfried Van Swieten, révéla Thamos à Ignaz von Born. Sa propre mission consiste à protéger les Loges maçonniques en laissant croire qu'il leur est hostile. En gagnant la confiance des autorités, peut-être finira-t-il par apprendre le nom de nos ennemis les plus dangereux et les plus déterminés. À présent, vous connaissez son secret.

— Ma bouche demeurera scellée, promit von Born, touché par la confiance de l'Égyptien.

— Jamais Van Swieten ne pourra vous rencontrer dans le cadre d'une Loge officielle, à cause de la surveillance policière.

— J'organiserai ici ou là des séances de recherche avec les Frères désireux de vivre vraiment les mystères effleurés dans les rituels, et nous bâtirons à l'aide des éléments du *Livre de Thot*.

— Tobias von Gebler ne fera pas partie des constructeurs, précisa l'Égyptien. Après l'échec de son *Thamos, roi d'Égypte*, il a perdu la foi et se contente d'une existence obscure à Berlin, sans demander davantage à la Franc-Maçonnerie qu'une vague philosophie.

— Beaucoup de Frères lui ressemblent, déplora von Born. Où se trouve le Grand Magicien ?

— À Mannheim. Il vient de tomber amoureux et souhaiterait épouser la cantatrice dont il est épris. Son père, lui, exige qu'il se rende enfin à Paris.

— Que lui conseillez-vous ?

— Rien, répondit Thamos. À lui de forger son destin pendant cette période de probation. Sinon, plus tard, il serait incapable d'affronter les épreuves initiatiques.

63.

Mannheim, le 23 février 1778

La nouvelle lettre de Leopold enfonçait le clou. « Des milliers de personnes n'ont pas reçu de Dieu un don aussi grand que le tien. Quelle responsabilité ! Ne serait-ce pas infiniment dommage qu'un si grand génie se trompe de chemin ? Tu cours plus de dangers que les millions de personnes qui n'ont pas ton talent, car tu es beaucoup plus exposé d'une part aux attaques et d'autre part aux flatteries. Tu as un peu trop d'orgueil et d'amour-propre, et puis tu te montres trop familier avec les gens, tu ouvres ton cœur à chacun. De Colloredo, je n'attendais rien. De toi, j'attendais tout. »

Rétabli, Wolfgang refusait de croire aux suspicions de son père. Il estimait le brave Fridolin Weber et aimait passionnément Aloysia, sans oser le lui avouer.

Parmi tant de défauts, répondit-il à Leopold, *j'ai celui-ci : de croire toujours que les amis qui me connaissent me connaissent. Auquel cas, point n'est besoin de beaucoup de paroles. Ah ! s'ils ne me connaissent pas, où pourrais-je trouver assez de paroles pour les éclairer ?*

Refusant de céder à la tristesse, Wolfgang voulut oublier l'inéluctable départ. Il composa quatre sonates pour piano et violon[1] remplies de dialogues amusants, joyeux et populaires, une aria pour le vieux et sympathique ténor Raaff aux moyens vocaux limités[2], une autre pour la soprano Augusta Wendling[3] qui stigmatisait la conduite d'une jeune personne « dans un bois solitaire et sombre », et, surtout, un récitatif et un air[4] destinés à Aloysia, dont les paroles traduisaient ses sentiments : « Je ne sais d'où me viennent cette tendre inclination, cette émotion qui m'emplit le cœur à mon insu, ce frisson qui court dans mon sang. »

— Avec ce morceau, prédit Wolfgang à la jeune femme, tu connaîtras un triomphe en Italie.
— Et toi ?
— Moi, je dois me rendre à Paris. Mon père l'exige.
— Tu m'avais promis...
— Je dois lui obéir, Aloysia. Dès que j'aurai obtenu le succès escompté, je reviendrai. Penseras-tu un peu à moi ?
— Comment peux-tu en douter ?

Vienne, le 1ᵉʳ mars 1778

Le baron Gottfried Van Swieten marchait sur des œufs. Le préfet de la Bibliothèque impériale et royale s'occupait de science et de culture, non de sécurité et de police. Aussi, lors de ses entretiens avec des notables de la cour, procédait-il par allusions. À la moindre réticence, il battait en retraite et revenait sur le terrain des grands auteurs et des livres rares à acquérir.

1. K. 301, 302, 303, 305.
2. K. 295.
3. K. 308.
4. K. 294.

Son travail et sa gestion donnaient pleine et entière satisfaction à l'impératrice Marie-Thérèse et à l'empereur Joseph II. Lors d'une réception, Van Swieten eut l'occasion de rencontrer le chef de la police viennoise, faussement bonhomme.

— Mes félicitations, monsieur le Préfet. Sous votre règne, notre fameuse Bibliothèque s'enrichit encore et affermit le prestige culturel de notre belle capitale. Par bonheur, nous pourchassons les idées nocives qui n'auront jamais droit de cité chez nous.

— Songez-vous à la philosophie française ?

— Exactement ! Peste redoutable dont il faut brûler les pustules, telle une certaine Franc-Maçonnerie.

— À mon avis, une secte dangereuse.

— Au mien aussi, baron.

— J'espère que vous prenez toutes les mesures nécessaires.

— Soyez rassuré !

— Avec un professionnel de votre compétence, comment ne le serais-je pas ?

Le chef de la police s'exprima à voix basse.

— Je ne suis pas chargé de ce dossier. Sa Majesté l'impératrice s'en occupe personnellement. Quelle meilleure garantie ?

Van Swieten approuva d'un signe de tête.

À l'évidence, Marie-Thérèse avait organisé un service parallèle, chargé de surveiller les Francs-Maçons. Impossible d'exiger davantage de précisions sans éveiller la suspicion de son interlocuteur.

Qui dirigeait ce service, de quels moyens disposait-il, jusqu'où comptait-il aller ? Répondre à ces questions cruciales ne serait pas facile. Au moindre faux pas, Gottfried Van Swieten connaîtrait la disgrâce et serait démis de ses fonctions.

Mannheim, le 13 mars 1778

Wolfgang affrontait une journée chargée, aussi passionnante que déchirante. Le matin, dernière leçon donnée à Thérèse Pierron, « la nymphe », belle-fille du conseiller aulique Serrarius qui lui avait accordé l'hospitalité. En ultime remerciement, il lui offrit une sonate pour piano et violon [1].

Pendant que sa mère, heureuse de voir son fils obéir enfin à son père, terminait de préparer les bagages, Wolfgang s'entretint avec Otto von Gemmingen. La veille, le jeune Franc-Maçon participait à une Tenue en compagnie de Thamos.

— Baron, j'ai commencé à mettre en musique votre drame, *Sémiramis*.

— Excellence nouvelle, monsieur Mozart !

— Malheureusement, je dois quitter Mannheim pour Paris. Ignorant les obligations qui m'y attendent, il m'est impossible de préciser la date à laquelle j'achèverai ce travail, et je le regrette.

— Je l'admets fort bien et vous remercie de votre franchise. Quand on a la chance de travailler avec un créateur tel que vous, comment ne pas se montrer patient ? J'ai un excellent ami à Paris, le ministre délégué du Palatinat. Je lui demanderai de vous aider, dans la mesure de ses modestes moyens.

— Vous m'accordez un beau privilège, baron.

— Vous le méritez, monsieur Mozart, car vous n'êtes pas un homme ordinaire. Sans vouloir vous décourager, n'entretenez pas trop d'illusions à propos des Français. C'est un peuple à la fois volage et prétentieux qui croit avoir raison sur tout et s'estime supé-

---

1. K. 296.

rieur à la planète entière. Les musiciens parisiens ne réservent généralement pas un bon accueil à un étranger qu'ils jugent incapable de s'adapter à leur génie et d'entrer dans l'une de leurs cases. Je vous souhaite néanmoins bonne chance.

Wolfgang se rendit chez les Weber.

Aloysia répétait l'air qu'il avait composé pour elle et l'interprétait de façon parfaite, avec une émotion maîtrisée, sans nul débordement intempestif.

— Je dois partir, annonça-t-il tristement à la jeune femme et à son père.

— Quand reviendrez-vous à Mannheim ? demanda Fridolin Weber.

— Le plus tôt possible. Ce voyage m'ennuie.

— Ne vous procurera-t-il pas une gloire bien méritée ?

— Mon père le souhaite.

— Lui obéir prouve que vous êtes un bon garçon. Ma fille et moi-même plaçons beaucoup d'espoir en vous. Revenez-nous riche et célèbre, Wolfgang.

— Je vous promets de faire de mon mieux.

— Les Français se prosterneront à vos pieds, j'en suis certain !

— Permettez-moi d'être moins optimiste.

— Mais non, Wolfgang, mais non ! Ayez confiance en vous et tout ira bien. Pour vous distraire pendant le voyage, voici un cadeau.

Fridolin Weber offrit au musicien l'édition allemande des *Comédies* de Molière.

En la feuilletant, il s'arrêta sur une pièce intitulée *Don Juan* dont le thème avait circulé à travers l'Europe.

— Merci, monsieur Weber. J'espère trouver dans ces pages l'idée d'un futur opéra.

64.

Paris, le lundi 23 mars 1778, seize heures

— Jamais de ma vie je ne me suis autant ennuyé, avoua Wolfgang à sa mère en arrivant à Paris au terme de neuf jours de voyage.

Anna-Maria, il est vrai, ne s'intéressait guère aux œuvres de son fils, lui reprochait sa conduite avec les Weber qu'elle n'aimait pas et ressassait sa peine d'être éloignée de son cher Salzbourg.

Ce ne fut pas leur logement, une petite chambre très sombre où l'on ne pouvait pas mettre un piano, qui leur redonna le sourire.

— Impossible de travailler ici, constata le musicien.

— Si tu sors sans arrêt, je n'aurai personne à qui parler. Je ne comprends pas un mot de cette langue pointue, et les Parisiens ne sont pas aimables.

— Je dois contacter au plus vite plusieurs personnes et trouver du travail. Installe-toi au mieux.

Dès le 24, grâce aux courriers envoyés par son père pour préparer l'entrevue, Wolfgang fut reçu par le baron Grimm et Mme d'Épinay.

— Je suis ravie de rencontrer un brillant compositeur autrichien, déclara-t-elle en dévisageant ce jeune homme de taille moyenne, chétif, pâle, aux cheveux clairs et fins, au nez long et fort et aux yeux vifs à fleur de tête.

— Je ne suis pas autrichien, rectifia Wolfgang, mais allemand.

— Votre père nourrit de grandes espérances à votre sujet, intervint Grimm, mais Paris ne connaît pas les œuvres que vous avez composées à Salzbourg, et il veut du nouveau.

— Pouvez-vous m'aider ?

— Mes amis Jean Le Gros, directeur du Concert spirituel, et Noverre, maître de ballet à l'Opéra, vous feront diverses propositions. Je vous préviens, la concurrence est rude, et vous imposer ne sera pas facile. La meilleure façon de gagner votre vie consiste à donner des leçons aux amateurs éclairés. Mme d'Épinay et le duc de Guisnes vous procureront des élèves.

Mozart parti, Grimm eut une moue de dédain.

— Enfant prodige, il m'avait intrigué. Mais aujourd'hui... Des musiciens de ce genre-là, il y en a des centaines !

— Avec son côté maladroit, sa timidité et sa nervosité, je le trouve touchant, avoua Mme d'Épinay.

— Amusez-vous si cela vous chante, chère amie, mais ne perdez pas votre temps. Croyez-en mon jugement, que chacun sait infaillible : ce petit Allemand n'a aucun avenir.

Paris, le 25 mars 1778

Ministre de l'Électeur palatin en poste à Paris, le comte von Sickingen reçut Mozart avec chaleur. Passionné de musique et Franc-Maçon, il venait de relire la lettre de son Frère Otto von Gemmingen lui recommandant le compositeur salzbourgeois.

— Parlons d'abord logement. Êtes-vous satisfait ?

— Pas du tout, déplora Wolfgang. Ma mère et moi ne disposons pas de gros moyens.

— Vous vous installerez à l'hôtel des Quatre Fils Aymon, rue du Gros-Chenet. Avez-vous des contacts sérieux avec des collègues français ?

— J'ai rencontré le baron Grimm. Il m'oriente sur Le Gros et Noverre.

Von Sickingen ne dissimula pas ses sentiments.

— Je déteste ce Grimm. Prétentieux, hâbleur, fourbe, intéressé... Et ses amis ne valent guère mieux ! Mais ils tiennent la vie musicale à Paris, et rien ne peut se faire sans eux. Comme ils estiment être les meilleurs au monde, les étrangers ne sont pas les bienvenus. Pardonnez cette franchise, mais je n'ai pas le droit de vous bercer d'illusions.

— Mon père s'en berçait plus que moi, précisa Wolfgang.

— Ma porte sera constamment ouverte, promit le comte. En cas de difficultés graves, n'hésitez pas à me prévenir. Je plaiderai votre cause auprès des artistes que je fréquente, mais votre succès passe obligatoirement par Le Gros.

À mi-chemin entre l'espoir et l'abattement, heureux de compter au moins un ami à Paris, Wolfgang rejoignit sa mère dépressive.

Le comte von Sickingen ouvrit la porte du petit salon où se trouvait Thamos.

— Avez-vous entendu notre conversation, mon Frère ?

— Je n'en ai pas perdu un mot.

— Je crains que votre protégé ne soit pas armé pour affronter cette ville impitoyable.

— Elles le sont toutes, estima l'Égyptien, et la formation de son caractère exige les épreuves redoutables qu'il va subir.

— Et s'il ne les supporte pas ?
— Alors, je me serai trompé.

Paris, le 5 avril 1778

Leopold serait satisfait : le séjour parisien de son fils débutait plutôt bien. Accablé de travail, il préparait un concerto pour flûte et harpe, une symphonie concertante, un opéra consacré aux amours d'Alexandre et de Roxane, griffonnait des chœurs à insérer dans un *Miserere* du vieux Holzbauer afin de l'adapter au goût parisien et, surtout, il enseignait.

— Es-tu content ? lui demanda Anna-Maria qui se plaignait de son isolement.

— J'ai horreur de donner des leçons. Je ne dois ni ne puis enterrer ainsi le talent de compositeur que Dieu m'a donné. Et je déteste cette insupportable galanterie parisienne, un vernis d'hypocrites qui dissimule la légèreté de leurs mœurs.

— Ton père ne s'est jamais trompé, Wolfgang. Si nous sommes ici, c'est pour ton bien.

Le jeune homme s'habilla.

— Tu sors encore ?

— Je dois briller chez Le Gros, l'homme-clé de la musique parisienne.

— Tu préférerais peut-être t'amuser chez les Weber...

Wolfgang ne répondit pas et se rendit chez le patron du Concert spirituel qui l'invita à montrer ses talents de pianiste devant une assistance choisie.

Avec brio, il improvisa un pastiche d'un « maître » italien à la mode, Cambini, dont il jugeait la production très médiocre. Il mit en lumière ses trucs et ses tics, et les sourires fleurirent sur les lèvres.

Au terme de cet « à la manière de » ironique et réussi, les applaudissements fusèrent. Un seul auditeur fut nettement moins enthousiaste : Cambini lui-même, dont Wolfgang ignorait la présence.

Furibond, l'Italien entraîna Le Gros à l'écart.

— Ce médiocre Allemand m'a ridiculisé ! Vous êtes mon ami et devez lui casser les reins. Un inconnu sans talent ne saurait se moquer ainsi d'un compositeur de mon importance, apprécié du Tout-Paris !

— Soyez tranquille, ce Mozart paiera son impertinence.

65.

Paris, le 6 avril 1778

Âgé de quarante-quatre ans, le compositeur François-Joseph Gossec commençait à faire parler de lui. Franc-Maçon déçu par la tiédeur politique des Loges qui ne s'engageaient pas assez sur le chemin d'une profonde réforme de la société, il avait fondé en 1770 l'association des Concerts des Amateurs. Elle rassemblait de nombreux Frères et leur permettait, au-delà de la musique, d'exprimer leurs idéaux.

Lorsqu'il rencontra Wolfgang Mozart, il tenta de le recruter.

— Vous venez de Salzbourg, paraît-il ?
— En effet.
— Que se passe-t-il, là-bas ?
— Le prince-archevêque Colloredo gouverne, et ses musiciens se plient à ses exigences.
— N'est-ce pas insupportable, mon cher collègue ?
— Voilà pourquoi je suis à Paris.
— Excellente initiative ! Bientôt, la France deviendra la patrie de la liberté et de l'égalité, car elle saura secouer tous les jougs.
— Je n'en demande pas tant, précisa Wolfgang. J'ai-

merais trouver une cour brillante et des princes intelligents qui ne m'empêcheraient pas d'exprimer mon art.

— Ne vous contentez pas de si peu ! Il faut suivre Rousseau, Voltaire et Diderot, « étrangler le dernier prêtre avec les boyaux du dernier roi » !

Ce programme épouvanta Mozart.

— La violence n'est-elle pas la pire des solutions ?

— La fin justifie les moyens. Nous devons briser le carcan de l'Église et renverser les trônes des tyrans. Tôt ou tard, l'Europe entière le comprendra.

— Eh bien, monsieur, je serai une exception.

Wolfgang ne chercherait à rencontrer ni Voltaire, ni Rousseau, ni leurs disciples. Les pensées de ces révolutionnaires ne l'intéressaient pas.

Gossec haussa les épaules. Il n'aiderait pas ce jeune Allemand réactionnaire à conquérir Paris.

Paris, le 20 avril 1778

En fréquentant les Loges de la capitale, Thamos n'éprouva guère de satisfactions. On y mangeait et on y buvait beaucoup, on bavardait et l'on ne se penchait que rarement sur la signification initiatique des rituels. Tantôt critiquées, tantôt appréciées, les idées des Encyclopédistes et des rationalistes progressaient, même parmi les membres de la noblesse.

L'Égyptien participa aux travaux d'une Loge originale, celle des Philalèthes, Les Amis de la Vérité[1]. Depuis 1775, ils accumulaient une riche collection

---

1. Cette Loge tendait à devenir un Ordre indépendant comprenant une « petite Franc-Maçonnerie » formée de six grades, et une « haute Franc-Maçonnerie » reprenant six autres grades provenant de systèmes variés.

d'ouvrages consacrés à la Franc-Maçonnerie et ne dédaignaient pas l'étude de l'alchimie et de la magie. Pourtant, l'ensemble manquait singulièrement de cohérence et répondait plus à la curiosité qu'à une véritable recherche spirituelle. Procédant par petites touches et sans grand espoir, Thamos essaya de les orienter, sachant que ce cadre-là ne conviendrait pas au Grand Magicien qui venait de repousser de lui-même la tendance révolutionnaire qu'incarnait Gossec.

Paris, fin avril 1778

En songeant à Aloysia et en fréquentant quelques musiciens allemands de passage à Paris, Wolfgang retrouvait un peu de gaieté, en dépit du poids de ses leçons. Son concerto pour flûte et harpe [1] avait plu au duc de Guisnes et à sa fille. D'une élégance et d'un raffinement remarquables, il prouvait aux Parisiens que la musique allemande ne manquait pas de poésie.

Mais ce fut une autre œuvre, composée à l'intention de ses amis de Mannheim, qui permit à Wolfgang d'exprimer la richesse de sa pensée. D'une dimension inhabituelle, sa symphonie concertante pour clarinette, hautbois, cor et basson [2] traduisait à la fois une volonté optimiste et une gravité parfois si intense que l'on aurait volontiers attribué ces pages à un auteur d'une rare maturité.

En écrivant, Wolfgang avait senti qu'il changeait de registre.

Et le voici dans une antichambre, à faire les cent pas en attendant que Le Gros, au génie bien mince, daigne le recevoir.

1. K. 299.
2. K. 297b.

Enfin, la porte du bureau s'ouvrit.

— Venez, Mozart. J'ai entendu dire du bien de votre concerto pour flûte et harpe. Ce style plaît à mon auditoire.

— Ma symphonie concertante sera-t-elle jouée au Concert spirituel ?

— Comme vous y allez ! Je dois établir soigneusement le programme, de peur de déplaire au public et de baisser le niveau de cette institution. Le baron Grimm la surveille avec une extrême sévérité, et vous connaissez l'importance de son jugement. Une critique négative me conduirait à la ruine.

— Ma symphonie vous déplairait-elle ?

— D'abord, elle est trop longue ; ensuite, un peu trop moderne dans un genre trop récent par rapport au bon goût parisien.

— Vous... vous refusez de la faire jouer ?

— Je l'étudierai de manière détaillée avant d'asseoir mon jugement. Continuez surtout à donner des leçons. D'après Mme d'Épinay, vos élèves sont ravis.

À cet instant, Wolfgang sut que Paris lui resterait à jamais hostile. Derrière Le Gros, il y en avait un autre du même bois, et un autre encore, à l'infini. Cette terre n'était pas la sienne, ce ciel le repoussait, la mentalité de ce monde vaniteux et refermé sur lui-même l'écœurait.

Bien que sa mère s'ennuyât chaque jour davantage dans une ville à laquelle la Salzbourgeoise ne s'habituait pas, Wolfgang ne rentra pas chez lui. Il supportait mal ses reproches et ses récriminations. Seuls ses amis de Mannheim lui évitaient de sombrer. Ce soir, la seule production française digne d'éloges, le vin, coulerait à flots.

66.

Hermannsstadt, 1ᵉʳ mai 1778

Sous les yeux écarquillés de Francs-Maçons hongrois [1], le prince Alexandre Murusi déploya la carte des anciennes possessions de l'Ordre du Temple en Hongrie, en Transylvanie et en Slavonie.

— Prenez conscience, mes Frères, de l'extraordinaire réussite de nos prédécesseurs et modèles ! Richissimes, ils régnaient sur l'Europe et dictaient leur conduite aux monarques. La Stricte Observance ne se réduit pas à une théorie intellectuelle ! Elle l'affirme haut et fort : nous sommes dignes d'un tel exemple.

— Que préconisez-vous ? demanda un septuagénaire, plutôt inquiet.

— Ne restons plus inertes et soumis à la dictature de la médiocrité ! Je propose de rassembler les fonds nécessaires pour lever une armée templière qui partira à la reconquête de son territoire perdu. Bavarder ne sert à rien, il faut agir. Alertons toutes les Loges de la Stricte Observance, sortons-les de leur torpeur, revêtons nos capes et nos armures, et redevenons des guerriers de Dieu !

1. Ils appartenaient à la Loge Les Trois Nénuphars.

Livide, le Grand Maître Ferdinand de Brunswick prit la parole. Ses informateurs ne lui mentaient pas, de graves dérives risquaient de se produire.

— Je comprends l'enthousiasme du prince Murusi, mais je dois lui rappeler que l'essentiel de nos rites est allégorique. Bien sûr, nous songeons avec nostalgie à la grandeur passée de l'Ordre du Temple, mais chaque époque développe son génie propre. Le temps des croisades est révolu.

Le prince protesta.

— Respectable Grand Maître, n'avez-vous pas promis la résurrection des Templiers ?

— Uniquement en esprit, mon Frère, pas de manière guerrière et violente ! Propageons le message spirituel des anciens Chevaliers, non le fracas des armes.

Murusi fut déçu, la plupart de ses Frères soulagés.

Le duc de Brunswick venait d'éviter un désastre.

Paris, le 1ᵉʳ mai 1778

En se rendant chez la duchesse de Chabot, Wolfgang ruminait de sombres pensées. Ces idiots de Français croyaient qu'il avait encore sept ans et le traitaient comme un second rôle dépourvu d'avenir. Écrire un opéra ? Inutile de l'envisager. Même en cas de succès, il n'en retirerait aucun bénéfice matériel car, dans ce pays, tout était taxé au maximum, ce qui stérilisait la création artistique.

Faire sans cesse des visites afin de se vendre lui-même l'épuisait. À cause du prix exorbitant des trajets en voiture, il devait arpenter des rues sales et boueuses. Trois mots définissaient Paris : une merde indescriptible.

Lorsque Wolfgang donnait un concert pour aristocrates en mal de distractions, il entendait «prodigieux, inconcevable, étonnant!». Le lendemain, personne ne connaissait plus son nom. Les Français frisaient en permanence la grossièreté et pratiquaient l'hypocrisie de manière inégalable.

Quant au baron Grimm, occupé à louer des génies vite oubliés, il ne s'occupait plus de Mozart, un petit Allemand égaré au cœur d'une grande ville dont il ne percerait jamais les arcanes.

Le printemps était hivernal, la journée sinistre.

Un valet convia le musicien à pénétrer dans un salon glacé, à la cheminée éteinte.

D'interminables minutes s'écoulèrent, Wolfgang prenait froid.

Pimpante et méprisante, la duchesse de Chabot daigna apparaître.

— Essayez mon piano, jeune homme. Mes amis seront ravis de vous entendre. Il paraît que l'agilité de vos doigts est surprenante.

— Pour le moment, madame, ils sont gelés. La pièce où aura lieu le concert est-elle chauffée?

— Bien entendu! Suivez-moi.

La duchesse mentait.

Buvant des boissons brûlantes, ses amis furent indifférents à l'arrivée de ce domestique chargé de produire un agréable bruit de fond.

Grelottant, les mains raides, Wolfgang tenta cependant de se montrer à la hauteur de sa réputation.

Hélas! le piano-forte méritait d'être jeté aux ordures. Quant à l'assistance, elle plaisantait, échangeait des propos futiles et ne prêtait aucune attention aux variations que ciselait le musicien.

Excédé, il s'interrompit. De rares applaudissements saluèrent sa prestation.

Le duc de Chabot fit son entrée.

— Pourquoi ne continuez-vous pas ?
— Me donnerait-on le meilleur piano d'Europe, je perdrais toute joie à en jouer pour des gens qui ne comprennent rien ou ne veulent rien comprendre, et qui ne sentent pas avec moi ce que je joue.
— Moi, monsieur, je vais vous écouter. Reprenez, je vous prie.

Wolfgang accepta de se remettre à ce détestable piano, mais écourta le concert.

Le soir, les pieds sur une bouillotte brûlante, il écrivit à son père :

S'il y avait un lieu, ici, où les gens eussent des oreilles, un cœur pour sentir, s'ils comprenaient seulement quelque chose à la musique, s'ils avaient du goût, je rirais cordialement de toutes ces choses-là. Mais je ne suis entouré que de brutes et de bêtes, en fait de musique, s'entend. Comment, du reste, pourrait-il en être autrement ? Ils ne sont pas différents dans toutes leurs actions, leurs mobiles et leurs passions. Les Français sont et resteront des ânes.

Paris, le 13 mai 1778

Triste, presque grinçante, la sonate pour violon et piano en *mi* mineur [1] exprimait la déception de Wolfgang. Pourtant, la publication prochaine de ses variations sur l'air de « Je suis Lindor » [2] serait une première apparition sérieuse au sein de l'univers parisien. Variant rythme et mélodies, le compositeur avait choisi l'air composé par un nommé Dezède sur les paroles que prononçait le comte Almaviva dans *Le Barbier de Séville*,

1. K. 304.
2. K. 354.

au moment où il se faisait passer pour un jeune roturier aux yeux de Rosine. Un jour, peut-être, Wolfgang utiliserait cette histoire d'une autre manière.

Son véritable but restait de faire enfin exécuter sa symphonie concertante. Aussi assiégeait-il le bureau de Le Gros.

— Que désirez-vous, Mozart ?
— Votre décision concernant l'œuvre que je vous ai confiée.
— Quelle œuvre ?
— Ma symphonie concertante.
— Je ne vois pas.
— Vous la jugiez trop longue, trop moderne, trop...
— Ah oui, je me souviens vaguement ! Oublions ça, voulez-vous ? Inaudible au Concert spirituel. Vous ferez sûrement mieux. Continuez à donner des leçons et à vous perfectionner.

De retour chez lui, la mine sombre, Wolfgang subit un assaut de sa mère.

— Je ne vois pas mon fils de la journée, je reste seule dans la chambre, comme aux arrêts, je ne sais même pas le temps qu'il fait, je crains de perdre l'usage de la parole ! Et puis ton père s'impatiente. Revois le baron Grimm et demande-lui de te procurer une bonne situation.

Refusant de polémiquer, le compositeur reçut un sympathique corniste qui appréciait son œuvre et ses talents d'interprète.

— Un poste d'organiste à Versailles se libère, lui apprit-il. Vous devriez postuler.

Versailles, le théâtre de sa gloire enfantine !
— Bien payé ?
— Très mal.
— Une première marche ou un cul-de-sac ?

— Honnêtement, peu de progression possible. Néanmoins...

— Cette cour ne m'intéresse plus. On m'y reparlera sans cesse de mes exploits de gamin surdoué et je n'ai pas envie de composer de la musique d'église, pompeuse et ennuyeuse. Pour créer, il faut rester dans l'idée. Celle de Versailles n'est pas la mienne.

67.

Paris, le 5 juin 1778

Après une pénible journée où Anna-Maria, fiévreuse, s'était à nouveau plainte de son isolement, elle s'endormit en rêvant de son cher Salzbourg.

Wolfgang composa une sonate pour piano en *la* mineur[1], exprimant sa révolte contre l'échec, ses moments de désespoir face à une situation bloquée mais aussi sa volonté d'aller quand même de l'avant.

Je ne trouve souvent aux choses ni rime ni raison, écrivit-il à son père. *Fait-il froid ? Fait-il chaud ? Je n'ai de vraie joie à rien.*

Seule l'amitié du comte von Sickingen permit à Wolfgang de ne pas sombrer. En terminant une sonate pour piano et violon[2] commencée à Mannheim, il trouva un certain apaisement. Puis il accepta la commande d'une musique de ballet en espérant qu'elle déclencherait celle d'un opéra.

— Le petit monde musical ne parle que de la querelle entre les admirateurs de Gluck et ceux de Piccinni, rappela le comte. Avez-vous pris parti ?

1. K. 310. Certains musicologues la situent après la mort de sa mère.
2. K. 306.

— Ce genre de débat ne m'intéresse pas, répondit Wolfgang. Pourquoi s'enfermer dans une opposition aussi stérile ?

— Ne pas vous prononcer vous attirera de l'inimitié dans les deux camps !

— Il y a des imbéciles partout.

— Tout Paris pleure la mort de Voltaire, le 30 mai dernier. Savez-vous qu'il ne s'était pas contenté de l'Académie et de la Comédie-Française ? À quatre-vingt-quatre ans, il venait d'adhérer à la Loge maçonnique Les Neuf Sœurs, un cercle très huppé. Dieu, comme ce vieillard aimait les honneurs !

— Il est crevé comme un chien, le mécréant, il a eu ce qu'il méritait.

La dureté du jugement étonna le comte von Sickingen.

— Vous n'appréciez guère la philosophie des Lumières, dirait-on.

— Elle me paraît tout aussi ténébreuse que cette nouvelle tendance littéraire allemande, le *Sturm und Drang*[1], qui consiste à souhaiter des orages et des désordres intérieurs pour mieux pleurer sur soi-même. Seule compte la quête de la sérénité, avec son cortège d'épreuves qu'il faut tenter de surmonter de manière pudique.

Paris, le 11 juin 1778

Sur l'affiche annonçant la représentation du ballet *Les Petits Riens*[2], le nom du compositeur, Mozart, n'était même pas mentionné.

1. Tempête et Désir.
2. K. 299b.

Quand Wolfgang eut l'honneur d'être reçu par le maître de ballet Noverre, fier de son nouveau succès, il osa à peine s'en plaindre.

— Le public ne s'intéresse pas à la musique, mon cher Mozart, mais aux danseurs. C'est une performance physique qu'il vient voir. Votre travail n'a pas déplu, continuez ainsi.

— Je préférerais composer un opéra.
— Dans le sillage de Gluck ou celui de Piccinni ?
— Ni l'un ni l'autre.
— Il vous faut pourtant choisir !
— N'existe-t-il pas d'autres chemins ?
— Pas en ce moment. Paris sait ce qu'il veut. Renoncez à votre projet, vous n'êtes pas taillé pour un genre aussi ardu.

Wolfgang ne parlerait pas à son père de l'affaire des *Petits Riens* où son nom n'avait pas émergé du néant. Mieux valait ne pas attrister davantage Leopold qui devait commencer à prendre conscience du fiasco de cet exil parisien.

Château de Mattisholm (Suède), le 12 juin 1778

Ferdinand de Brunswick, Grand Maître de la Stricte Observance templière, lançait une nouvelle offensive contre la candidature de Charles de Sudermanie à la direction de la septième province de l'Ordre.

Jamais les Danois, membres de cette province, n'accepteraient d'être dirigés par un prince suédois promis aux plus hautes fonctions. Et les Frères de Saxe et de Basse-Allemagne souhaitaient l'un des leurs. Devant tant d'oppositions, le duc de Sudermanie ne finirait-il pas par renoncer ?

Alors qu'il se préparait à quitter le Danemark, Ferdinand de Brunswick reçut une surprenante invitation : son redoutable concurrent le conviait à séjourner en Suède, au château de Mattisholm, afin d'y converser en toute fraternité !

Impossible de refuser sous peine d'offenser gravement le prince et de déclencher une guerre ouverte dont la Stricte Observance serait la première victime.

Le Suédois reçut son hôte avec une extrême courtoisie. Après un excellent dîner, ils se retirèrent à l'abri des oreilles indiscrètes.

— Nous nous connaissons mal, mon cher Brunswick. Surtout, vous connaissez mal le Rite suédois. Un Franc-Maçon n'a-t-il pas toujours envie d'apprendre et de repousser la frontière de l'ignorance ?

— Vous prêchez un convaincu. Mais votre Rite me demeure inaccessible.

— Et si je vous en donnais la clé ?

— De quelle manière ?

— En vous initiant au grade de Grand Officier suédois. Ainsi, nous nous comprendrions mieux et nos relations fraternelles s'amélioreraient d'autant.

Ferdinand de Brunswick manifesta une réelle satisfaction, tout en se méfiant de l'habileté stratégique de l'adversaire.

La manœuvre de Charles de Sudermanie se retourna contre lui, car le Grand Maître de l'Ordre templier fut atrocement déçu par la pauvreté du Rite suédois qui ne lui apprit rien.

Cachant sa rancœur, il se félicita de cette belle fraternité, laissant croire à l'ennemi qu'il l'avait convaincu de ne plus s'opposer à lui.

« Si le Rite suédois s'emparait de la Stricte Observance, conclut pour lui-même le duc de Brunswick, la Franc-Maçonnerie sombrerait vite dans le néant. »

Paris, le 18 juin 1778

Grâce aux interventions d'Anton Raaff, ce ténor admirateur de Mozart, Le Gros s'était finalement laissé fléchir. Tout en exigeant plusieurs modifications à la symphonie[1] proposée par l'Allemand, il acceptait de la faire exécuter au Concert spirituel.

Utilisant de forts contrastes, Wolfgang avait calculé les moments où le public parisien applaudirait. Et il ne s'était pas trompé. Ces gens-là n'aimaient que les effets.

Heureux d'avoir été enfin entendu, sinon écouté, le musicien remercia Dieu et mangea une glace au Palais-Royal. Pourtant, il ne se voilait pas la face : simple petit succès d'estime, peut-être sans lendemain. Toujours aussi froid et distant, Le Gros ne semblait pas décidé à l'accueillir dans le cénacle des compositeurs reconnus.

À son père, Wolfgang parla d'une sorte de triomphe. Ce pieux mensonge réconforterait Leopold.

De retour chez lui, le musicien trouva sa mère malade, souffrant d'une infection intestinale que les médicaments n'apaisèrent pas.

Le 20, elle fut la proie d'une forte fièvre mais refusa un médecin français. Grâce à ses amis, Wolfgang trouva un praticien parlant allemand. Il examina la patiente le 24, alors qu'elle perdait l'ouïe. Le 29, il la jugea perdue. Le 30, son fils fit venir un autre médecin qui confirma le diagnostic.

Après s'être confessée et avoir reçu les derniers sacrements, Anna-Maria Mozart sombra dans le délire.

Le 3 juillet, à vingt-deux heures et vingt et une minutes, elle rendit l'âme.

---

1. K. 297, symphonie dite « de Paris ».

68.

Paris, le 3 juillet 1778

Bouleversé, Wolfgang regardait le visage apaisé de la défunte.

Sa première confrontation directe avec la mort... Celle de sa mère, âgée de cinquante-huit ans.

Chaque minute de son agonie, il l'avait vécue avec une étrange sérénité. Ce n'était pas lui qui souffrait, mais Anna-Maria ; des larmes et des plaintes ne lui auraient été d'aucun secours. Au contraire, en lui montrant sa tendresse et sa confiance en Dieu, il l'avait aidée à traverser cette terrifiante épreuve.

À présent, il pensait à son père. Jamais il ne reverrait son épouse tant aimée, morte si loin de son cher Salzbourg. Il n'assisterait pas à l'enterrement et ne pourrait pas se recueillir sur sa tombe.

Impossible d'annoncer brutalement à Leopold la disparition de l'être qu'il chérissait le plus au monde.

Aussi lui écrivit-il une lettre dans laquelle il parla du concert du 18 juin, de la mort du fourbe et impie Voltaire, de son refus d'un poste d'organiste à Versailles. Afin de préparer Leopold au pire, il évoqua la grave maladie d'Anna-Maria et ajouta : *Je prends courage quoi qu'il puisse arriver, parce que je sais que c'est*

Dieu, lequel ordonne tout pour notre plus grand bien, même si nous trouvons que les choses vont de travers, qui le veut ainsi. Je crois, en effet, et on ne me persuadera pas du contraire, qu'aucun docteur, aucun être humain, aucun malheur, aucun accident ne peut donner et retirer la vie à un être humain, mais Dieu seul. Mettons notre confiance en Lui et consolons-nous avec cette pensée que tout va bien quand c'est suivant la volonté du Tout-Puissant : car c'est Lui qui sait le mieux ce qui nous est avantageux et utile, à tous, pour notre bonheur et notre salut, aussi bien dans le temps que dans l'éternité.

En même temps, Wolfgang envoya une missive à un religieux salzbourgeois, l'abbé Bullinger, afin qu'il prépare Leopold à l'atroce nouvelle.

Paris, le 9 juillet 1778

Le 4, Anna-Maria Mozart avait été enterrée au cimetière de Saint-Eustache, à Paris. Compatissante, Mme d'Épinay offrit l'une des chambres de son hôtel particulier au jeune musicien, si durement éprouvé.

Cinq jours après la mort de sa mère, Wolfgang révéla la vérité à son père et tenta de le rassurer :

Dans ces tristes circonstances, j'ai cherché du réconfort dans trois réalités. D'abord, dans mon complet et confiant abandon à la volonté de Dieu. Ensuite, dans ma présence à sa mort si douce et si belle, car je me représentais combien, en cet instant, elle était devenue heureuse, tellement plus heureuse que nous que je formais le souhait de partir avec elle, au même instant. Enfin, dans cette sensation née de ce souhait et de cette aspiration, à savoir qu'elle n'est pas perdue à jamais pour nous, que nous la reverrons et serons réunis à nouveau, plus joyeux que dans ce monde. Dans combien de temps, nous l'ignorons. Mais je n'éprouve aucune crainte : quand Dieu voudra, je le voudrai aussi. Maintenant, Sa volonté s'accomplit. Récitons un fervent « Notre Père » pour l'âme de maman et abordons d'autres sujets, car toute chose a son temps.

Tourner cette page douloureuse, déjà ? Oui, car la vraie vie ne se limitait pas à l'existence terrestre. La souffrance des vivants ne touchait pas les morts bienheureux et les ténèbres du trépas n'obscurcissaient pas la lumière éternelle.

En sortant prendre l'air de ce Paris qu'il détestait, Wolfgang rencontra Thamos.

— Je ne pouvais rien faire, déclara l'Égyptien. L'organisme de ta mère était usé.

— Elle veillait sur mon père, sur Nannerl, sur moi. Aujourd'hui, nous sommes privés d'un bon génie.

— Ta solitude te procurera des forces nouvelles.

— Ici, à Paris ? Si seulement cette langue française n'était pas aussi abominable pour la musique !

— Les instruments ne chantent-ils pas une langue universelle ? Parle-moi de ta symphonie concertante.

Wolfgang ouvrit son cœur. Enfin, quelqu'un l'écoutait !

Paris, le 10 juillet 1778

Mme d'Épinay servit un délicieux café au baron Grimm.

— J'ai entendu votre supplique, cher ami, et donné une chambre à ce pauvre Mozart. Voir mourir sa mère dans un pays étranger, si loin de chez elle, quelle tristesse ! Le malheureux garçon s'en remettra-t-il ?

— Il ferait bien de rentrer à Salzbourg.

— Ne venait-il pas chercher gloire et fortune à Paris ?

— Étant donné son caractère intransigeant et son médiocre talent, aucune chance. La musique allemande, et la sienne en particulier, ne convient pas au goût français. Comme enfant prodige, il amusait. Aujourd'hui, il ennuie. Ni Le Gros, excellent connaisseur, ni les compositeurs de renom ne l'apprécient.

— Votre jugement serait-il sans appel, baron ?

— Je ne me trompe jamais et vous assure que ce petit maître sera vite oublié. C'est pourquoi j'ai écrit à son insupportable père, tellement obstiné, que son rejeton n'est ni assez retors ni assez entreprenant pour faire son trou à Paris. La candeur de l'enfant Wolfgang nous distrayait, celle de l'adulte nous importune. Ce Leopold me prie à genoux de m'occuper de son fils, mais je n'ai pas envie de perdre mon temps. Bientôt, chère amie, vous serez débarrassée de ce parasite.

Paris, le 20 juillet 1778

Livré à lui-même mais rassuré par sa brève rencontre avec Thamos, Wolfgang se laissa aller à la joie de composer. D'abord une souriante sonate en *ut* majeur[1] où ne perçait aucun écho de la récente tragédie ; puis une autre, en *la* majeur[2], débutant par un inhabituel mouvement lent à variations qui magnifiait un chant populaire allemand, *Le Vrai Savoir-Vivre*, et se terminant par une distrayante marche turque, inspirée de l'ouverture des *Pèlerins de La Mecque*, de Gluck. Quant au trio, il

1. K. 330.
2. K. 331.

évoquait le sublime thème des Âmes heureuses de l'*Orphée* du même auteur.

C'est avec un surprenant sentiment de bonheur paisible et de libération que Wolfgang pensait à sa mère et lui offrait ces œuvres pleines d'entrain et de douceur, à son image. Anna-Maria n'avait connu la tristesse que loin de son foyer où, tout au long de son existence, elle avait dispensé gaieté et harmonie.

Ce même jour, pour la fête de Nannerl, Wolfgang écrivit un *rondo-capriccio*[1] qui permettrait à sa sœur de se dérouiller les doigts.

Paris, le 31 juillet 1778

La veille, de nouveau hanté par le visage de sa chère Aloysia, Wolfgang avait écrit à son père, Fridolin, en lui recommandant d'aider davantage sa merveilleuse fille, privée d'engagement et de rôle à sa mesure. Qu'il la déclare malade ! Ainsi, la cour de Mannheim s'apitoierait et la prendrait enfin en considération...

Impatient de la revoir, Wolfgang promettait de composer une œuvre qu'il lui offrirait dès son retour. Évitant de parler de la mort de sa mère à la famille Weber déjà si éprouvée par l'infortune, il appelait Aloysia *Carissima Amica*, certain qu'elle partageait ses sentiments.

Un autre sentiment, la colère, animait Wolfgang lorsqu'il franchit la porte de l'hôtel particulier du duc de Guisnes.

— J'ai appris le décès de votre mère, dit l'aristocrate d'un ton affecté. Toutes mes condoléances. Nul n'échappe à la mort, hélas ! Soyez courageux, le temps efface les peines.

1. K. 395.

— Je viens vous parler de mon concerto pour flûte et harpe, monsieur le duc.

— Une œuvre délicieuse ! Mes amis et moi-même l'avons beaucoup appréciée.

— Voilà trois mois que j'attends le paiement.

— L'art d'abord, mon cher Mozart ! Quelle trivialité d'y mêler des questions bassement matérielles.

— La musique est mon métier, elle me fait vivre. J'aimerais recevoir l'argent qui m'est dû.

— Vous l'aurez, rassurez-vous !

— Quand ?

— Quand... quand il me plaira.

— Il me plairait, à moi, de l'obtenir sur-le-champ.

— Vous n'y pensez pas, jeune homme ! Un dadais allemand ne donne pas d'ordre à un noble français. Veuillez sortir de chez moi.

En voyant arriver Mozart à grandes enjambées, Mme d'Épinay comprit qu'il était contrarié.

— Que se passe-t-il, Wolfgang ?

— Les dadais de Français s'imaginent que j'ai encore sept ans et qu'on peut me traiter comme un gamin.

— C'est malheureusement exact, reconnut-elle. Ici, vous êtes considéré comme un débutant.

Wolfgang s'enferma dans sa chambre et se confia à son père dont les lettres déchirantes lui fendaient l'âme :

Vous savez que, de toute ma vie, je n'avais encore jamais vu mourir personne. Et il a fallu que, pour la première fois, ce fût précisément ma mère ! Donner des leçons, ici, ce n'est pas une plaisanterie... On s'y épuise assez ! Et si l'on n'en donne pas beaucoup, on ne récolte pas assez d'argent. Ne croyez pas que j'en parle par paresse, mais parce que c'est une attitude tout à fait contraire à mon « génie » et à ma façon de vivre. Vous savez que je suis, pour ainsi dire, fourré dans la musique, que j'en fais toute la journée, que j'aime à y penser, à l'étudier, à m'y appliquer. Eh bien, ici, j'en suis empêché par le genre d'existence qu'on m'impose. Quand j'ai quelques heures de liberté, elles ne me servent pas à composer mais à recouvrer un peu de force.

69.

Vienne, le 15 août 1778

Geytrand s'épongea le front. Accablé par la chaleur, il souffrait du foie et avait les chevilles enflées. Détestant l'été et sa lumière intense, il se rendit au bureau secret du comte Anton qui, lui aussi, haïssait cette saison. Les rideaux fermés, le comte vivait dans la pénombre.

— Le convent de Wolfenbuettel s'est achevé de manière paisible, révéla Geytrand. Officiellement, la Stricte Observance et le Rite suédois cessent les hostilités et deviennent les meilleurs alliés du monde. Quant au duc de Sudermanie, il gouvernera l'énorme septième province en se pliant aux directives du Grand Maître, Ferdinand de Brunswick.

— « Officiellement », releva Joseph Anton. Donc, tu n'y crois pas !

— Pas un instant. D'après des indiscrétions de Chevaliers allemands furieux de l'élection de Charles de Sudermanie, cette paix a été arrachée aux forceps et assortie de restrictions inacceptables aux yeux du prince suédois. Comme il voulait à tout prix mettre la main sur la province, il a feint de s'incliner. Demain, il se heurtera à Brunswick et tentera de l'exclure en changeant les règles du jeu. Le duc de Sudermanie ne peut demeurer un subalterne, et le Grand Maître ne lui cédera pas un pouce de pouvoir. Et dépit de ce traité de circonstance et des belles paroles, le conflit s'annonce inévitable.

— Sur qui mises-tu ?
— Je n'ai pas de favori, monsieur le comte. Les deux adversaires sont aussi déterminés et féroces l'un que l'autre. Le duc de Brunswick a perdu une bataille, mais pas la guerre. Il demeure le Grand Maître de l'Ordre entier, et les Grands Maîtres provinciaux lui doivent obéissance. De plus, jamais les Francs-Maçons allemands n'éliront un Suédois à leur tête. Quoi qu'il arrive, la Franc-Maçonnerie s'en trouvera considérablement affaiblie. Ah, un nouveau nom sur nos tablettes ! Bode, l'un des proches du Grand Maître, occupe à présent une place importante dans la hiérarchie de la Stricte Observance. Il s'est occupé de la rédaction de l'acte d'alliance et fait preuve de zèle et de dynamisme. Devenu administrateur des biens de la veuve du ministre d'État von Bernstorff, il réside à Weimar, ville agréable et tranquille. Désormais, il ne connaîtra plus de soucis matériels et se consacrera à sa croisade contre les Jésuites et l'Église.

Joseph Anton ouvrit un nouveau dossier.

Salzbourg, le 15 août 1778

Leopold se remettait mal de la mort d'Anna-Maria. Impossible de combler ce vide immense, et seul le temps atténuerait la souffrance de cette blessure inguérissable. Jamais il ne se remarierait. Sa fille, Nannerl, se comportait avec tact et dévouement, mais il aurait eu besoin de parler à son fils.

Quand se reverraient-ils ? Wolfgang continuait à lutter pour conquérir Paris, sans grand succès. Et l'un des passages d'une lettre récente inquiétait Leopold : *Salzbourg m'est odieux,* affirmait-il. *Partout ailleurs qu'à Salzbourg, j'aurais plus d'espoir de vivre heureux et satisfait. D'abord, les gens de musique n'y jouissent d'aucune considération ; ensuite, on n'y entend rien.*

Bientôt, Leopold devrait apprendre à son fils que le baron Grimm ne consentait plus à l'aider et qu'il fallait rentrer à Salzbourg. Vu son état d'esprit, comment Wolfgang réagirait-il ?

Le 11 août, la mort de Giuseppe Lolli, maître de chapelle de la cour de Salzbourg, avait donné à Leopold l'espoir d'obtenir enfin ce poste.

Une nouvelle fois, la déception. Seul cadeau de Colloredo : une augmentation de cent florins. Et le vice-maître de chapelle, si obéissant et si dévoué, ne pouvait plus partager ses sentiments avec Anna-Maria.

Paris, le 16 août 1778

Les élèves de Wolfgang adoraient ses variations pour piano sur les airs de *Ah, vous dirai-je, maman*[1] ou de *La Belle Française*[2], mais il confiait plutôt son élan créateur, ses interrogations, l'alternance de la clarté et du drame à sa sonate en *fa* majeur[3]. Le musicien y retraçait la complexité de l'existence chaotique qu'il traversait sans en percevoir tous les secrets que connaissaient sans doute les prêtres du soleil.

Un soleil qui, malgré la saison, manquait à Paris où

1. K. 265.
2. K. 353.
3. K. 332.

l'on venait pourtant de rejouer sa symphonie au Concert spirituel de Le Gros.

— Soyez satisfait, Mozart. Le public apprécie vos petites inventions. Continuez donc sur ce chemin-là, sans oublier de donner vos leçons, et vous vous ferez peut-être une place honorable…

— C'est d'un opéra dont je rêve.

— Gluck et Piccinni occupent toute la scène.

— N'auriez-vous pas un livret à me proposer ?

— Pas le moindre. Oubliez ce projet insensé et cantonnez-vous à votre savoir-faire.

Excédé, Le Gros brisa net et rejoignit son ami, le baron Grimm.

— Cet Allemand me tape sur les nerfs, lui confia-t-il. Il devrait se contenter de ce qu'on lui donne et ne pas sans cesse réclamer davantage !

— Il fréquente un personnage détestable, un certain von Sickingen, qui s'intègre fort mal à la société parisienne et ne restera plus longtemps en poste, révéla Grimm. Moi seul aurais pu aider ce Mozart s'il s'était montré docile. Ne vous préoccupez plus de lui, mon cher Le Gros. Sa carrière est terminée.

70.

Saint-Germain-en-Laye, le 28 août 1778

La ravissante demeure du maréchal de Noailles, un parc admirable, et surtout le bonheur inespéré de revoir Jean-Chrétien Bach et de rester une semaine en sa compagnie, loin de l'étouffant Paris et de ses misérables intrigues !

Ils passèrent des heures merveilleuses à parler musique, et Wolfgang composa une scène dramatique[1] pour le castrat Tenducci, un ami de Bach. Il termina neuf variations pour piano sur l'air de *Lison dormait*[2] et une nouvelle symphonie, brillante et légère[3], destinée au Concert spirituel.

— Paris ne vous convient pas, estima Jean-Chrétien Bach. Pourquoi ne vous installez-vous pas à Londres ? Là-bas souffle un véritable esprit de liberté, et votre talent y serait reconnu.

— Ma mère est morte récemment, et je ne peux abandonner mon père à sa solitude.

— Vous êtes un grand cœur, Wolfgang, mais ne son-

1. K. 315b.
2. K. 264.
3. K. 311a.

gez pas assez à vous-même. Ici, vous ne vous épanouirez pas. Les Français sont superficiels et hypocrites, le baron Grimm ne nourrit que sa propre vanité. Avec sa petite cohorte d'intellectuels prétentieux, infatués de leur bêtise triomphante, il décide de tout. Ils vous considèrent comme quantité négligeable, même si le Concert spirituel accepte, de temps à autre, l'une de vos symphonies à condition qu'elle n'offusque pas le goût du jour. Vous êtes trop pur et trop entier pour conquérir une ville comme Paris. À cause de ma médiocre réputation, je suis incapable de vous aider.

Wolfgang aurait aimé avoir un père comme Jean-Chrétien Bach ! Ensemble, ils jouèrent de la musique, sans avoir à se soucier d'un auditoire. Le merveilleux royaume du *Rücken* ressuscitait, l'autre côté de la vie resurgissait, avec ses paysages enchanteurs.

Mais la pluie tomba sur Saint-Germain-en-Laye, Jean-Chrétien Bach regagna Londres et Wolfgang Paris.

Paris, le 1ᵉʳ septembre 1778

Wolfgang relut la lettre de son père et surtout la copie de celle du baron Grimm. Le tout-puissant critique affirmait que le jeune Salzbourgeois ne possédait aucune des qualités qu'appréciait le milieu artistique parisien. « Trop candide, peu actif, trop aisé à attraper, pas assez retors, ni entreprenant ni audacieux. » Et l'illustre baron ne disposait ni du temps ni de la fortune nécessaire pour asseoir l'éventuelle carrière de Mozart.

— Connaissez-vous notre dernière attraction ? demanda Mme d'Épinay, toujours aussi futile. Une sorte de magicien s'est installé place Vendôme et prétend guérir toutes les maladies grâce au magnétisme !

— S'agirait-il... du docteur Mesmer ?
— Vous le connaissez ?
— Un peu.
— Ses succès sont tels qu'il est déjà débordé.

Franz-Anton Mesmer bouscula son emploi du temps pour recevoir Wolfgang. Après l'avoir longuement magnétisé afin de rétablir la circulation de l'énergie, il insista sur la nécessité de percevoir le fluide vital qui servait de lien entre les êtres vivants.

— Votre musique est une expression de ce fluide, précisa-t-il. Plus elle sera en harmonie avec lui, plus elle lui servira de véhicule, plus vous toucherez les esprits et les cœurs. Ainsi, Wolfgang, contribuerez-vous de manière décisive à l'équilibre de notre monde.

— Reviendrez-vous à Vienne, docteur ?
— Jamais, car la thérapie par le magnétisme n'y est pas reconnue. Ici, outre les traitements individuels, je mets en pratique des soins collectifs. Plusieurs patients, assis côte à côte, formeront une chaîne et seront reliés par des tiges de fer ou des cordes à un baquet contenant de l'eau, de la limaille de fer et du sable. La circulation du flux magnétique soulagera leurs maux.

— Paris ne me porte pas chance, constata Wolfgang. Ma mère y est morte le 3 juillet, et je n'y rencontre pas le succès qu'espérait mon père.

— Persévérez, mais ne restez pas prisonnier. Rien ne doit briser votre envol.

Paris, le 11 septembre 1778

— Monsieur le baron, dit Wolfgang à Grimm sur un ton plutôt sec, je suis fort mécontent de l'attitude de Le Gros à mon égard. Il ne s'intéresse pas à mes œuvres et ne me laisse entrevoir aucun avenir.

— Mon ami Le Gros est un remarquable professionnel dont l'avis est déterminant. Vous, mon garçon, n'êtes qu'un débutant. Paris exige beaucoup, votre musique ne possède pas les qualités requises pour séduire la capitale des arts et des lettres. Et puis il y a une affaire bien plus urgente... Pendant la maladie de votre mère, je vous ai prêté la somme modique, quoique non négligeable, de quinze louis d'or. Je désire la récupérer.

Blême, écœuré, Wolfgang resta silencieux.

À son domicile l'attendait une lettre de son père. Enthousiaste, Leopold lui annonçait que le prince-archevêque Colloredo acceptait de reprendre le jeune Mozart à son service et lui offrait un poste stable, une place d'organiste ! Que rêver de mieux ? Wolfgang devait donc rentrer à Salzbourg au plus vite. Magnanime, Leopold lui accordait même l'autorisation de fréquenter Aloysia. Tout n'allait-il pas pour le mieux dans le meilleur des mondes ?

Wolfgang répondit qu'il serait heureux de revoir son père et sa sœur, mais ajouta que ce n'était pas un grand bonheur de se retrouver enfermé à Salzbourg. Ses affaires s'améliorant, il ne rentrerait pas immédiatement. Quelques projets en cours seraient peut-être couronnés de succès...

71.

Paris, le 26 septembre 1778

— Vous n'êtes pas encore parti, Mozart ! s'étonna Grimm, furieux.
— J'espérais...
— Comment faut-il vous le dire ? Vous n'avez rien à espérer, strictement rien ! Un musicien allemand débutant et sans ambition n'a aucune chance de réussir à Paris. Ici, toutes les portes vous sont fermées. Je vous paie le voyage, vous montez dans la diligence la plus confortable et la plus rapide, et vous disparaissez !

Au terme d'un pénible séjour de six mois, Wolfgang n'était pas mécontent de quitter Paris mais redoutait de retrouver Salzbourg.

Nouvelle déception : une vieille diligence bondée, la moins chère et la moins rapide ! Il ne lui faudrait pas cinq jours pour atteindre Strasbourg, mais dix. Une fois encore, ce pingre de Grimm lui avait menti.

Sa colère passée, Wolfgang jeta un œil à ses compagnons d'infortune. Parmi eux, Thamos ! Il discutait avec un négociant en vins qui croyait s'adresser à un commerçant disposant de filières efficaces en Angleterre.

À Nancy, Thamos descendit et fit signe à Wolfgang de le suivre. Ils montèrent dans une excellente voiture.

Le musicien raconta en détail les derniers épisodes de son aventure parisienne et ne cacha pas ses désillusions.

— Et maintenant, Salzbourg... Là-bas, je ne sais pas qui je suis, je suis tout et aussi bien, parfois, rien du tout. Je n'en demande pas tant, je n'en demande pas non plus si peu : être seulement quelque chose. Mais que je sois vraiment quelque chose !

— Auparavant, il y aura plusieurs étapes, précisa l'Égyptien, à commencer par celle de Strasbourg où tu donneras trois concerts. Ne t'attends ni à un nombreux public ni à une forte rémunération, mais tu prendras plaisir à jouer avec des musiciens de qualité, heureux de t'accueillir.

— Vous... vous avez tout organisé ?

— Tes amis de Mannheim ont des relations à Strasbourg.

Thamos omit de préciser qu'il avait visité diverses Loges[1], sans oublier la très ancienne communauté de bâtisseurs préservant l'héritage des Maîtres d'Œuvre du Moyen Âge.

Strasbourg, octobre 1778

Wolfgang avait besoin de se purifier des scories parisiennes et de converser avec des êtres lui vouant une réelle affection. Il fréquenta des musiciens Francs-Maçons, passa de riantes soirées autour de bonnes tables et rencontra le vieux maître de chapelle Richter qui, à soixante-huit ans, ne buvait plus que vingt bouteilles de vin par jour au lieu de quarante !

---

1. Saint-Louis d'Alsace, Saint-Jean d'Heredom, L'Amitié, Le Parfait Silence et La Candeur.

Le 17 octobre, son premier concert lui rapporta trois louis d'or; le 23, le deuxième, trois également; le 31, le troisième, un seul louis, car la salle était à moitié vide. Mais Wolfgang retrouvait la joie de vivre et termina une jolie sonate pour piano [1] commencée à Paris et s'ouvrant sur un thème de Jean-Chrétien Bach. Elle fut synonyme de libération et de période heureuse, en dépit des lettres de son père qui ne comprenait pas pourquoi son fils s'arrêtait aussi longtemps à Strasbourg.

Leopold lui apprenait aussi une nouvelle bonne et mauvaise à la fois : la famille Weber venait de quitter Mannheim pour Munich, où Aloysia était engagée par l'Opéra. Juste reconnaissance du talent de la jeune cantatrice, mais éloignement déchirant. Contrairement à ses espérances, la femme qu'il aimait n'habiterait pas Salzbourg, et la prison dorée se transformerait en bagne.

Afin de calmer l'impatience de son père, Wolfgang lui précisa qu'il logeait chez Schertz, un riche notable qui acceptait de lui prêter de l'argent. Et il expliqua les raisons profondes de son séjour : *Ici, je suis considéré avec honneur. Les gens disent que tout est si noble en moi, que je suis si mûr, si honnête, que j'ai une si bonne conduite...* Leopold comprendrait-il enfin ses vraies aspirations et la qualité de son être?

La thérapie de Thamos se révélait efficace. De l'individu blessé, fatigué et dépité par les affronts et les souffrances subis à Paris, jaillissait un nouveau Wolfgang, prêt à affronter de nouvelles épreuves.

---

1. K. 333 (N° 13).

Mannheim, le 6 novembre 1778

Le 4 novembre, Wolfgang s'était résigné à quitter Strasbourg à destination d'une autre ville chère à son cœur, la si musicale Mannheim.

La famille Cannabich l'accueillit à bras ouverts. À son ami Christian, il raconta ses mésaventures françaises, achevant de se libérer de ce poids. Une page se tournait, jamais il ne remettrait les pieds à Paris.

Le baron Herbert von Dalberg, intendant du théâtre de Mannheim et Franc-Maçon, informé par von Sickingen du passage de Mozart, le convia à un dîner où était également invité le Frère Otto von Gemmingen.

— Comment se porte ma *Sémiramis*, monsieur Mozart ?

— Elle est à peine esquissée, je l'avoue.

— Si vous restez quelque temps à Mannheim, pourrons-nous y travailler ensemble ?

— Avec joie !

L'œuvre se présentait comme un duodrama[1], visant un accord parfait entre le texte et la musique. Wolfgang retrouvait enfin l'élan de *Thamos, roi d'Égypte* grâce à un thème aux multiples résonances initiatiques qu'il percevait sans les comprendre. En songeant à Aloysia, il dépeindrait une magnifique figure de femme.

Otto von Gemmingen lui laissait une totale liberté de création et s'adaptait à ses exigences lorsqu'il fallait modifier des mots ou des phrases afin de donner la première place à la musique. Quant au baron von Dalberg, il procurait au musicien les leçons nécessaires pour

---

1. Il ne reste malheureusement aucune trace de *Sémiramis*. Retrouvera-t-on un jour cette œuvre, importante pour le chemin spirituel de Mozart ?

qu'il assume ses frais de séjour et joue au maximum avec ses amis.

Comme Wolfgang l'écrivit à son père, le 12 novembre, s'organisait à Mannheim une Académie des amateurs dont le jeune homme ignorait qu'ils étaient presque tous Francs-Maçons. En leur compagnie, il passa des heures merveilleuses.

Mannheim, le 15 novembre 1778

— Une vraie catastrophe, dit Otto von Gemmingen à Thamos. Le prince-électeur ordonne à l'orchestre de le rejoindre à Munich où il continue de convoiter le trône de Bavière. Si la situation se dégrade, une guerre éclatera entre la Prusse et l'Autriche. Déjà amoindrie, la vie musicale de Mannheim se réduit à néant.

— Wolfgang est directement touché, déplora l'Égyptien.

— Mes Frères préparaient discrètement le terrain auprès de Karl Theodor afin que Mozart obtienne un poste stable et bien payé, mais le déménagement de l'orchestre ruine ce projet. Et la représentation de *Sémiramis* n'aura pas lieu. Impossible de monter cet opéra à Munich où ni von Dalberg ni moi-même ne disposons de relations suffisantes. Tout est désormais suspendu au bon vouloir de Karl Theodor, qui soutiendra toujours le prince-archevêque Colloredo contre Mozart. Ce que nous espérions à Mannheim n'est réalisable nulle part ailleurs. J'aurais tant aimé réussir et lui éviter de nouvelles difficultés matérielles !

— C'est ainsi, constata Thamos, et Wolfgang devra se montrer à la hauteur des difficultés qui l'attendent. Un Grand Magicien ne se forme pas autrement.

— Il s'agit bel et bien d'un être exceptionnel,

affirma Otto von Gemmingen. Sa sensibilité n'est pas sensiblerie, mais intelligence du cœur. Son regard voit des paysages dont nous ne soupçonnons même pas l'existence, et je le crois capable de transmettre cette vision par la musique. Le destin s'acharnera-t-il encore longtemps contre lui ?

72.

Mannheim, le 22 novembre 1778

Certes, Wolfgang n'avait pas mâché ses mots en écrivant à son père : *L'archevêque ne me paiera jamais assez pour être esclave à Salzbourg, et je ressens de l'angoisse en me revoyant dans cette cour de misère.* Pourtant, il ne s'attendait pas à une telle fureur de la part de Leopold : « Tu prends pour de l'or tout ce qui, en fin de compte, n'est que faux métal. Ton amour pour Mlle Weber ? Je n'y suis absolument pas opposé. Je ne l'étais pas lorsque son père était pauvre, pourquoi le serais-je aujourd'hui qu'elle peut faire ton bonheur et non toi le sien ? Tout ton dessein est de me ruiner afin de poursuivre tes chimères. »

Ce père tant aimé, tant vénéré, n'hésitait pas à accuser son seul fils de vouloir sa mort !

Otto von Gemmingen contraint de quitter Mannheim, l'orchestre en route vers Munich, l'Opéra fermé, Wolfgang se retrouvait seul et sans appuis.

Alors, Thamos réapparut.

— Mon père exige mon retour immédiat à Salzbourg. Sinon, j'aurai son décès sur la conscience. Ici, que puis-je espérer ?

— À cause des circonstances politiques, rien. Gemmingen lui-même est en danger. Le prince-électeur Karl

Theodor mène le jeu et s'appuie sur de nombreux alliés au nombre desquels figure Colloredo.

— *Semiramis*... C'est fini ?
— Malheureusement oui.
— Un nouvel échec, après *Thamos, roi d'Égypte* ! Pourquoi ne puis-je aller au terme d'œuvres aussi importantes ?
— Parce que tu n'es pas encore prêt. Le destin se montre plus fort que toi, tu manques de magie.
— Ce n'est pas Salzbourg qui me l'offrira !
— Qu'en sais-tu ?
— Retourner là-bas m'étouffera. Je ne survivrai pas longtemps au manque d'air.
— Tu as bien survécu à Paris. Voici une nouvelle porte à franchir, encore plus hermétique.
— Aucune échappatoire ?
— Aucune.
— Ici, j'étais tellement heureux !
— Même sans Aloysia ?
— Vous... vous savez ?

Thamos sourit.

— N'as-tu pas l'âge d'être amoureux ?
— L'âge de me marier ! Aloysia est une merveilleuse cantatrice, et nous sommes faits l'un pour l'autre. Je lui écrirai de beaux airs, elle les interprétera d'une manière incomparable.
— Souhaitons-le, Wolfgang.
— En douteriez-vous ?
— Je fais confiance à ton jugement de professionnel. Le 9 décembre, le préfet impérial de Kaisersheim quitte Mannheim. Tu voyageras gratuitement dans la voiture suiveuse, en compagnie de son secrétaire.
— Irez-vous à Salzbourg ?
— Jamais je ne t'abandonnerai.

Lyon, le 25 novembre 1778

À quarante-huit ans, Jean-Baptiste Willermoz se sentait en pleine possession de ses moyens et touchait enfin à la réalisation de son rêve maçonnique : créer un rite spécifique qui permettrait à ses adeptes d'atteindre le divin.

La Stricte Observance avait beaucoup déçu le négociant lyonnais. Enseignement pauvret, cérémonies désuètes, peu de connaissances ésotériques. Sans rompre les liens avec l'Ordre templier et s'en retirer officiellement, Willermoz voulait aller beaucoup plus loin. C'est pourquoi, du 25 novembre au 3 décembre, il organisait le convent des Gaules afin de dévoiler à ses fidèles une partie de son plan.

D'abord, affirmer l'autonomie de la branche française de la Stricte Observance et son originalité.

Ensuite, renoncer à la restauration matérielle de l'Ordre du Temple, à jamais disparu dans les brumes de l'Histoire.

Dès l'ouverture du convent, Willermoz précisa la mission majeure de la Franc-Maçonnerie : la bienfaisance. Elle s'occuperait, en priorité, d'améliorer le sort des veuves, des orphelins, des malades, des indigents, et pratiquerait la charité.

— Personne ne saurait désapprouver tant de générosité, observa le comte de Thèbes, un personnage fascinant à l'autorité naturelle. Puisque nous sommes entre Frères, soumis à la loi du secret, dévoilez-nous le véritable but de la Franc-Maçonnerie. Chacun, ici, connaît la profondeur de vos recherches, et j'ai le sentiment que ce convent ne ressemblera à aucun autre.

Flatté, Willermoz ne se fit pas davantage prier.

— L'humanité se compose de deux catégories principales. D'une part, les réprouvés auxquels est refusé le sceau de la réconciliation avec Dieu ; d'autre part, les hommes de désir, capables d'exercer le vrai culte divin grâce à l'initiation. En tant qu'élus, ils contribuent au salut final de l'humanité. Nous devons obtenir la réintégration et rétablir l'homme créé à l'image de Dieu comme maître des esprits.

Le discours de Willermoz impressionna l'assemblée.

— Un tel programme n'implique-t-il pas une profonde réforme des structures maçonniques actuelles ? interrogea Thamos.

— Indispensable, en effet. Je propose de diviser le parcours maçonnique en deux classes, l'une préparatoire et l'autre secrète. La connaissance de la vérité sera réservée aux initiés de la seconde classe dont les Francs-Maçons ordinaires ignoreront l'existence. Aussi allons-nous créer l'Ordre des Chevaliers bienfaisants de la Cité Sainte[1].

— Quelle est cette cité ? demanda un Frère.

— La ville de Palestine où Jésus a été crucifié, le véritable berceau de l'Ordre du Temple, la Jérusalem d'où il faut repartir. Mais il convient de parler davantage de Chevaliers que de Templiers, car l'aspect militaire doit s'effacer au profit de la dimension spirituelle. De plus, les autorités se méfient des néo-Templiers dont l'hostilité au pape et au roi pourrait être considérée comme menaçante. Mes Frères, je vous convie à une grande aventure !

— Quand vivrons-nous ce rituel ? interrogea Thamos.

— Dès que nous aurons proclamé officiellement la naissance du nouvel Ordre.

Le convent des Gaules se rallia au projet de Jean-Baptiste Willermoz. Chacun de ses fidèles rêvait de devenir au plus vite l'un des privilégiés.

---

1. Le Rite de Willermoz donnera naissance à l'actuel Rite Écossais Rectifié.

73.

Lyon, le 3 décembre 1778

La salle du chapitre des Chevaliers bienfaisants de la Cité Sainte était plongée dans l'obscurité. Une faible lueur provenait de l'unique lanterne placée près du Commandeur, Jean-Baptiste Willermoz, pour qu'il puisse lire le texte du rituel d'initiation.

Guidé par un Chevalier, Thamos franchit le seuil.

D'une terrine remplie d'esprit de vin jaillit une flamme, symbolisant l'éveil de la conscience du nouvel adepte. La lumière qu'elle répandait lui permit d'entrevoir un autel en forme de sépulcre. Ainsi, il fallait franchir une mort.

Les Chevaliers allumèrent des bougies.

Thamos distingua les éléments du décor : des tentures noires couvraient les murs de la salle, ornées de têtes de mort couronnées de lauriers et entourées de sept larmes.

De part et d'autre de la porte, deux squelettes. Au fond de la salle, un troisième squelette assis à une petite table. Sur une planche à tracer, il dessinait un triangle inscrit dans un cercle. Au cœur de l'infini, au-delà du trépas, il révélait la pensée trinitaire, source de toute vie. Le triangle n'exprimait-il pas la première forme géométrique possible ?

Le Commandeur Willermoz instruisit l'écuyer Thamos de la longue filiation initiatique qui aboutissait au nouveau Chevalier bienfaisant de la Cité Sainte, à présent équipé d'un glaive, d'une lance et d'un collier auquel était accroché un crucifix. On le revêtit d'une toge et on le coiffa d'un chapeau empanaché, avant de le féliciter pour son accession à ce grade suprême.

Au terme de la cérémonie, Willermoz congratula l'Égyptien.

— Es-tu satisfait, mon Frère ?

— Pas du tout, répondit Thamos à voix basse.

— Comment oses-tu...

— Ce rituel n'est qu'un préambule aux vrais mystères. Il ne diffère pas suffisamment de ceux de la Stricte Observance. Vous avez conçu un autre degré, totalement secret, qui dépasse l'état de Chevalier. C'est à celui-là que je désire être initié.

Le si sympathique visage de Willermoz se durcit.

— Es-tu un bon chrétien ?

— Être le disciple de l'abbé Hermès, assassiné par les fanatiques musulmans, vous suffit-il ?

Le Commandeur contempla fixement l'Égyptien.

— Je t'initierai au grade suprême.

Mannheim, le 9 décembre 1778

Comme le lui avait indiqué Thamos, Wolfgang put monter dans la voiture des serviteurs du prélat impérial de Kaisersheim et voyagea en compagnie du secrétaire et du cellérier de ce dignitaire. Peu bavards, ils ne l'importunèrent pas et le laissèrent rêver de ses prochaines retrouvailles avec sa chère Aloysia, à laquelle il demanderait bientôt de devenir son épouse.

Cette longue suite d'épreuves, depuis son départ de

Salzbourg, se terminerait donc de la manière la plus heureuse : un mariage avec la première femme qu'il aimait, une merveilleuse cantatrice ! Devant eux s'ouvrait toute une vie au cours de laquelle ils travailleraient ensemble, lui le compositeur, elle son interprète.

Seul ennui au cours de ce voyage plutôt confortable : un arrêt d'une dizaine de jours à l'abbaye cistercienne de Kaisersheim où le prélat traitait diverses affaires.

Rempli de soldats nerveux et rébarbatifs, l'endroit ressemblait à une caserne. Le dieu des armées s'était visiblement emparé des lieux.

Plusieurs fois au cours de la nuit, des sentinelles posaient la même question : « Qui va là ? », et Wolfgang, qui aurait aimé dormir tranquille, répondait : « Ça va ! »

Le 24 décembre, on reprit la route à destination de Munich.

Le visage d'Aloysia, et surtout sa voix, obsédaient Wolfgang. Demain, le jour de Noël, il lui révélerait la profondeur de ses sentiments et lui annoncerait clairement, ainsi qu'à son père, ses grands projets. Le compositeur s'établirait à Munich, y travaillerait d'arrache-pied et ferait triompher son épouse sur la scène de l'Opéra.

Jamais il ne s'enfermerait à Salzbourg ! Son père approuverait le mariage et la nouvelle orientation de la carrière de son fils.

Lyon, le 24 décembre 1778

Thamos fut initié par Jean-Baptiste Willermoz à la classe supérieure et secrète, la Profession, qui couronnait la Franc-Maçonnerie tout en restant ignorée d'elle.

Convaincu de la sincérité de l'Égyptien, Willermoz acceptait de lui révéler les rites qu'il venait de rédiger.

— L'homme a perdu la pureté de sa première origine, révéla Willermoz, Supérieur des Grands Profès réunis autour de Thamos. La vérité se cache aux individus corrompus, privés de Lumière.

Le ton de Willermoz se durcit.

— L'Égypte a élevé des temples pour des dieux méchants et pervers. Par bonheur, Moïse a triomphé des mages égyptiens ! Les Hébreux, le peuple élu, sortirent du bon chemin. En bâtissant le temple de Jérusalem, Salomon le retrouva mais, à cause de sa vanité, perdit la sagesse. L'édifice fut détruit et, pis encore, les Juifs commirent un crime en méconnaissant le Sauveur. Il n'existe qu'une seule initiation, mon Frère : le message du Christ, réservé à une élite capable de le comprendre.

Thamos reçut les attributs de Grand Profès : robe blanche à croix rouge, cotte d'armes, ample manteau, épée, chapeau, bottes et éperons d'or.

Alors qu'il s'attendait à un rituel inspiré des premiers temps du christianisme, l'Égyptien n'eut droit qu'à une banale séance d'instruction religieuse et à des prières conventionnelles récitées par Willermoz.

Puis, sous sa conduite, les Grands Profès pénétrèrent dans la Chambre des Opérations afin d'y faire descendre les esprits supérieurs et de les contrôler.

Pour Thamos, cette voie-là n'était pas celle de l'initiation et ne serait d'aucune utilité au Grand Magicien.

74.

Munich, le 25 décembre 1778

Vêtu d'un élégant habit rouge aux boutons noirs, le cœur en feu, Wolfgang frappa à la porte des Weber.

Le teint pâle, voûté, Fridolin ouvrit.

— Ah... C'est toi ?
— Comme je suis heureux de vous revoir !
— Moi aussi, Wolfgang, moi aussi.
— Puis-je entrer ?
— Bien sûr, bien sûr...

Le logement était spacieux, il y régnait une douce chaleur.

— Êtes-vous en bonne santé, monsieur Weber ?
— Je commence à me faire vieux.
— À quarante-cinq ans ? Sûrement pas !
— Trop de difficultés, trop de coups du sort... Je me sens usé.
— Le succès d'Aloysia doit vous réjouir.
— Rien n'est acquis. Quoi de plus ardu que la carrière d'une cantatrice ?
— Vous plaisez-vous à Munich ?
— Il y a pire.
— Puis-je voir Aloysia ?
— Nous ne t'attendions pas, elle est occupée.

— A-t-elle reçu mes lettres ?
— Certainement.
— Alors, elle m'attendait !
— Bon, patiente un moment... Ne préfères-tu pas revenir demain ?
— Oh non, je désire tant m'entretenir au plus vite avec ma chère, ma très chère Aloysia !
— Comme tu voudras.

D'un pas lourd et lent, Fridolin Weber passa dans une autre pièce. À l'évidence, le futur beau-père de Wolfgang était malade.

Un long quart d'heure s'écoula avant que le chef de famille ne réapparût.

— Je te conduis au salon de musique.

Un endroit charmant, avec un beau clavecin. Vêtue d'une somptueuse robe orange, bien coiffée et maquillée, Aloysia Weber consultait une partition.

— Je vous laisse, dit son père.

La jeune femme garda les yeux baissés.

— Aloysia...
— Qui parle ?
— Moi, Wolfgang !
— Quel Wolfgang ? J'en connais plusieurs.
— Je suis Wolfgang Mozart, ma tendre et chère amie !
— Wolfgang Mozart... Ce nom ne me dit rien.
— Ne vous moquez pas ainsi de moi, Aloysia, c'est trop cruel.
— Me moquer de vous ? Mais je ne vous connais même pas.
— Vous me connaissez très bien, au contraire, et vous avez forcément perçu la profondeur de mes sentiments.
— Vos sentiments... Je ne comprends pas.
— Je vous aime, Aloysia, et je veux vous épouser.

La jeune femme le regarda, furieuse.

— Vous délirez, monsieur Mozart ! Il ne saurait en être question. Cessez immédiatement de m'offenser.

— Vous... vous ne m'aimez pas ?

— Bien sûr que non ! Qu'avez-vous imaginé ?

Le ciel s'écroulait sur la tête de Wolfgang.

— Ce n'est pas possible, Aloysia ! Dissipez ce cauchemar, je vous en supplie.

— Cette conversation m'ennuie et m'irrite, monsieur Mozart. Partez et ne revenez plus.

Ce n'était donc pas un mauvais rêve.

Aloysia ne l'aimait pas, il ne se marierait jamais avec elle, ils ne bâtiraient pas ensemble une existence placée sous le sceau de la musique.

Wolfgang demeura très digne et n'éclata pas en sanglots.

S'installant au clavecin, il entonna une chanson populaire de Goetz von Berlichingen : « Ceux qui ne m'aiment pas, je les emmerde ![1] », puis sortit à grands pas du logement des Weber.

Munich, le 29 décembre 1778

Abrité par un ami, le flûtiste Becke, Wolfgang lisait les lettres de son père. Ce dernier redoutait le déclenchement d'une grande guerre où seraient impliqués de nombreux pays, d'abord la Russie, l'Autriche, la Prusse, la Suède, puis la France, le Portugal, l'Espagne et d'autres encore. « Les grands seigneurs, rappelait-il, ont donc tout autre chose en tête que la musique et les compositions. »

Une seule solution : son fils devait rentrer rapidement

---

1. *Lack mi am Arsch.*

à Salzbourg, un endroit tranquille qui serait épargné par le conflit.

Et Leopold se souciait surtout du problème financier : « Je veux seulement savoir que nous paierons sûrement nos dettes. Je ne veux pas que ce que nous possédons soit vendu à perte après ma mort pour payer les dettes. Si elles sont payées, je pourrai mourir en paix. Il le faut, je le veux. »

Sans donner de précisions sur le drame qu'il venait de vivre, Wolfgang le résuma en quelques mots : « Il n'y a de place dans mon cœur que pour l'envie de pleurer. » Son père percevrait-il son désespoir et son angoisse d'être enfermé à Salzbourg ?

La nouvelle lettre de Leopold prouva son affection. Oui, il s'attristait du chagrin de son fils et ne songeait qu'à le réconforter : « Tu n'as aucun motif de redouter, ni de moi ni de ta sœur, un accueil sans tendresse ou des jours malheureux. »

Retrouver sa famille, un morceau d'enfance, une chambre douillette, une ville sans histoires... Était-ce donc la fin de ces longs voyages à travers l'Europe ?

Munich, le 8 janvier 1779

Je ne me sens coupable de rien, écrivit Wolfgang à son père, *je n'ai commis aucune faute. Je ne puis souffrir Salzbourg, ni ses habitants. Leur langage, leur manière de vivre me sont totalement insupportables. Je brûle du plus ardent désir de vous embrasser à nouveau, vous et ma chère sœur. Ah ! si seulement ce n'était pas à Salzbourg !*

Pourtant, Wolfgang se soumettrait à nouveau au bon

vouloir du prince-archevêque Colloredo. Après tant d'échecs, il n'avait plus le choix.

Avant ce pénible retour, il termina un grand air, *Popoli di Tessaglia*[1], traitant de l'immense douleur d'Alceste qui annonçait la mort de son époux, Admète, au peuple de Thessalie.

L'œuvre achevée, il marcha d'un pas pressé jusqu'à la demeure des Weber.

Fridolin lui ouvrit la porte.

— Je quitte Munich, lui annonça-t-il. Auparavant, j'aimerais offrir un cadeau à Aloysia.

Encore plus voûté, le teint très gris, Fridolin alla chercher sa fille qui se tint, très raide, aux côtés de son père.

— Je n'éprouve aucun ressentiment, Aloysia, et je vous souhaite d'être heureuse. Cet air mettra en valeur votre virtuosité. Adieu.

Wolfgang monta dans la voiture à destination de Salzbourg. Un seul autre voyageur : Thamos l'Égyptien.

— J'ai réservé toutes les places, expliqua-t-il. Nous nous arrêterons aussi souvent que tu le souhaiteras et nous partagerons quelques bons repas dans les meilleures auberges. Du bon vin te redonnera de l'énergie.

— Savez-vous, pour Aloysia...

— Tenter de te consoler serait inutile. Tu absorberas cette souffrance, comme les autres, et tu la dépasseras, parce que ton destin est différent de celui des autres hommes.

— Quel destin me réserve la prison de Salzbourg ?

— Tu y affronteras un dragon. Ou bien il te terrassera, ou bien tu te nourriras de sa force. Grâce à la

---

[1]. K. 316.

beauté et à la force de ta musique, tu parviendras peut-être à t'orienter vers la sagesse, si tu sais aller à l'essentiel, au centre et au cœur.

L'Égyptien n'évoquait-il pas l'initiation aux mystères des prêtres du soleil, cet idéal encore inaccessible ? À lui, Mozart, de le rendre réel.

BIBLIOGRAPHIE

Partiellement conservées, les lettres de Wolfgang et de Leopold Mozart sont une mine d'informations que nous avons largement utilisée, notamment en plaçant dans la bouche du musicien des paroles figurant dans ces écrits.

Il existe plusieurs éditions partielles de cette correspondance et une édition complète, *Mozart : Briefe und Aufzeichnungen* (éd. W. A. Bauer et O. E. Deutsch), dont l'essentiel a été traduit en français par G. Geffray, en 7 volumes aux éditions Flammarion. Pour ce premier tome, voir *Correspondance* I, 1756-1776 ; *Correspondance* II, 1777-1778 ; *Correspondance* III, 1778-1781.

Nous avons également consulté les ouvrages suivants :

ABERT, Hermann, *Mozart* (2 volumes), Leipzig, 1919.
AUTEXIER, Philippe A., *Mozart*, Paris, 1987.
BALTRUSAITIS, Jurgis, *Essai sur la légende d'un mythe. La quête d'Isis*, Paris, 1967.
Dictionnaire Mozart, sous la direction de Bertrand Dermoncourt, Paris, 2005.
Dictionnaire Mozart, sous la direction de H. C. Robbins Landon, Paris, 1990.
EINSTEIN, Alfred, *Mozart, son caractère, son œuvre*, Paris, 1954.
Encyclopédie de la Franc-Maçonnerie, Paris, 2000.
FAIVRE, Antoine, *L'Ésotérisme au XVIIIe siècle*, Paris, 1973.

GALTIER, Gérard, *Maçonnerie égyptienne, Rose-Croix et Néo-chevalerie*, Monaco, 1989.

HILDESHEIMER, Wolfgang, *Mozart*, Paris, 1979.

HOCQUARD, Jean-Victor, *Mozart*, Paris, 1994.

HOCQUARD, Jean-Victor, *Mozart, l'amour, la mort*, Paris, 1987.

HORNUNG, Erik, *L'Égypte ésotérique*, Paris, 2001.

IVERSEN, Erik, *The Myth of Egypt and its Hieroglyphs in European Tradition*, Princeton, 1993.

LE FORESTIER, René, *La Franc-Maçonnerie templière et occultiste aux XVIIIe et XIXe siècles*, Paris, 1970.

MASSIN, Jean et Brigitte, *Mozart*, Paris, 1970.

MONTLOIN, Pierre, et BAYARD, Jean-Pierre, *Les Rose-Croix*, Paris, 1971.

Mozart. Bilder und Klänge Salzburger Landes Ausstellung, 1991.

Mozart, coll. Génies et Réalités, Paris, 1985.

PAHLEN, Kurt, *Das Mozart Buch*, Zurich, 1985.

PAROUTY, Michel, *Mozart, aimé des dieux*, Paris, 1988.

SADIE, Stanley, *Mozart*, Londres, 1980.

WYZEWA, Théodore de, et SAINT-FOIX, Georges de, *W. A. Mozart. Sa vie musicale et son œuvre*, Paris, 1986.

On trouvera dans les ouvrages de référence sur Mozart des bibliographies détaillées sur la vie et l'œuvre du compositeur.

En ce qui concerne la Franc-Maçonnerie, on consultera la collection : *Les Symboles maçonniques* (Maison de Vie Éditeur), volumes parus :
1. *Le Grand Architecte de l'Univers.*
2. *Le Pavé mosaïque.*
3. *Le Delta et la Pensée ternaire.*
4. *La Règle des Francs-Maçons de la Pierre franche.*
5. *Le Soleil et la Lune, les deux Luminaires de la Loge.*
6. *L'Équerre et le chemin de rectitude.*
7. *L'Étoile flamboyante.*

8. *Les Trois Grands Piliers.*
9. *La Pierre brute.*
10. *La Pierre cubique.*
11. *Les Trois Fenêtres du Tableau de Loge.*
12. *Les Deux Colonnes et la Porte du Temple.*
13. *L'Épée flamboyante.*
14. *Loge maçonnique, Loge initiatique?*
15. *Comment naît une Loge maçonnique? L'Ouverture des travaux et la création du monde.*

Pour l'amour de Toutankhamon

(Pocket n° 3432)

Dans la cité du soleil, le règne d'Akhénaton et de Néfertiti touche à sa fin. L'Égypte s'inquiète : qui succédera à ces souverains exceptionnels ? Tous les regards se tournent vers la belle Akhésa. Troisième fille du couple royal, volontaire et avisée, elle a tout d'une reine. Appelée à régner auprès du jeune Toutankhamon, cette adolescente saura-t-elle contrer la puissance du général Horemhed qui brûle d'être pharaon ?

Il y a toujours un Pocket à découvrir

Prince de la paix

(Pocket n° 10475)

Depuis Ramsès, cinq siècles se sont écoulés. Rien ne reste de la splendeur passée : les temples sont désertés, les dieux oubliés. Partout règnent le meurtre et la corruption. Alors que dans son lointain royaume du Sud, Piankhy, le « pharaon noir », aspire à rétablir un empire de paix et de justice, au Nord, le redoutable tyran Tefnakt brûle d'asservir l'Égypte. Un jour, les deux princes se lancent à la poursuite de leur rêve...

Il y a toujours un Pocket à découvrir

Menace sur l'Égypte éternelle

Sous le règne du grand Sésostris III, l'acacia du temple d'Abydos, sanctuaire d'Osiris, se meurt. À travers lui, le royaume d'Égypte menace de s'effondrer. Un homme semble profiter de la situation : l'Annonciateur, qui a soulevé les tribus du désert contre Sésostris. Une bataille féroce s'engage alors. Mais l'ennemi n'est pas toujours là où on l'attend. C'est aux côtés du jeune scribe Iker, travaillant à résoudre le mystère qui règne autour de son identité, que Sésostris va l'apprendre. La lutte qui oppose les forces du bien et du mal peut commencer…

t. 1 *L'arbre de vie*
(Pocket n °12321)
t. 2 *La conspiration du mal*
(Pocket n ° 12322)
t. 3 *Le chemin de feu*
(Pocket n ° 12323)
t. 4 *Le grand secret*
(Pocket n ° 12324)

Il y a toujours un Pocket à découvrir

Faites de nouvelles découvertes sur **www.pocket.fr**

- Des 1ers chapitres à télécharger
- Les dernières parutions
- Toute l'actualité des auteurs
- Des jeux-concours

POCKET

Il y a toujours un **Pocket** à découvrir

Impression réalisée sur Presse Offset par

CPI
Brodard & Taupin

45157 – La Flèche (Sarthe), le 06-02-2008
Dépôt légal : février 2008

POCKET – 12, avenue d'Italie - 75627 Paris cedex 13

Imprimé en France